全国高等教育自学考试指定教材

消防管理专业（专科）

防火工程

（2013 年版）

（含:防火工程自学考试大纲）

全国高等教育自学考试指导委员会 组编

主 编 杜文锋

编 者（按撰写章节先后顺序排列）

杜文锋 蔡 芸 王 倩

蒋慧灵 杨永斌

机 械 工 业 出 版 社

本书是全国高等教育自学考试消防管理专业的指定教材，防火工程是全国高等教育自学考试消防管理专业的核心课程。

本教材分为建筑防火设计、电气防火及火灾监控、工业防火防爆三个模块。建筑防火设计主要介绍的是通过建筑选址、布局、结构和设施的设计来阻止火灾的蔓延与扩大，确保建筑及其内部人员的安全。电气防火及火灾监控根据电气火灾的原理和特性，提出了电气线路的防火要求和防雷防静电措施，并从火灾探测的原理入手，介绍了火灾自动报警系统的组成及功能。工业防火防爆在分析工业火灾爆炸事故的特点及成因的基础上，以防火防爆的基本原理为主线，阐述了工业火灾爆炸预防的技术措施和工业建筑的防爆设计。

本教材供参加全国高等教育自学考试消防管理专业学习的学生和指导教师使用，也可作为高等院校相关专业师生的参考用书，还可供消防安全相关人员阅读。

图书在版编目(CIP)数据

防火工程/杜文锋主编. —北京：机械工业出版社，2013.8（2024.8重印）
全国高等教育自学考试指定教材. 消防管理专业：专科
ISBN 978-7-111-44107-6

Ⅰ.①防… Ⅱ.①杜… Ⅲ.①防火-高等教育-自学考试-教材
Ⅳ.①TU998.12

中国版本图书馆CIP数据核字(2013)第222142号

机械工业出版社(北京市百万庄大街22号 邮政编码100037)
策划编辑：何文军 责任编辑：陈将浪 臧程程
责任校对：纪 敬
北京机工印刷厂有限公司印刷
2024年8月第1版第3次印刷
184mm×260mm · 13.5印张 · 328千字
标准书号：ISBN 978-7-111-44107-6
定价：39.00元

电话服务	网络服务
客服电话：010-88361066	机 工 官 网：www.cmpbook.com
010-88379833	机 工 官 博：weibo.com/cmp1952
010-68326294	金 书 网：www.golden-book.com
封底无防伪标均为盗版	机工教育服务网：www.cmpedu.com

组编前言

21世纪是一个变幻难测的世纪，是一个催人奋进的时代，科学技术飞速发展，知识更替日新月异。希望、困惑、机遇、挑战随时随地都有可能出现在每一个社会成员的生活之中。抓住机遇，寻求发展，迎接挑战，适应变化的制胜法宝就是学习——依靠自己学习，终生学习。

作为我国高等教育组成部分的自学考试，其职责就是在高等教育这个水平上倡导自学、鼓励自学、帮助自学、推动自学，为每一个自学者铺就成才之路。组织编写供读者学习的教材就是履行这个职责的重要环节。毫无疑问，这种教材应当适合自学，应当有利于学习者掌握和了解新知识、新信息，有利于学习者增强创新意识、培养实践能力、形成自学能力，也有利于学习者学以致用，解决实际工作中所遇到的问题。具有如此特点的书，我们虽然沿用了“教材”这个概念，但它与那种仅供教师讲、学生听，教师不讲、学生不懂，以“教”为中心的教科书相比，已经在内容安排、编写体例、行文风格等方面都大不相同了。希望读者对此有所了解，以便从一开始就树立起依靠自己学习的坚定信念，不断探索适合自己的学习方法，充分利用已有的知识基础和实际工作经验，最大限度地发挥自己的潜能，以达到学习的目标。

欢迎读者提出意见和建议。

祝每一位读者自学成功！

全国高等教育自学考试指导委员会

2013年3月

目 录

防火工程自学考试大纲

防 火 工 程

全国高等教育自学考试

消防管理专业(专科)

防火工程自学考试大纲

(含考核目标)

全国高等教育自学考试指导委员会　制定

出版前言

为了适应社会主义现代化建设事业的需要，鼓励自学成才，我国在20世纪80年代初建立了高等教育自学考试制度。高等教育自学考试是个人学习、社会助学和国家考试相结合的一种高等教育形式。应考者通过规定的专业课程考试并经思想品德鉴定达到毕业要求的，可获得毕业证书；国家承认学历并按照规定享有与普通高等学校毕业生同等的有关待遇。经过30多年的发展，高等教育自学考试为国家培养造就了大批专门人才。

课程自学考试大纲是国家规范自学者学习范围、要求和考试标准的文件。它是按照专业考试计划的要求，具体指导个人自学、社会助学、国家考试、编写教材及自学辅导书的依据。

为了更新教育观念，深化教学内容方式、考试制度、质量评价制度改革，更好地提高自学考试人才培养的质量，全国考委各专业委员会按照专业考试计划的要求，组织编写了课程自学考试大纲。

新编写的大纲，在层次上，专科参照一般普通高校专科或高职院校的水平，本科参照一般高校本科的水平；在内容上，力图反应学科的发展变化以及自然科学和社会科学近年来研究的成果。

全国考委电子电工与信息类专业委员会参照普通高等学校防火工程课程的教学基本要求，结合自学考试消防管理专业（专科）的实际情况，组织编写的《防火工程自学考试大纲》，经教育部批准，现颁发施行。各地教育部门、考试机构应认真贯彻执行。

全国高等教育自学考试指导委员会

2013年6月

Ⅰ 课程性质与课程目标

一、课程性质与特点

“防火工程”课程是全国高等教育自学考试消防管理专业（专科）的专业课程，它是一门与消防管理实际联系紧密，具有较强实践性和应用性的课程。本课程围绕民用建筑和工业场所的防火安全，以火灾科学理论为指导，在防火工程基本原理的基础上，系统地概述火灾预防与控制的工程技术方法。

本课程分为建筑防火设计、电气防火及火灾监控和工业防火防爆三个模块。建筑防火设计主要包括建筑火灾与建筑防火对策、建筑耐火设计、建筑总平面布局防火、建筑平面防火、安全疏散设计、建筑装修防火和建筑防排烟设计，主要解决的是通过建筑选址、布局、结构和设施的设计来限制火灾的蔓延与扩大，降低火灾对建筑结构的破坏作用，确保建筑及其内部人员的安全。电气防火及火灾监控中的电气防火部分根据电气火灾的原理和特性，提出了电气线路的防火要求和防雷防静电措施；火灾监控部分从火灾探测原理入手，介绍了火灾自动报警系统的组成及功能，并着重关注探头的选型与分布。工业防火防爆在分析工业火灾爆炸事故特点及成因基础上，以防火防爆基本原理为主线，阐述了工业火灾爆炸预防的技术措施和工业建筑的防爆设计。

本课程具有明显的“概论性”课程的特征，每一个模块涉及的防火设计措施与方法都以民用建筑和工业场所火灾发生发展的规律为主线，在介绍与消防管理工作紧密相关的关键性知识点的同时，重点关注对知识层次和结构体系的把握。

二、课程目标与基本要求

课程设置的目标是使考生能够：

1. 比较全面、系统地掌握防火管理工作所需的基础知识体系，理解各类防火安全策略的基本原理，熟悉建筑防火措施、防排烟系统、火灾监控系统和工业防火防爆措施的基本设置要求。

2. 建立消防管理工作的基本思路和方法，能够应用所学知识分析和解决简单的实际问题，对具体建筑防火安全设施及系统的设计、设置进行基本的评析。

3. 为进一步学习消防领域相关知识和提高消防管理能力打下基础。

三、与本专业其他课程的关系

“防火工程”是消防管理专业的核心课程之一，与本专业的其他课程有着十分密切的关系。“消防燃烧学基础”是本课程的基础。本课程所涉及的防火设计与“建筑灭火设施”中各种灭火设施的选取与设置有着多方面的联系。本课程还能够为“消防监督管理”课程提供管理的技术基础。

四、课程的重点、次重点和难点

本课程的重点是：建筑耐火等级；防火间距；建筑平面防火设计；防火分区；安全疏

散；建筑防烟和排烟系统；火灾监控；工业建筑防火防爆设计。次重点是：消防车道；点火源的控制；防火防爆安全装置。其他内容为一般内容。本课程的难点是：安全疏散的设计；建筑防烟与排烟设计；火灾自动报警系统；工业火灾原因类型。

Ⅱ 考核目标

本大纲在考核目标中，按照识记、领会、简单应用和综合应用四个层次规定其应达到的能力层次要求。四个层次是递进关系，各能力层次的含义是：

识记：要求考生能够对大纲各章中知识点，如建筑构件耐火极限、防火间距、防火分区、安全出口、防烟分区、火灾自动报警系统等概念进行记忆与理解；掌握防火技术措施的具体要求，比如防火间距不足时的弥补措施、消防车道的设置形式及要求、防火分区的划分、建筑中特殊部位的布置、安全疏散设施的设置场所及要求、建筑外装修的防火措施、防烟与排烟的设置部位、探头的选型与分布、工业建筑的火灾危险性分类、爆炸危险性工业建筑的布置和构造要求等。

领会：能够理解民用建筑和工业场所的防火基本原理和技术措施，认识每一章中的理论层次和知识结构体系，理清各章节之间的内在联系。比如第二章建筑耐火设计，建筑材料的耐火性能是建筑构件燃烧性能和耐火极限的基础，而建筑构件的这两项性能又决定了建筑的耐火等级。第四章建筑平面防火设计的核心措施是对建筑划分防火分区，而后续章节中安全出口的数量、防烟分区的划分、火灾探测器的布置都将以防火分区的划分为基础。第十章当中，只有在理解工业火灾爆炸原因的基础上，才能更好地掌握工业火灾爆炸的预防措施。

简单应用：能够运用所学知识对具体建筑或场所中的某一项基本防火设计的正确性进行判断。比如根据建筑构件形式判断所在建筑的耐火等级，通过计算判断建筑的安全出口的数量和宽度是否满足要求，防烟楼梯间采取怎样的防烟方式组合，火灾自动报警系统的选型等。

综合应用：在理解和掌握各方面防火设计要求的基础上，能够建立起对一个整体建筑或场所的防火安全设计进行综合分析的基本思路。

Ⅲ 课程内容与考核要求

第一章 建筑火灾与建筑防火对策

一、学习目的

学习本章的目的与要求，是了解建筑火灾的危害形式和基本过程，从方法论上弄清建筑防火的基本策略和技术，为后续章节的学习奠定基础。

二、课程内容

第一节 建筑火灾

一、建筑火灾概述

二、建筑火灾的危害
三、建筑火灾的原因
四、建筑火灾的发展与蔓延
第二节　建筑特征与建筑消防安全
一、建筑特征
二、建筑特征对建筑防火的要求
第三节　建筑防火对策
一、建筑防火对策具体内容
二、建筑防火设计的发展趋势

三、考核的知识点与考核要求

（一）建筑火灾

识记：火灾；建筑火灾的危害；火灾的原因；轰燃。

领会：室内火灾与室外火灾的区别；建筑火灾的基本过程。

（二）建筑特征与建筑消防安全

领会：建筑消防特征对建筑消防安全的影响。

（三）建筑防火对策

识记：建筑防火处理方式设计；建筑防火性能化设计。

领会：建筑防火技术。

简单应用：分析建筑的防火对策。

四、本章重点与难点问题

（一）重点问题

建筑火灾的基本过程；建筑防火技术对策。

（二）难点问题

建筑防火对策。

第二章　建筑物耐火设计

一、学习目的

学习本章的目的与要求，是理解建筑构件的耐火极限影响因素，掌握建筑耐火等级的确定方法。

二、课程内容

第一节　建筑构件的耐火性能
一、建筑构件的燃烧性能
二、建筑构件的耐火极限
三、构件耐火极限影响因素
四、提高构件耐火极限的措施

第二节　钢结构耐火保护
一、裸露钢结构的耐火性能
二、钢结构保护方法
三、钢结构耐火保护层厚度确定方法
第三节　建筑物耐火等级
一、高层民用建筑
二、建筑物耐火等级的划分及构件的耐火极限和燃烧性能要求
第四节　建筑物耐火等级的选定
一、影响耐火等级选定的因素
二、工业建筑耐火等级的选定
三、民用建筑耐火等级的选定

三、考核的知识点与考核要求

（一）建筑构件的耐火性能
识记：不燃烧体；难燃烧体；燃烧体；耐火极限。
领会：耐火极限的影响因素。
简单应用：提高构件耐火极限的措施。
（二）钢构件耐火保护
识记：截面系数。
领会：截流法；疏导法。
（三）建筑物耐火等级
识记：耐火等级的四个级别；高层民用建筑耐火等级的分级标准。
领会：不同建筑构件耐火极限的大小关系。
（四）建筑物耐火等级的选定
识记：影响耐火等级选定的因素。
简单应用：选定建筑物耐火等级。

四、本章重点与难点问题

本章重点：建筑构件耐火极限主要内容；钢结构耐火保护方法。
本章难点：建筑物耐火等级选定。

第三章　建筑总平面布局防火

一、学习目的

学习本章的目的与要求，是了解建筑总平面布局防火的主要内容，掌握建筑选址、防火间距和消防车道的确定方法。

二、课程内容

第一节　防火间距
一、影响防火间距的因素及确定防火间距的原则

二、各类建筑物的防火间距

第二节　消防车道与消防车操作空间

一、消防车道设计的一般原则

二、低、多层建筑消防车道的布置

三、高层建筑消防车道的布置

四、消防车操作空间

第三节　高层民用建筑总平面防火设计

一、高层民用建筑的选址

二、主体建筑与裙房

三、高层建筑的附属建筑

第四节　工业建筑总平面防火设计

一、厂房（仓库）地址选择

二、厂（库）区总平面布置

三、管线（管道）敷设的防火要求

四、消防车道

三、考核的知识点与考核要求

（一）防火间距

识记：防火间距。

领会：确定防火间距的基本原则。

简单应用：防火间距不足时的应变措施。

（二）消防车道与消防车操作空间

领会：消防车道设计的一般原则。

简单应用：确定消防车操作空间。

（三）高层民用建筑总平面防火设计

识记：高层民用建筑的选址原则；对裙房高度与进深的要求。

（四）工业建筑总平面防火设计

识记：厂房（仓库）地址选择原则。

领会：厂（库）区总平面布置原则。

四、本章重点与难点问题

本章重点：防火间距确定方法；高层民用建筑总平面布局防火内容。

本章难点：对裙房高度和进深的特殊要求。

第四章　建筑平面防火设计

一、学习目的与要求

通过本章的学习，学习者应对建筑平面防火设计的主要内容具备完整的认识和了解，掌握建筑中特殊火灾危险部位或特殊场所的平面布置、防火分区的划分要求、特殊部位的防火分隔要求及防火分隔构件构造要求四项主要内容，具备区分建筑类型，并对照具体要求判定其平面防火设计合理性的能力。

二、课程内容

第一节　建筑内部布置防火
一、有特殊火灾危险的设备间或场所的布置
二、燃料供应设施的布置
三、商业部分的布置
四、人员密集场所的布置
五、歌舞娱乐放映游艺场所的布置
六、行为能力受限人员居留场所的布置
七、消防控制室的布置
第二节　防火分区
一、防火分区的概念及划分原则
二、防火分区的面积要求
三、特殊部位的防火分隔处理
四、防火分隔构件

三、考核知识点与考核要求

（一）建筑内部布置防火

识记：建筑中常见的有特殊火灾危险的设备间。
领会：建筑内部布置中应关注的问题及其处理方法。
简单应用：对照设计规范，分析建筑内部布置的合理性。

（二）防火分区

识记：防火分区的概念；防火墙的概念；不同类型民用建筑防火分区最大允许建筑面积的基本要求；建筑中需要进行防火分隔处理的特殊部位；建筑中常用的防火分隔构件种类。

领会：防火分区划分的原则；特殊防火分隔部位的分隔处理方法；防火分隔构件要求。

简单应用：对照防火分区面积指标，判定防火分区面积设计是否符合要求；对照防火分隔设计要求，判定特殊部位防火分隔设计是否符合规定；对照防火分隔物设置要求，判定防火分隔物的设计是否符合规定。

四、本章重点与难点问题

本章重点：建筑内部布置防火的要求；建筑防火分区的概念和划分要求；特殊部位防火分隔的要求。

本章难点：防火分隔构件及其构造要求。

第五章　安全疏散设计

一、学习目的与要求

通过本章的学习使学生了解安全疏散设计的基本原则，了解超高层建筑中设置避难层和屋顶直升机停机坪的基本要求；理解安全出口、通行系数的基本概念以及安全疏散距离、安全出口数量的基本要求；掌握不同建筑类型中人员数量的确定方法和利用百人宽度指标确定安全出口宽度的方法。

二、课程内容

第一节　安全疏散设计基本理论

一、安全疏散设计的基本原则

二、疏散安全分区

三、疏散有关的基本概念及参数

第二节　安全出口设计

一、安全出口的设置原则

二、安全出口的数量

三、安全出口的宽度

第三节　安全疏散距离

一、影响安全疏散距离的各种因素

二、民用建筑的安全疏散距离

三、厂房的安全疏散距离

四、仓库的安全疏散距离

第四节　疏散楼梯和楼梯间

一、疏散楼梯间的一般要求

二、普通楼梯间

三、封闭楼梯间

四、防烟楼梯间

五、室外疏散楼梯

六、剪刀楼梯

第五节　避难层（间）与屋顶直升机停机坪

一、避难层（间）

二、屋顶直升机停机坪

第六节　消防电梯

一、消防电梯的设置范围及设置数量

二、消防电梯的设置要求

第七节　应急照明及疏散指示标志

一、应急照明

二、疏散指示标志

三、应急照明及疏散指示标志的共同要求

三、考核知识点与考核要求

（一）安全疏散设计概述

识记：安全疏散设计的基本原则；安全区域的概念；通行系数的概念。

领会：允许疏散时间的概念和取值。

简单应用：能够针对不同的建筑确定疏散人数。

（二）安全出口设计

识记：安全出口的概念。

领会：疏散楼梯和疏散门的设置原则；安全出口数量设置要求；最小疏散宽度的要求。

简单应用：利用百人宽度指标确定所需的疏散宽度。

（三）安全疏散距离

识记：影响安全疏散距离的因素。

领会：民用建筑安全疏散距离的要求；厂房、库房的安全疏散距离要求。

简单应用：能够对民用建筑安全疏散距离是否符合要求进行判定。

（四）疏散楼梯和楼梯间

识记：开敞式楼梯间的概念；封闭楼梯间的概念；防烟楼梯间的概念；剪刀楼梯的概念。

领会：疏散楼梯间的一般要求；封闭楼梯间的适用范围和设置要求；防烟楼梯间的类型、适用范围和设置要求；室外疏散楼梯的适用范围和构造要求；剪刀楼梯的防火措施。

简单应用：能够针对不同的建筑正确选用楼梯间的形式。

（五）避难层（间）与屋顶直升机停机坪

识记：避难层（间）的概念；屋顶直升机停机坪的概念。

领会：避难层的设置条件和面积指标；避难层的防火构造要求；避难层安全疏散要求；避难层的消防设施要求。

（六）消防电梯

领会：消防电梯的设置范围和数量；消防电梯的设置要求。

（七）应急照明及疏散指示标志

识记：应急照明的概念；疏散指示标志的概念。

领会：应急照明的设置场所和设置要求；疏散指示标志的设置场所和设置要求。

四、本章重点与难点问题

本章重点：安全出口的设置要求；疏散楼梯间的形式和设置要求；避难层（间）的设置要求；消防电梯的设置要求。

本章难点：安全出口宽度的计算。

第六章　建筑装修工程防火

一、学习目的与要求

通过本章节的学习，学习者应全面了解不同类型建筑在装修工程防火方面的设计要求，熟练掌握装修材料的分类分级特性，理解可燃装修材料的火灾危险性，并能够综合运用以上知识，对照具体防火要求判定装修工程材料使用的合格性。

二、课程内容

第一节　装修材料的分类与燃烧性能分级

一、装修材料的分类
二、装修材料的燃烧性能分级
第二节 可燃装修的火灾危险性
一、增加建筑的火灾荷载
二、增加火灾发生的概率
三、促使轰燃提早发生
四、助长火势迅速蔓延
五、产生大量的烟气及有毒气体
第三节 建筑内部装修设计防火要求
一、单层、多层民用建筑
二、高层民用建筑
三、地下民用建筑
四、工业建筑
五、建筑特殊部位的装修防火设计要求
第四节 建筑外墙饰面及保温体系防火
一、建筑外墙保温体系简介
二、建筑外墙饰面及保温体系防火要求

三、考核知识点与考核要求

(一)装修材料的分类和分级

识记：装修材料按化学成分的分类；装修材料燃烧性能分级。

简单应用：根据材料特性判定其燃烧性能级别；不同燃烧性能的典型装修材料举例。

(二)可燃装修的火灾危险性

领会：可燃装修火灾危险性。

(三)建筑内部装修设计防火要求

识记：建筑装修设计要求中对建筑的分类。

领会：建筑特殊部位的装修设计要求。

简单应用：依据不同类型建筑设计要求判定装修设计中材料的使用是否符合要求。

(四)建筑外墙饰面及保温体系防火

识记：建筑外墙保温体系的类型。

简单应用：依据不同类型外保温体系设计要求判定外保温材料的使用是否符合要求。

四、本章重点与难点问题

本章重点：可燃装修的火灾危险性、建筑装修材料的燃烧性能分级。

本章难点：建筑内装修设计要求、特殊部位内装修设计要求、建筑外保温构造的分类及材料防火要求。

第七章 建筑防烟与排烟设计

一、学习目的与要求

通过本章的学习使学生明确防排烟设计的任务，了解自然排烟口的开启形式和开关方式，理解自然排烟口的面积要求、机械加压送风系统设置的基本原理和基本要求以及机械排烟系统设置的基本原理和基本要求。掌握常用的防烟、排烟方式和不同场所防烟、排烟方式的选用。掌握确定自然排烟口的有效面积、利用查表法确定机械加压送风量和确定不同场所机械排烟量的方法。

二、课程内容

第一节　概述

一、烟气扩散流动的路线

二、建筑物各部分在防排烟设计中的要求

三、防排烟方式

四、建筑防烟与排烟设计的基本内容

第二节　自然排烟

一、概述

二、自然排烟口的开关形式

三、自然排烟口的有效面积

第三节　机械加压送风防烟

一、机械加压送风系统的设置部位

二、机械加压送风量

三、机械加压送风方式的设置要求

第四节　机械排烟设计

一、机械排烟系统基本的设置要求

二、机械排烟量的确定

三、排烟风机的设置

四、排烟管道的设置

五、排烟阀（口）的设置

六、补风系统

三、考核知识点与考核要求

（一）概述

识记：自然排烟的概念；机械防烟的概念；机械排烟的概念。

领会：建筑物各部分在防排烟设计中的要求；防烟分区的概念和划分要求。

简单应用：针对不同场所能够选择合适的防烟、排烟方式。

（二）自然排烟

识记：自然排烟口的启动要求。

领会：自然排烟口有效面积确定及设置要求。

简单应用：能根据不同场所确定自然排烟口的有效面积。

（三）机械加压送风防烟

识记：机械加压送风系统的设置要求；送风机的设置要求；加压送风口的设置要求；送风管道的设置要求。

领会：机械加压送风系统的设置部位；计算法确定机械加压送风量。

简单应用：利用查表法确定机械加压送风量。

（四）机械排烟设计

识记：机械排烟系统基本的设置要求；排烟风机的设置要求；排烟管道的设置要求；排烟口的设置要求。

领会：不同场所机械排烟量的确定方法。

简单应用：能够确定特殊场所的机械排烟量。

四、本章重点与难点问题

本章重点：防烟、排烟方式及选用；自然排烟口的设置要求；机械加压送风系统和机械排烟系统设置的基本原理和基本要求；机械加压送风量和机械排烟量的确定。

本章难点：机械排烟量的确定。

第八章　电 气 防 火

一、学习目的与要求

通过本章学习，了解电气火灾的基本概念、电气线路敷设的安全要求、防雷建筑物的分类、静电的危害形式等；理解电气火灾的种类和原因、电缆的敷设方式及防火要求、雷电的种类及危害、建筑物防雷的基本措施、防静电的基本措施。掌握电缆敷设的防火要求、防雷装置的组成及设计要求。

二、课程内容

第一节　电气火灾

一、过负荷

二、接触不良

三、短路

四、电弧、电火花

五、漏电

六、非线性谐波

七、烘烤

八、静电

九、雷电

第二节　电气线路防火

一、线路敷设的安全要求

二、电缆的敷设方式及一般要求

第三节　防雷防静电

一、防雷

二、防静电危害

三、考核知识点与考核要求

（一）电气火灾

识记：电气火灾的概念。

领会：电气火灾的原因。

简单应用：区别电气火灾的类型。

（二）电气线路防火

识记：线路敷设的安全要求；电缆敷设方式、进户线与接户线基本概念。

领会：电缆敷设的防火基本要求。

简单应用：电缆敷设的防火方法。

综合应用：各类场所的电气线路防火措施。

（三）防雷防静电

识记：雷电的种类与危害；静电的危害形式。

领会：滚球法的基本原理。

简单应用：防雷建筑的分类。

综合应用：防雷装置的组成及设计要求；防静电的基本措施。

四、本章重点与难点问题

本章重点：电缆敷设的防火基本要求、防雷防静电的基本措施。

本章难点：接闪器保护范围确定。

第九章　火 灾 监 控

一、学习目的与要求

通过本章学习，了解火灾现象、火灾探测器的种类和原理、火灾监控系统的基本设计形式、火灾探测器设置的部位等。理解火灾监控系统的组成及主要设备、不同设计形式的火灾监控系统的设计要求、火灾探测器的选用原则和设置要求、报警区域和探测区域的划分原则、消防控制室的防火要求。掌握报警控制器的基本功能、火灾监控系统电源设置、火灾探测器、事故广播、消防专用电话、手动报警按钮、消火栓按钮等基本设备的设计要求。

二、课程内容

第一节　火灾探测原理

一、火灾现象及火灾过程分析

二、火灾探测方法

第二节　火灾监控系统的基本组成及设计形式

一、火灾监控系统的基本组成

二、火灾监控系统的基本设计形式

第三节　火灾监控系统的设计与安装工程

一、火灾自动报警系统设置的对象及形式设计要求

二、火灾探测器的选择及设置
三、消防控制室及其联动设备的设计要求
四、火灾监控系统的其他设计要求

三、考核知识点与考核要求

（一）火灾探测原理

识记：火灾探测方法。

领会：各火灾探测方法的原理。

简单应用：火灾探测方法的适用对象。

（二）火灾监控系统的基本组成及设计形式

识记：火灾监控系统的基本组成设备的概念。

领会：火灾监控系统的设计形式及要求。

简单应用：火灾监控系统不同设计形式的适用对象。

综合应用：火灾监控系统基本设备的原理。

（三）火灾监控系统的设计与安装工程

识记：火灾报警区域的基本概念；火灾探测区域的基本概念。

领会：报警区域与探测区域的划分原则；火灾探测器的选用原则。

简单应用：火灾探测器的选用与安装要求；报警控制器的基本功能。

综合应用：火灾监控系统电源设置、火灾探测器、事故广播、消防专用电话、手动报警按钮、消火栓按钮等基本设备的设计要求。

四、本章重点与难点问题

本章重点：火灾监控系统的组成、火灾监控系统的工作原理和消防联动控制系统的基本要求。

本章难点：火灾探测器的选用和安装要求。

第十章　工业防火防爆

一、学习目的和要求

通过本章的学习，能够了解工业火灾爆炸事故的特点、原因构成和类型。在理解工业防火防爆基本原理的基础上，熟悉防止易燃易爆危险体系形成的技术措施；掌握点火源的种类，熟悉每种点火源的控制方法和动火作业的安全管理措施。掌握工业防火防爆安全装置的类型，理解其工作原理和适用特点；理解电气防爆的基本措施与途径，熟悉爆炸和火灾危险环境划分，爆炸性混合物的分类、分级和分组；熟悉防爆电气设备的类型及其工作原理，掌握其选择原则与方法。掌握爆炸危险性工业建筑的布置和构造要求。

二、课程内容

第一节　工业火灾爆炸的原因
一、工业火灾爆炸事故的特点

二、工业火灾爆炸事故的原因构成
三、工业火灾爆炸事故原因的类型
第二节　工业火灾爆炸的预防措施
一、工业防火防爆的基本原理
二、工业防火防爆技术措施
三、工业防火防爆安全装置
四、动火作业的安全管理
五、爆炸和火灾危险环境电气设备的选择
第三节　工业建筑防爆设计
一、工业建筑防爆基本技术措施
二、爆炸危险性工业建筑的布置
三、爆炸危险性工业建筑的构造

三、考核知识点与考核要求

（一）工业火灾爆炸的原因

识记：工业火灾爆炸事故原因的类型。

领会：工业火灾爆炸事故的特点；工业火灾爆炸事故的原因构成。

应用：能够根据工业火灾爆炸事故的发生发展过程，判定事故原因的类型，分析事故发生的特点和机理。

（二）工业火灾爆炸的预防措施

识记：点火源的种类；工业防火防爆安全装置的类型、工作原理和适用特点；爆炸性混合物的分类、分级和分组；防爆电气设备的选择原则与方法。

领会：工业防火防爆基本原理；防止易燃易爆危险体系形成的技术措施；动火作业的安全管理措施；电气防爆的基本措施与途径；爆炸和火灾危险环境划分。

应用：利用所学知识能够为特定工业场所提出有针对性的防火防爆技术措施或对其已采取的措施进行分析。

（三）工业建筑防爆设计

领会：掌握爆炸危险性工业建筑的布置和构造要求。

应用：根据工业建筑防爆的相关知识，对具体工业建筑的防爆设计提出基本措施。

四、本章重点与难点问题

本章重点：工业火灾爆炸事故原因的类型；点火源的控制；工业防火防爆安全装置；爆炸和火灾危险环境电气设备的选择；工业建筑的防爆设计。

本章难点：工业火灾爆炸事故原因的类型。

Ⅳ　关于大纲的说明与考核实施要求

一、自学考试大纲的目的和作用

《防火工程自学考试大纲》是根据专业自学考试计划的要求，结合自学考试的特点而确定的。其目的是对个人自学、社会助学和课程考试命题进行指导和规定。

《防火工程自学考试大纲》明确了课程学习的内容以及深度广度，规定了课程自学考试的范围和标准。因此，它是编写自学考试教材和辅导书的依据，是社会助学组织进行自学辅导的依据，是自学者学习教材、掌握课程内容知识范围和程度的依据，也是进行自学考试命题的依据。

二、课程自学考试大纲与教材的关系

《防火工程自学考试大纲》是进行学习和考核的依据，教材是学习和掌握课程知识的基本内容与范围，教材的内容是大纲所规定的课程知识和内容的扩展与发挥。防火工程内容在教材中可以体现一定的深度或难度，但在大纲中对考核的要求一定要适当。

大纲与教材所体现的课程内容应基本一致；大纲里面的课程内容和考核知识点，教材里一般也要有。反过来教材里有的内容，大纲里就不一定体现。

三、关于自学教材

《防火工程》，全国高等教育自学考试指导委员会组编，杜文锋主编，机械工业出版社出版，2013 年版。

四、关于自学要求和自学方法的指导

本大纲的课程基本要求是依据专业考试计划和专业培养目标而确定的。课程基本要求还明确了课程的基本内容，以及对基本内容掌握的程度。基本要求中的知识点构成了课程内容的主体部分。因此，课程基本内容掌握程度、课程考核知识点是高等教育自学考试考核的主要内容。

为了有效地指导个人自学和社会助学，本大纲已指明了课程的重点和难点，在章节的基本要求中一般也指明了章节内容的重点和难点。

本课程共 6 学分。

自学本课程的过程中，应在全面、系统学习的基础上掌握基础知识、基本原理和基本方法。本课程的内容涉及建筑防火、电气防火及火灾监控和工业防火防爆三个大的方面，知识范围广泛，各章之间既有联系又有区别，具有系统性、连贯性和相对独立性。自学者首先要通过通篇阅读教材，明确课程的结构框架，认识各章节之间的联系。而后，应在理解防火工程基本原理的基础上，记忆重点概念、名词，掌握重点措施设置要求，并进一步区分相近的概念和类似的问题。

五、应考指导

1. 如何学习

很好的计划和组织是学习成功的法宝。如果考生正在接受培训学习，一定要跟紧课程并完成作业。为了在考试中做出满意的回答，必须对所学课程内容有很好的理解。使用“行动计划表”来监控学习进展。阅读课本时可以做读书笔记。可以在空白处记录相关网站、文章。

2. 如何考试

卷面整洁非常重要。书写工整，段落与间距合理，卷面赏心悦目有助于教师评分，教师只能为他能看懂的内容打分。回答所提出的问题，要回答所问的问题，而不是回答自己乐意回答的问题，避免超过问题的范围。

3. 如何处理紧张情绪

正确处理对失败的惧怕，要正面思考。做深呼吸放松，这有助于使头脑清醒，缓解紧张情绪。考试前合理膳食，保持旺盛精力，保持冷静。

4. 如何克服心理障碍这是一个普遍问题。如果在考试中出现这种情况，试试下列方法：使用“线索”纸条。进入考场之前，将记忆“线索”记在纸条上，但不能将纸条带进考场，因此当阅读考卷时，一旦有了思路就快速记下。按照个人的步调进行答卷，为每个考题或部分分配合理时间，并按此时间安排进行答题。

六、对社会助学的要求

1. 帮助自学者梳理课程的内容层次和知识体系

助学者在辅导时应帮助自学者梳理课程各部分内容之间的联系与区别，进而帮助自学者在头脑中建立起课程基本的内容层次和知识体系。比如说课程三大模块之间的联系，建筑防火中的哪些措施会影响火灾自动报警系统的设置等。

2. 帮助自学者区分重点内容、次重点内容与一般内容

助学者在辅导过程中应根据大纲中关于重点内容、次重点内容和一般内容的界定，强调它们之间的区别与联系，帮助自学者以合理的方式在不同程度上掌握重点、次重点和一般内容。

七、对考核内容的说明

1. 本课程要求考生学习和掌握的知识点都作为考核的内容。课程中各章的内容均由若干知识点组成，在自学考试中成为考核知识点。因此，课程自学考试大纲中所规定的考试内容是以分解为考核知识点的方式给出的。由于各知识点在课程中的地位、作用以及知识自身的特点不同，自学考试将对各知识点分别按四个认知层次确定其考核要求。

2. 按照重要性程度不同，考核内容分为重点内容、次重点内容、一般内容，在本课程试卷中对不同考核内容要求的分数比例大致为：重点内容占 60%，次重点内容占 30%，一般内容占 10%。

3. 课程分为三部分，分别为建筑防火、电气防火及火灾监控、工业防火防爆，考试试卷中所占的比例大约分别为：70%、20%、10%。

八、关于考试命题的若干规定

1. 本课程为闭卷考试。满分为 100 分，60 分为及格线。考试时间为 150 分钟。除规定用笔外，还需携带无存储功能的计算器。

2. 本大纲各章所规定的基本要求、知识点及知识点下的知识细目，都属于考核的内容。考试命题既要覆盖到章，又要避免面面俱到。要注意突出课程的重点、章节重点，加大重点内容的覆盖度。

3. 命题不应有超出大纲中考核知识点范围的题，考核目标不得高于大纲中所规定的相应的最高能力层次要求。命题应着重考核自学者对基本概念、基本知识和基本理论是否了解或掌握，对基本方法是否会用或能熟练应用。不应出与基本要求不符的偏题或怪题。

4. 本课程在试卷中对不同能力层次要求的分数比例大致为：识记占 30%，领会占 30%，简单应用占 30%，综合应用占 10%。

5. 要合理安排试题的难易程度，试题的难度可分为：易、较易、较难和难四个等级。每份试卷中不同难度试题的分数比例一般为：2∶3∶3∶2。

必须注意试题的难易程度与能力层次有一定的联系，但二者不是等同的概念。各个能力层次对于不同的考生都存在着不同的难度。在大纲中要特别强调这个问题，应告诫考生切勿混淆。

6. 课程考试命题的主要题型一般有填空题、单项选择题、名词解释题、简答题、计算题等。各种题型的具体形式，可参见本大纲的题型举例。

V 题型举例

一、填空题（请将正确答案填写在题目空白处，不填、错填均无分。）

1. 火焰气流进入阻火器内部的阻火层时被分割成许多细小的火焰流，由于______和__________而被熄灭。

二、单项选择题（在每小题列出的四个备选项中只有一个是符合题目要求的，请将其代码填写在题后的括号内。错选、多选或未选均无分。）

1. 某科研楼属于一类高层建筑，其耐火等级可选（　　）。

A. 一级　　B. 二级　　C. 三级　　D. 四级

2. 下列选项中，当烟气温度超过哪一个时，排烟防火阀应能自行关闭（　　）。

A. 70℃　　B. 280℃　　C. 60℃　　D. 150℃

三、名词解释题

1. 耐火极限

2. 防火分区

四、简答题

1. 防火间距不足时可采取哪些应变措施？

2. 工业火灾爆炸事故的原因类型有哪些？

五、计算题

1. 一座影剧院，耐火等级为二级，观众厅设有座位 1500 个，请计算该影剧院观众厅每个疏散门的宽度。

剧场、电影院、礼堂等场所每百人所需最小疏散净宽度 (单位：m)

观众厅座位数/座			≤2500	≤1200
耐火等级			一、二级	三级
疏散部位	门和走道	平坡地面	0.65	0.85
		阶梯地面	0.75	1.00
	楼梯		0.75	1.00

2. 已知某面粉生产厂房为单层独立建筑，其平面示意图及1—1截面剖面图如下图所示，试通过计算确定该厂房的泄压面积（面粉厂房的泄压比取 $0.030m^2/m^3$）。

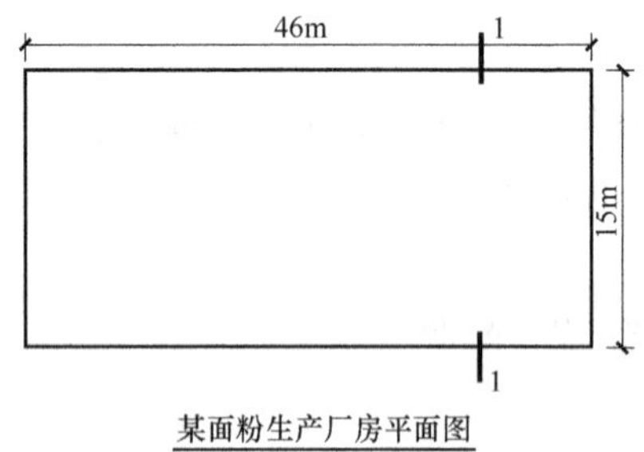

某面粉生产厂房平面图

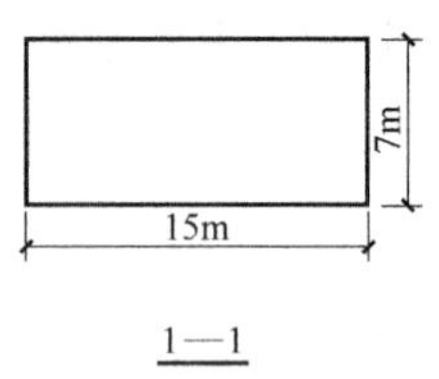

1—1

后　记

本大纲是根据全国高等教育自学考试指导委员会电子电工与信息类专业委员会制定的《高等教育自学考试消防管理专业（专科）考试计划》和全国高等教育自学考试指导委员会《关于修订高等教育自学考试课程自学考试大纲的几点意见》的精神制定的。

本大纲提出初稿后，曾聘请专家通审，并由电子电工与信息类专业委员会在廊坊组织召开审稿会进行审稿，根据审稿会意见由编者作了修改。最后由电子电工与信息类专业委员会定稿。

本大纲由杜文锋教授负责编写。参加审稿并提出修改意见的有屈立军教授（中国人民武装警察部队学院，主审）、张树平教授（西安建筑科技大学）。

对参与本大纲编写和审稿的各位专家表示感谢。

全国高等教育自学考试指导委员会
电子电工与信息类专业委员会
2013 年 6 月

全国高等教育自学考试指定教材
消防管理专业(专科)

防火工程

全国高等教育自学考试指导委员会　组编

编 者 的 话

为了适应新时期高等教育自学考试消防管理专业（专科）考试计划的需要，全国高等教育自学考试指导委员会组织编写了本教材。本教材在编写的过程中，始终从消防管理实际工作的需求出发，注重实践性和应用性，围绕民用建筑和工业场所的防火安全，以火灾科学理论为指导，在防火工程基本原理的基础上，系统地概述了火灾预防与控制的工程技术方法。

本教材具有明显的概论性特征，每一个模块涉及的防火设计措施与方法都以民用建筑和工业场所火灾发生、发展的规律为主线。基于自学考试学习的特点，力求突出各章节的重点和难点，在介绍与消防管理工作紧密相关的关键性知识点的同时，注重对知识层次和结构体系的梳理。

本教材分为建筑防火设计、电气防火及火灾监控、工业防火防爆三个模块。建筑防火设计主要通过建筑选址、布局、结构和设施的设计来阻止火灾的蔓延与扩大，确保建筑及其内部人员的安全。电气防火及火灾监控根据电气火灾的原理和特性，提出了电气线路的防火要求，以及防雷防静电措施；并从火灾探测的原理入手，介绍了火灾自动报警系统的组成及功能。工业防火防爆在分析工业火灾爆炸事故的特点及成因的基础上，以防火防爆的基本原理为主线，阐述了工业火灾爆炸预防的技术措施和工业建筑的防爆设计。

本教材由中国人民武装警察部队学院杜文锋教授担任主编。具体编写分工如下：第一章、第二章与第三章由杜文锋编写，第四章与第六章由王倩编写，第五章与第七章由蔡芸编写，第八章与第九章由蒋慧灵编写，第十章由杨永斌编写。

由于水平有限，书中难免有不足之处，敬请广大读者批评指正。

编 者

2013 年 6 月

第一章　建筑火灾与建筑防火对策

学习目标

1. 应了解、知道的内容

建筑火灾的危害；建筑火灾的原因；建筑火灾严重性影响的因素；“处方式”建筑防火设计与“性能化”防火设计的特点。

2. 应理解、清楚的内容

室内火灾的基本过程；建筑火灾的蔓延方式与途径；建筑特征及其对消防安全的影响。

3. 应掌握、会用的内容

建筑防火设计的主要内容。

自学学时　3 学时

老师导学

本章首先对建筑火灾的危害性、建筑火灾的原因、建筑火灾的发展与蔓延等进行介绍；其次，揭示了建筑特征与建筑消防安全之间的关系；最后，介绍了建筑防火的防火对策与基本技术，并介绍了建筑防火设计的发展趋势。在学习中应重点从宏观层面掌握建筑防火技术和建筑防火对策。

建筑火灾的预防与控制在防火工程中占有重要的地位。了解建筑火灾的发生原因、发展过程和危害形式，整体把握建筑防火技术在建筑防火策略中的地位和作用，是有效开展建筑防火设计的前提条件。本章将讨论建筑火灾、建筑特征与建筑消防安全，以及建筑防火对策等问题。

第一节　建 筑 火 灾

一、建筑火灾概述

火是人类赖以生存和发展的自然力量，火的利用在人类进化史中具有划时代的意义。但火具有两面性，当火失去控制时，就会造成具有很大破坏力的灾害，给人类的生产、生活乃至生命安全带来威胁。火灾即是指失去控制的，并给人类带来危害和损失的燃烧现象。

常见的火灾有建筑火灾、露天生产装置火灾、可燃材料堆场火灾、森林火灾、交通工具火灾等。建筑物是人类生产和生活的主要场所，大部分火灾都发生在建筑物内。在所有的火灾中，建筑火灾发生的次数最多，造成的损失也最严重。统计表明，我国建筑火灾的发生次数占火灾总次数的80%左右，直接经济损失占70%左右，所以建筑火灾的预防与控制在防火工程中占有重要的地位。

二、建筑火灾的危害

建筑火灾的危害集中体现在高温作用损毁建筑物、烟气的毒害性和烟气的减光性等方面。

1. 高温作用损毁建筑物

建筑材料受到高温作用，其力学性能会明显下降。当建筑材料的力学性能降低到不能支撑建筑物的有效荷载时，建筑物就会发生倒塌。

在建筑结构中广泛使用的普通低碳钢，当钢材的温度在350℃以下时，其极限强度相对于常温钢材的极限强度变化不大；温度超过350℃时，强度开始下降；温度达到500℃时，钢材的强度降低50%；600℃时，强度降低70%。温度升高时，钢材的其他力学性能也随之发生很大的变化。

混凝土、石材和黏土砖等在建筑中主要承受压力作用，在高温作用下，这些材料的抗压性能随着温度的升高而降低。以混凝土为例，在温度低于300℃时，其抗压强度基本没有降低，甚至会出现略微增大的现象；但当温度超过300℃时，混凝土的抗压强度随着温度的升高而逐渐降低。

2. 烟气的毒害性

首先，由于燃烧消耗了大量的氧气，使得烟气中的氧气含量常低于生理上所需的正常数值。当空气中的氧气含量低于15%时，人的肌肉的活动能力将明显下降；氧气含量降低到10%～14%时，人的判断能力将迅速降低；降低到6%～10%时，人在短时间内会晕倒，甚至死亡。在起火的房间内氧气最低浓度可达3%左右，若人员不及时撤离火场将是非常危险的。

其次，烟气中含有各种有毒气体，如CO、HCN、HCl、H_2S、NH_3、SO_2、Cl_2、NO_2等，而且这些毒害气体的含量有的已显著超出了人们正常生理所允许的最低浓度，从而造成人员中毒死亡。火灾气体中主要有毒气体对人体有生理作用的浓度及人员的疏散条件可查阅有关文献资料。

此外，火灾烟气的高温作用对人也会产生很大的危害。当环境气体的温度达到65℃时，人可短时忍受；当温度达到120℃时，15min内就可产生不可恢复的损伤；烟气温度进一步提高，损伤时间就更短。

3. 烟气的减光性

由于烟气中含有固体和液体颗粒，对光有散射和吸收的作用，从而使火场的能见度显著下降，这就是烟的减光性。烟气中的部分成分对人的器官有刺激性，如SO_2、H_2S、HCl、Cl_2、NO_2、NH_3等，使人眼流泪而不易睁开，从而进一步影响人的视觉，影响人员撤离火场的速度和消防人员的灭火救援行动。

烟气的毒害性和烟气的减光性不仅受到燃烧材料的化学性质影响，还受到材料的物理状态和燃烧过程中氧气的补充速度的影响。例如，对相同化学成分的材料，其块状物和颗粒物在燃烧时的燃烧速度、产烟速率和烟气成分等是不同的。当氧气的供给速度越快时，燃烧就越充分，烟气中的颗粒物就越少。

三、建筑火灾的原因

建筑火灾的原因归纳起来大致分为以下5类：

（一）生活和生产用火不慎

1. 生活用火不慎

城乡居民家庭的火灾绝大部分是由生活用火不慎引起的。属于这类火灾的原因大致有以下几个方面：

（1）吸烟不慎　烟头或点燃烟后未熄灭的火柴梗都可能引起可燃物着火燃烧。

（2）炊事用火　炊事用火的主要器具包括燃煤或燃柴炉灶、燃气炉灶和燃油炉灶等。如果炉灶设置地点不当，安装不符合安全要求，烟囱距离可燃物太近或其间没有可靠的隔火隔热措施，在使用炉灶的过程中违反防火安全要求或出现异常事故等都可能引起火灾。

（3）取暖用火　使用明火取暖时，如果火炉、火炕、火盆及排烟的烟囱等设置、安装、使用不当，均可能引起火灾。

（4）灯火照明　灯火照明包括电灯照明、汽灯照明、油灯照明和蜡烛照明等。灯泡、汽灯、油灯和蜡烛的放置位置靠近可燃物，或者使用不小心都容易引起火灾。

（5）小孩玩火　小孩玩火可能引燃可燃物引起火灾。

（6）燃放烟花爆竹　烟花爆竹在燃放的过程中释放的高温烟火能够引燃可燃物，导致发生火灾。

（7）宗教活动用火　在庵堂、寺庙、道观等场所进行宗教活动时，焚香和燃烛可能引燃其中的可燃物，从而引起火灾。

2. 生产用火不慎

用明火熔化沥青、石蜡或熬制动（植）物油时，因温度超过自燃点，可能导致着火成灾。在烘烤木板、烟叶等可燃物时，因温度升高，可能引起烘烤的可燃物着火成灾。从锅炉中排出的高温炉渣处理不当，也可能引燃周围的可燃物。

（二）违反安全生产制度

因违反安全生产制度而引起火灾的情况有很多。如在易燃易爆的车间内动用明火，引起爆炸起火；将性质相互“抵触”的物品混存引起燃烧爆炸；进行气焊、气割时，如果没有采取相应的防火措施，气焊、气割产生的火星、高温焊渣与高温熔渣，以及焊接、切割产生的高温部件均能够引起可燃物着火燃烧；机器运转时，不按时加润滑油，或不及时清除附在机器轴承上面的杂质、废物，而使这些部位摩擦生热，引起附着物燃烧起火；电熨斗不用时不及时断电，引起电熨斗过热，点燃可燃物；化工生产设备失修，出现可燃气体、易燃和可燃液体跑、冒、滴、漏现象，遇明火燃烧爆炸等。

（三）电气设备设计、安装、使用及维护不当

因电气设备设计、安装、使用及维护不当引起火灾的原因有很多，主要包括：用电设备过负荷、线路接触不良、线路短路会引起火灾；大功率灯泡和荧光灯整流器对紧邻的可燃物加热会引起火灾；在易燃易爆车间内使用非防爆型的电动机、灯具和开关等也会引起燃烧爆炸。

（四）自然现象引起火灾

1. 自燃

自燃是指在没与任何明火接触的情况下，物质受化学发热或生物发热等发热机理作用，在内部产生热量累积，达到物质的自燃点而引起燃烧的现象。如大量堆积的油布、油纸、煤炭等都有可能因自身发热而自燃。

2. 雷击

雷击引起火灾的机理有以下三个方面：一是雷击直接击中建筑物产生高温使建筑物着火；二是雷击产生的静电感应和电磁感应使可燃物着火；三是雷击产生的强电流通过电气线

路或金属管道系统侵入建筑物内部引起可燃物着火。在雷击较多的地区，建筑物应设置防雷保护设施，以防止雷击引起火灾。

3. 静电

静电通常由摩擦、撞击产生，如易燃、可燃液体在塑料管道中流动产生静电；人体活动时，皮肤与衣服之间及衣服与衣服之间相互摩擦，以及塑料鞋底与地面的摩擦均能产生静电。静电放电能引起可燃液体、气体和粉尘爆炸燃烧。

4. 地震

发生地震时，人们急于疏散，常来不及切断电源、熄灭炉火、处理好易燃易爆生产装置和危险物品，这些都可能导致火灾的发生。

（五）纵火

纵火分为刑事犯罪纵火和精神病人纵火。

四、建筑火灾的发展与蔓延

（一）室外火灾与室内火灾的区别

室外火灾与室内火灾有很大的不同。如图 1-1 所示，对室外火灾，燃烧产生的部分热量通过对流和热辐射向可燃材料的表面传热并加热可燃材料的表面，使其分解产生可燃气体，可燃气体进入火焰支持燃烧继续进行。剩余的热量则通过热辐射和热烟气的自然对流散失到环境中。如图 1-2 所示，对室内火灾，燃烧产生的高温烟气聚集在室内，加热房间内的固体壁面（包括墙壁、顶棚和室内的其他固体壁面）；被加热的固体壁面和高温气体又对可燃材料的表面进行辐射加热，从而加强燃烧过程。由此可知，如果空气供给充分，高温烟气的聚积对室内燃烧有强化作用。

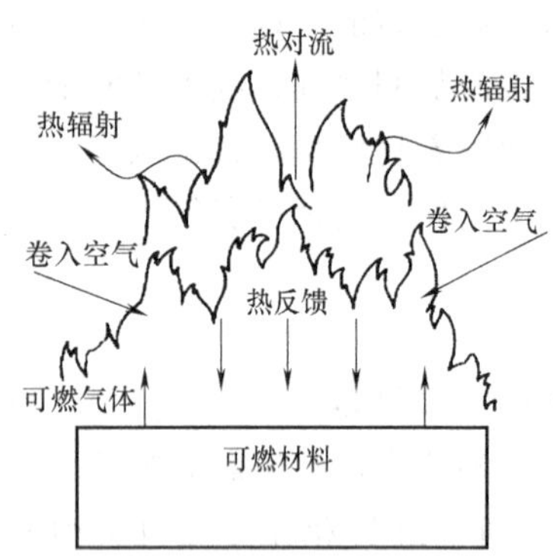

图 1-1　室外物质燃烧过程示意图

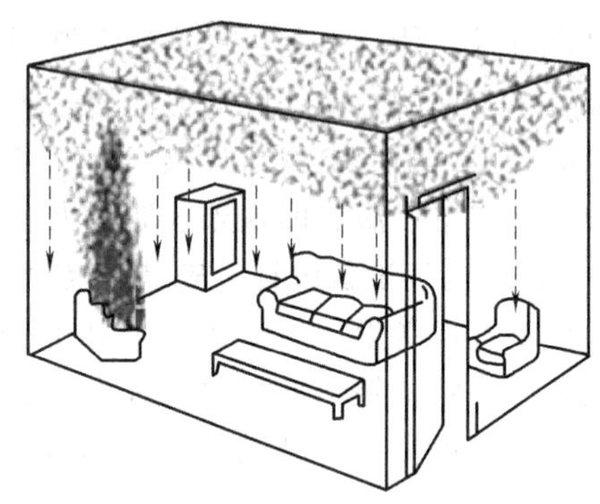

图 1-2　室内燃烧强化过程示意图

（二）室内火灾的发展过程

室内火灾的发展可由室内平均温度随时间的变化过程进行描述，如图 1-3 所示。根据室内平均温度的变化特点，可将室内火灾分为三个阶段。

1. 初始阶段

可燃物着火后，火灾发展有下列三种可能性：

（1）燃烧限定在初始着火物上。着火的可燃物数量少、热值低，或者与其他可燃物之间有较大的距离，燃烧无法从着火物向周围物质蔓延。在此情况下，当着火的可燃物燃尽后，燃烧自行终止。

（2）通风不足导致燃烧终止。在火灾蔓延发展的过程中，燃烧不断地消耗着周围的氧气。当房间通风不足时，随着燃烧的进行，空气中对燃烧起支撑作用的氧气浓度越来越低，而对燃烧起抑制作用的燃烧产物浓度越来越高。当氧气浓度低于一定值时，燃烧因缺氧而熄灭。

（3）发展蔓延。着火的可燃物数量多，热值高，或者与其他可燃物之间的距离较近时，火焰将在可燃物上加速蔓延，并向周围可燃物蔓延，直至房间内的所有物质都卷入燃烧。

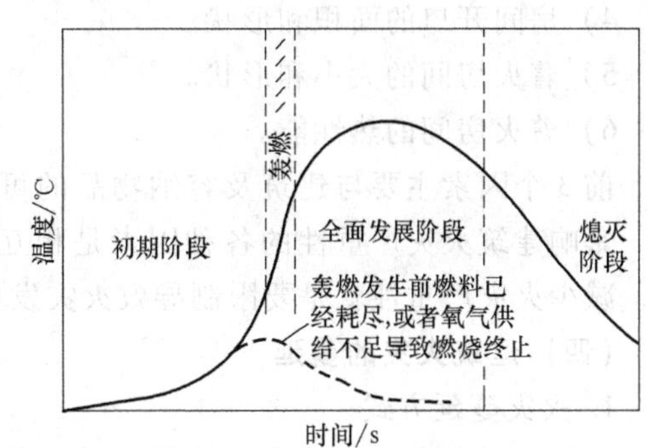

图 1-3　室内发生火灾时室内平均温度随时间的变化过程

火灾初始阶段的特点是燃烧范围小，燃烧速度慢，室内平均温度低，因此火灾初始阶段是灭火和人员疏散的最佳时机。

2. 全面发展阶段

当上述初始阶段的第三种可能性成为现实，且室内可燃物较多时，随着火灾的蔓延，室内所有的可燃物都卷入燃烧，燃烧充满了整个室内空间。

在全面发展阶段，存在一种特殊的燃烧现象——轰燃。当房间通风良好，且室内可燃材料足够时，位于室内上方的高温烟气层的温度逐渐升高。当火灾发展到一定规模时，固体壁面和高温烟气层的热辐射足够强烈，使室内所有的可燃物都受热分解并释放出大量的可燃气体，可燃气体着火使所有的可燃物突然卷入燃烧，此时的烟气层温度在500～600℃之间。火灾从缓慢增长到全面发展的过渡非常迅速。火灾动力学将这种非常迅速地从局部燃烧过渡到室内所有可燃物卷入燃烧的过程称为室内火灾的轰燃现象。

轰燃发生后，火灾热释放的速率迅速增加，氧气浓度下降，环境温度迅速上升，火灾蔓延到相邻区域的危险增加，建筑结构受到加热损害有发生坍塌的可能。在此情况下，房间内的人员几乎完全失去逃生机会。

3. 熄灭阶段

火灾进入全面发展阶段后，随着燃烧的持续进行，可燃物的数量逐渐减少，室内温度逐渐下降。当室内温度下降到最大值的80%时，即可认为火灾进入了熄灭阶段。可燃物完全烧尽时，室内温度将逐渐恢复到常温。

（三）建筑火灾严重性的影响因素

建筑火灾严重性是指在建筑中所发生火灾的规模和危害程度。火灾严重性取决于火灾达到的最高温度和在最高温度下火灾的持续时间，它表明了火灾对建筑结构或建筑造成破坏和对建筑中的人员、财产造成危害的程度。

火灾严重性与建筑的可燃物或可燃材料的数量、材料的燃烧性能，以及建筑的类型、构造等有关。影响火灾严重性的因素大致有以下6个方面：

1）可燃材料的燃烧性能。

2）可燃材料的数量或火灾荷载。

3）可燃材料的分布。

4）房间开口的面积和形状。

5）着火房间的大小和形状。

6）着火房间的热性能。

前3个因素主要与建筑及容纳物品的可燃材料有关，而后3个因素主要涉及建筑的布局。影响建筑火灾严重性的各种因素是相互关联和相互影响的。对建筑结构的耐火能力而言，减少火灾严重性就是要限制导致火灾发生、发展和蔓延成大火的因素。

（四）建筑火灾的蔓延

1. 火灾蔓延方式

（1）火焰接触　起火点的火焰直接点燃周围的可燃物，并使其发生燃烧。这种蔓延方式多在近距离内出现。

（2）延燃　固体可燃物表面或易燃、可燃液体表面上的一点起火，通过导热升温点燃可燃物，使燃烧沿着物体表面连续不断地向周围发展下去。

（3）导热　间隔墙一侧起火或钢筋混凝土楼板下面起火或通过管道及其他金属容器内部的高温，从墙、楼板、管壁（或器壁）的一侧表面传到另一侧表面，使靠近这些地点的可燃物被点燃，并造成火灾蔓延。

（4）热辐射　着火点附近的易燃、可燃物，在与火焰既无接触，又无中间导热物体作为媒介的条件下起火，这是热辐射造成的结果。

（5）热对流　房间内的热烟气和室外的新鲜空气的密度不同，热烟气的密度较小，形成向上的浮羽流，从墙体开口的上部流出；室外的冷空气则从墙体开口的下部流入室内的燃烧区，并参与燃烧。这样就形成了冷、热气体之间的对流，并导致火灾的蔓延。

2. 火灾蔓延的途径

在室内火灾的全面发展阶段，室内火灾可能通过下列途径从火灾起始的房间向建筑物的其他区域蔓延：

（1）门　当房门打开或者房门被烧穿时，室内的高温烟气或火焰从门洞流出，使火灾蔓延到走廊或其他房间。

（2）窗　当窗口开启或者窗玻璃被烧破裂时，从窗口喷出的高温烟气或火焰射流能引燃室外墙壁上的可燃物。当上下层窗间墙的高度较低时，从下层窗口喷出的高温烟气或火焰射流可能点燃上层窗口内的窗帘等可燃物。

（3）楼梯间等竖向管井　当高温烟气进入楼梯间、电梯井等竖向管井时，将产生烟囱效应，使热烟气以3～5m/s的速度向上蔓延。

（4）隔墙　完整的隔墙可以阻止火灾蔓延，但隔墙一旦被烧穿，从隔墙开裂处流出的高温烟气就可能点燃隔墙另一面的可燃物。

（5）顶棚　当隔墙的高度仅达到顶棚的下表面时，火灾会在顶棚内蔓延到隔墙的另一边。在建筑防火设计中，为防止火灾通过顶棚蔓延，要求隔墙的高度必须延伸到与上层地板相接触。

火灾不仅在同一建筑物的内部蔓延，还可以在建筑物之间蔓延。当两个建筑物之间的安全距离较小时，一个建筑物的火灾可能由于“飞火”、辐射、火焰引燃等原因导致相邻建筑物也发生火灾。

第二节 建筑特征与建筑消防安全

一、建筑特征

建筑特征包括建筑高度、地下空间深度、建筑面积、与相邻建筑物的距离、火灾荷载、人员数量、睡眠人群、社会特殊群体、特殊建筑设计等。

二、建筑特征对建筑防火的要求

不同的建筑物具有不同的建筑特征，而这些建筑特征又直接影响到建筑物的消防安全，因此对建筑消防设计需提出特别的要求。

1. 建筑高度

建筑高度对建筑消防安全有如下影响：

1）高度越高，内部人员的最大垂直疏散距离就越长，因此疏散难度也越大。

2）高度越高，烟气沿垂直竖井蔓延的速度就越快，导致火灾蔓延的速度增快。

3）高度越高，灭火救援就越困难。

由于上述影响，对医院、幼儿园、敬老院、影剧院等人员运动能力不足或者人员聚集的场所，不宜在高层建筑的高层位置设置。

为了确保人员安全疏散，高层建筑的内部应设置受保护的疏散楼梯，疏散楼梯通往各楼层和大厅的出口应设置常闭式防火门，以防烟雾进入疏散楼梯间。高层建筑内的人员疏散方式应采用分步疏散，而不宜采用同时疏散，以免疏散楼梯宽度过大。

当建筑物的高度过高、规模过大时，很可能无法从建筑物外部对建筑物内部进行灭火。在此情况下，应设置专门的消防通道。消防通道可为消防人员提供进出建筑物的安全通道，同时在建筑内部可设置固定的消防供水出口，以便消防人员就地取水灭火。

2. 地下空间深度

地下空间深度对建筑消防安全有如下影响：

1）燃烧产物和逃生人群可能处于相同的通道。

2）火灾产生的热量和烟气不易散失，因此相对于地上建筑，地下空间内的火灾危害性更大。

3）地下空间不利于灭火救援。为了防止火灾对地下空间内人员的危害，地下空间应设置排烟系统，并对地下空间进行防火分区和防烟分区。对高火灾荷载的地下空间，采用防、排烟系统和水喷淋系统联动更加有利于火势控制。

理想情况下，应使人员的运动和燃烧产物的运动相互隔开，这可以通过在火源附近启动排烟系统来阻止烟气流向逃生通道来实现。发生火灾时，地上楼层的人员在寻找逃生口时应避免逃往地下层。

地下空间和地上建筑之间应利用适当的耐火分隔物进行分隔。在一定情况下，需要为消防人员设置正压送风通道，以便发生火灾时消防人员进入地下空间开展灭火救援活动。

3. 建筑面积

建筑面积对建筑消防安全有如下影响：

1）面积越大，建筑物内的火灾荷载就越大。

2）面积越大，人员逃生的水平运动距离就越大。

3）面积越大，灭火救援就越困难。

解决上述问题的有效方法之一是对建筑物进行防火分区，但防火分区面积过小又可能限制建筑功能，因此应在保证消防安全的前提下最大限度满足建筑功能的要求。防火分区的可能最大值至少受到两个方面的制约：一是人员疏散，过大的防火分区面积会使内部人员在紧急情况下无法辨认疏散出口；二是灭火能力，如果防火分区面积过大，现有的消防救援技术和装备无法有效扑救防火分区内的全部火灾。

在防火分区内设置自动灭火系统能有效控制火势的增长，为消防人员扑救火灾创造良好的条件；在防火分区内设置防、排烟系统能降低高温烟气在室内空间的聚集速度，为人员疏散提供更充足的时间，同时有利于外部救援力量的介入。由此可知，在建筑物内设置自动灭火系统和防、排烟系统可允许防火分区的面积适当增大。

4. 与相邻建筑物的距离

发生火灾的建筑物靠近相邻建筑物时，可能造成火灾在建筑物之间蔓延。为了避免建筑物之间的火灾蔓延，需要采取以下消防控制措施：

1）使建筑物之间的距离大于一定的安全值——防火间距，保证火灾不从一个建筑物向另一个建筑物蔓延。

2）对建筑物进行防火分区。当建筑物进行防火分区后，火灾的规模一般较小，因此减弱了从着火的防火分区向相邻建筑物的热量传递，从而降低了火灾在建筑物之间蔓延的可能性。

3）当划分防火分区与建筑物的使用功能相冲突时，可通过水喷淋系统来限制火灾规模，从而达到相同的消防安全效果。

4）限制建筑物外表面未保护区域的面积：一是尽量减少面向相邻建筑物一侧的门窗数量和面积，或采用防火门窗，以限制室内火灾通过门窗向相邻建筑物辐射热量；二是限制建筑物外墙可燃物的数量，防止因外墙火势扩大而引燃相邻建筑物。

5. 火灾荷载

火灾荷载越大，进入全面燃烧阶段后的室内温度就越高，火灾持续的时间就越长，这些都可能导致建筑结构因高温作用而损毁，严重时甚至导致建筑物受火倒塌。解决问题的方法是加强建筑构件的耐火保护，使建筑构件能够承受更长时间的高温作用。

火灾荷载还与火灾蔓延速度、发烟量和烟的毒性有关。建筑物内存在大量燃烧快、发热量与发烟量大的可燃物时，火灾蔓延迅速，并产生大量有毒有害的烟气，这些都严重威胁着内部人员的生命安全。为了解决这些问题，对建筑物内装修材料的燃烧性能和使用量应进行严格限制。

6. 人员数量

场所内人员数量越大，火灾发生时保证人员安全疏散的标准也越高。采用自动报警和应急广播等技术措施可为疏散人群选择正确的逃生路线提供更加可靠的信息。

7. 睡眠人群

睡眠人群对警报声的反应受到人群对警报的警觉性和对建筑的熟悉程度的影响，因此对宾馆、酒店等供人休息，而人员的流动性很大的居住类建筑，有必要增加报警、自动灭火、和防排烟等消防措施。例如为了惊醒睡眠人群，警报器需安装在适当的位置，且报警音量应足够大。

8. 社会特殊群体

应充分考虑社会特殊群体的需求。研究表明，社会特殊群体聚集地是最常发生火灾的地方。社会特殊群体包括生理缺陷和心理缺陷人员、年幼群体和老年人、病残体弱人员、有酔酒倾向人员等。对上述特殊群体所在的建筑物应加强安全出口的设置，相关要求应参考有关标准。

9. 特殊建筑设计

特殊建筑设计包括中庭、空调管道、单个楼梯、开放空间和地下空间等。为了保证这些场所的人员安全，需要对由特殊建筑设计导致的消防安全问题进行认真的研究，并提出有针对性的解决方法。

第三节 建筑防火对策

一、建筑防火对策具体内容

（一）加强消防管理、预防火灾发生

主要通过有关防火法规的贯彻执行、防火安全检查、防火安全教育、提高民众的防火意识等手段来达到目的。

（二）加强防火设计、控制火灾损失

1. 耐火设计

建筑耐火是指建筑物在火灾产生的高温作用下保持建筑结构的完整性、绝热性、稳定性的能力，建筑设计时通过选取结构用材、结构尺寸、结构保护等方法可以控制建筑耐受高温的时间。建筑耐火能力用结构耐火性能和建筑耐火等级表示。

2. 建筑总平面防火布局

建筑总平面防火布局包括建（构）筑群的选址、主体建筑和附属建筑、厂（库）区总平面布置、防火间距和消防车道设置等内容。其目的是通过建筑物的合理布局，使火灾不向其他建筑物蔓延，并有利于外部消防救援力量的介入。

3. 建筑平面防火设计

建筑平面防火设计是相对于同一建筑物的内部设计而言的，包括防火分区和建筑平面防火布置等内容。其中，防火分区包括水平防火分区和垂直防火分区，其目的是将火灾限定在建筑物内的一定范围内，减弱火灾对整个建筑物的影响。建筑平面防火布置则是使建筑物的平面布置符合规范要求，合理分隔建筑物的内部空间，防止火灾在建筑内部蔓延扩大，确保人员的生命安全，减少财产损失。

4. 安全疏散设计

安全疏散设计是根据建筑物的使用性质、火灾事故时人的心理状态与行为特点、火灾的危险性、容纳人数、建筑面积等因素，合理布置疏散设施，为人员的疏散设计安全路线。

5. 建筑内部和外部装修防火

无论是内部装修还是外部装修，当装修材料具有可燃性质时，火灾就可能通过装修材料

向外蔓延，同时可燃装修材料还会加剧燃烧，因此严格限制装修材料的燃烧性能和使用量，对阻止火灾的蔓延具有重要作用。

6. 火灾自动报警系统应用

火灾自动报警系统能够自动探测建筑物内发生的火灾，并通过声响、视频等方式向建筑物内的人员发出火灾警报。除报警外，火灾自动报警系统还能与固定灭火设施和防、排烟设施等消防系统连接在一起，通过向这些设施传递火灾信息，从而控制这些消防设施的启动与关闭，因此火灾自动报警系统是现代建筑消防系统的重要组成部分。

7. 建筑防、排烟系统应用

高温烟气是火灾的致命杀手，同时烟气降低了建筑内部的能见度，阻碍内部人员的疏散和消防队员的灭火救援。建筑防、排烟系统的作用就是在发生火灾时，按照设计要求防止烟气在建筑物内流动，或者将高温烟气及时从建筑物内部排出。

8. 工业建筑防爆设计

工业生产不仅可能产生火灾，而且还可能引起易燃易爆物质的爆炸。设计工业建筑物时，为了防止爆炸对建筑物的主体结构产生破坏，可将部分建筑物外墙、屋面设置为薄弱环节；在发生爆炸时，这些薄弱环节被破坏，卸除爆炸产生的压力，从而保护建筑物的主体结构不被破坏。

9. 建筑灭火设施应用

建筑灭火设施分为手动灭火设施和自动灭火设施。便携式灭火器和消火栓灭火系统都是典型的手动灭火设施；自动灭火设施包括自动水喷淋系统、固定气体灭火系统和固定干粉灭火系统等。《建筑消防设施》课程将对此进行详细介绍。

二、建筑防火设计的发展趋势

建筑防火设计就是针对具体建筑对上述九个方面的全部或部分内容进行设计，以满足该建筑对消防安全的特殊需要。目前，建筑物防火设计分为“处方式”建筑防火设计和“性能化”防火设计两种形式。

（一）“处方式”建筑防火设计

“处方式”建筑防火设计是指根据火灾的基本规律、火灾科学的研究结果，以及对既有建筑类型所采用的防火设计的经验与教训进行的总结，提出建筑防火设计的具体规定和要求，形成“指令性”或“条文式”防火设计规范。在进行建筑防火设计时，设计人员严格按照防火设计规范的要求选取设计参数并执行相关规定。在我国，《建筑设计防火规范》（GB 50016—2006）和《高层民用建筑设计防火规范（2005 年版）》（GB 50045—1995）是进行建筑防火设计的通用规范。此外，还有相应的消防技术规范对具体的消防技术应用进行规定。

“处方式”建筑防火设计的优点是简单易行，便于掌握，对设计人员的专业知识和技能水平要求不高。在进行防火设计时，设计人员只需“照单抓药”即可。

“处方式”建筑防火设计有如下不足：

1）“处方式”建筑防火设计反映了既有建筑类型所采用的防火设计的经验与教训，对类似的建筑设计基本能够达到较好的消防安全水平。但当新建筑物与既有建筑物在结构与使用方面有较大的差距时，由于没有可借鉴的防火设计规范，则“处方式”建筑防火设计就无法满足新建筑物的消防安全要求。由此可知，如果严格执行已有的“处方式”建筑防火设计规范，则必然会限制新建筑物的设计。

2）即使是对于同一类建筑物，由于结构的差异和使用条件的不同，按照“处方式”建筑防火设计规范得出的设计结果可能导致安全效果有很大的差别，因此由此得到的设计方案并不一定是最佳设计方案。

3）按照“处方式”建筑防火设计的要求，每一种新技术和新材料出现后，都必须制定新的技术规范并获得权威部门批准后才能应用。而规范的制定和批准是一项十分烦琐的工作，因此“处方式”建筑防火设计不利于新技术、新材料的采用和技术进步。

（二）“性能化”防火设计

“性能化”防火设计是以安全性能水平的形式来规定建筑的总体安全目标或分项安全目标，应用消防安全工程的方法和原理，从建筑物的具体情况出发开展建筑防火设计，并对设计进行评估和优化调整，直至得到满足要求的建筑防火设计。

“性能化”防火设计的特点如下：

1）“性能化”防火设计并不规定为达到某一安全目标所采取的具体措施，任何能够使建筑物达到消防安全目标的设计方案都是一个“性能化”防火设计方案，因此“性能化”防火设计方案具有多样性，能够最大限度地发挥设计人员的创造性。

2）“性能化”防火设计可以很好地满足工程的特殊要求，从而避免对建筑物设计的限制。

3）“性能化”防火设计的评估方法以计算机火灾模拟技术、火灾风险评估技术、建筑结构工程学为基础，所以对设计人员的专业知识和技能水平要求较高。

4）“性能化”防火设计从建筑物的具体情况出发，因而其结论更为可靠。

5）“性能化”防火设计有利于新技术、新材料的采用和技术进步。

6）“性能化”防火设计的设计结果易得到最适合的设计方案。

7）“性能化”防火设计有利于各项防火技术的优化组合和总体防火效果的发挥。

“性能化”防火设计能够明确防火设计所要达到的安全程度，因此相对于“处方式”建筑防火设计具有明显的优势。

例如，对某宴会大厅的防排烟设计，“处方式”建筑设计防火规范规定，该宴会厅排烟系统排烟速率为每小时6倍于宴会大厅内部空间体积。由此设计的排烟系统排烟效果究竟如何却取决于宴会大厅内可燃物多少。如果宴会大厅内可燃物较少，则火灾烟气产生速率较小，烟雾能够被排烟系统迅速排出，室内人员能够安全疏散。但如果宴会大厅内可燃物较多，内部装修使用了较多的可燃材料，则火灾蔓延速度快，烟气产生速率较大，宴会厅内可能很快就充满高温烟气，在此情况下，人员可能没有充足的安全疏散时间。由此可知，“处方式”防火设计规范虽然规定了具体的设计条文，但按照条文进行防火设计并不能明确设计能够达到的安全效果。

对于同样的宴会大厅，如果采用“性能化”防火设计，则防火设计的总目标是确保发生火灾时人员能够安全疏散，具体性能指标是人员疏散所需时间小于室内烟气浓度和烟气高度达到使人无法忍受所需的时间。任何使该目标得以实现的方案均是性能化设计的可选方案。例如，控制宴会大厅内的可燃物数量和内部装修材料的燃烧性能以降低烟气产生速率、或者增强室内排烟速率以降低室内烟气聚集速率、或者增大疏散出口宽度或者增加疏散出口的数量以减少人员疏散时间等都可以达到上述安全目标和性能指标。为了量化这些措施的效果，需要采用实验测试、理论分析和数值模拟的方法得到室内火灾的热与烟气产生速率随时间的变化，室内烟气的温度、浓度和高度等参数随时间的变化，以及人员离开宴会大厅所需的疏散时间。显然，要得到这些参数，下列两个方面的条件缺一不可：一是消防科技与相关领域的发展使比较准确描述火灾基本过程和火灾损害效果成为可能；二是开展性能化设计的人员掌握了这些知识和技术，从而能够对设计方案达到的安全效果进行定量评估。这说明，实施“性能化”防火设计比实施“处方式”防火设计对设计者的要求要严格得多。

综上所述，“性能化”防火设计相对于“处方式”建筑防火设计具有设计方案多样、设计效果明确等优点，因此“性能化”防火设计已成为建筑防火设计的未来发展方向。但由于消防科技和相关科技领域的发展还不足以对火灾的发展过程、火灾的损害结果，以及人的行为等进行全方位的准确描述，因此“性能化”防火设计目前仍处于发展和完善之中，它与“处方式”建筑防火设计将相互补充，并可能长期共存。

自学指导

本章学习重点：建筑火灾的发展过程；建筑防火对策。

1. 建筑火灾的发展过程：初始阶段、全面发展阶段、熄灭阶段。

2. 建筑防火对策：耐火保护，建筑总平面布局防火，建筑平面防火设计，安全疏散设计，建筑内部和外部装修防火，火灾自动报警系统应用设计，建筑防、排烟系统应用，工业建筑防爆设计，建筑灭火设施应用。

本章学习难点：建筑防火对策

建筑防火对策分为两类：一是通过加强消防管理来预防火灾；二是通过加强防火设计来控制火灾：通过采取防火、防爆措施来防止火灾的发生；通过合理设计疏散通道、疏散设施和安全出口等来为人员逃生创造条件；通过火灾自动报警系统应用、建筑灭火设施应用对建筑物进行总平面布局防火设计和建筑平面防火设计等措施，控制初期火灾，防止火灾在建筑内外蔓延；通过耐火设计来提高构件的耐火极限和整栋建筑的耐火等级。

复习思考题

简答题

1. 建筑火灾的危害体现在哪些方面？
2. 简述室内高温烟气聚集对燃烧的强化作用。
3. 简述室内火灾的发展过程。
4. 简述建筑火灾的蔓延方式和蔓延途径。
5. 增加建筑物的高度对消防安全有何影响？
6. 建筑面积对消防安全有何影响？
7. 地下建筑对消防安全有何影响？
8. 建筑防火设计包括哪些内容？

第二章　建筑物耐火设计

学习目标

1. 应了解、知道的内容

建筑构件耐火极限的判定标准；影响建筑物耐火等级选定的因素。

2. 应理解、清楚的内容

以楼板的耐火极限为基准确定其他建筑构件的耐火极限；钢构件进行耐火保护的必要性。

3. 应掌握、会用的内容

钢构件耐火保护的方法；耐火等级与生产的火灾危险性类别之间的一般对应关系。

4. 应熟练掌握的内容

通过建筑物的功能和特征选定建筑物的耐火等级；通过建筑物的耐火等级确定建筑构件的耐火极限。

自学学时　6 学时

老师导学

本章首先从建筑构件的燃烧性能和耐火极限入手介绍建筑构件的耐火性能，提出了构件耐火极限影响因素和提高构件耐火极限的措施；其次，分析了裸露钢结构的耐火性能，介绍了钢结构保护方法——截流法和疏导法；最后，着重介绍了建筑物耐火等级和建筑物耐火等级的选定。对本章的学习，重点在于建立构件的耐火极限和建筑物的耐火等级的概念，理顺建筑物各类构件耐火极限的大小关系，弄清建筑物的类型、生产和储存的火灾危险性类别与耐火等级之间的对应关系。

火灾能烧毁或损坏建筑构件，削弱其承载能力，并可能导致建筑物倒塌。建筑物耐火设计的目的在于通过设计赋予建筑构件一定的耐火性能，使建筑物达到要求的耐火等级，从而具备一定的抵御火烧损毁的能力。

第一节　建筑构件的耐火性能

建筑构件的耐火性能是指构件抵抗火烧的能力，这包括两个方面的内容，一是建筑构件的燃烧性能，二是建筑构件的耐火极限。

一、建筑构件的燃烧性能

《建筑设计防火规范》（GB 50016—2006）把建筑构件按其材料的燃烧性能分为三种类型：不燃烧体、难燃烧体和燃烧体。

（一）不燃烧体

不燃烧体是指用不燃材料做成的建筑构件，如各类钢结构、钢筋混凝土结构、砌体结构构件。

不燃材料是指在空气中受到火烧或高温作用时不起火、不微燃、不炭化的材料，如钢材、混凝土、砖、石、石膏板、陶瓷等。

（二）难燃烧体

难燃烧体是指用难燃材料做成的建筑构件或用可燃材料做成而用不燃材料做保护层的建筑构件，如阻燃木材、阻燃塑料构件、板条抹灰隔墙等。

难燃材料是指在空气中受到火烧或高温作用时难起火、难微燃、难碳化，在火源移走后燃烧或微燃立即停止的材料，如沥青混凝土，经阻燃处理后的木材、塑料、刨花板等。

（三）燃烧体

燃烧体是指用可燃材料做成的建筑构件。

可燃材料是指在空气中受到火烧或高温作用时立即起火或微燃，且火源移走后仍继续燃烧或微燃的材料，如木材、竹子、刨花板、塑料等。

二、建筑构件的耐火极限

耐火极限是建筑构件耐火性能的主要指标，目前用通用标准耐火试验来确定。

（一）耐火极限的定义

对任一建筑构件进行标准耐火试验，从受到火的作用时起，到构件失去稳定性、完整性或隔热性时止的这段抵抗火的作用的时间称为耐火极限，一般以 h 表示。

1. 失去稳定性

失去稳定性是指构件在试验中失去支持能力或失去抗变形能力。此条件主要针对承重构件，具体讲解如下：

1）墙在试验过程中发生坍塌，则表明试件失去承载能力。

2）梁或板在试验过程中发生坍塌，则表明试件失去承载能力；试件的最大挠度超过 $L/20$ 时，则表明试件失去抗变形能力（L 是试件的计算跨度）。

3）柱在试验过程中发生坍塌，则表明试件失去承载能力；试件的轴向压缩变形速度超过 $3H$mm/min，则表明试件失去抗变形能力（H 为试件在试验炉内的受火高度）。

2. 失去完整性

失去完整性是指在试验过程中，分隔构件当其一面受到火的作用时，构件出现穿透性裂缝或穿火孔隙，火焰穿过构件，使其背火面的可燃物燃烧起火。这时，构件失去阻止火焰和高温气体穿透或失去阻止其背火面出现火焰的性能，因此认为构件失去完整性。

3. 失去隔热性

失去隔热性是指分隔构件失去隔绝过量热传导的性能。在试验中，试件背火面测点测得的平均温度超过初始温度 140℃，或背火面任一测点的温度超过初始温度 180℃时，均认为构件失去隔热性。

（二）耐火极限的判定

耐火极限的判定对象分为分隔构件、承重构件，以及具有承重与分隔双重作用的承重分隔构件。

1. 分隔构件

分隔构件如隔墙、顶棚、门窗等，当构件失去完整性或隔热性时，构件达到其耐火极限。也就是说，这类构件的耐火极限由完整性和隔热性两个条件共同控制。

2. 承重构件

承重构件如梁、柱、屋架等，此类构件不具备隔断火焰和隔绝过量热传导的功能，所以由失去稳定性单一条件来控制是否达到其耐火极限。

3. 承重分隔构件

承重分隔构件如承重墙、楼板、屋面板等，此类构件具有承重与分隔双重功能，所以当构件在试验中失去稳定性、完整性和隔热性中的任何一种性能时，构件即达到其耐火极限。它的耐火极限由三个条件共同控制。

三、构件耐火极限影响因素

完整性、隔热性和稳定性是构件耐火极限的判定条件，影响判定条件的所有因素都是构件耐火极限的影响因素。

1. 完整性影响因素

根据试验结果，凡易发生爆裂、局部破坏穿洞、构件有接缝等都可能影响构件的完整性。当构件混凝土含水量较大时，构件受火易发生爆裂，使构件局部穿透，从而失去完整性。当构件有接缝、穿管密封处不严密或填缝材料不耐火时，构件也易在这些地方形成穿透性裂缝而失去完整性。

2. 隔热性影响因素

影响构件隔热性的因素主要有两个：材料的导热系数和构件厚度。

1）材料的导热系数。材料的导热系数越大，热量就越容易传到背火面，所以隔热性较差；反之，构件的隔热性较好。由于金属的导热系数比混凝土和砖要大得多，所以当墙体和楼板有金属管道穿过时，热量会从管道传向背火面而导致失去隔热性。

2）构件厚度。由于热量是逐层传播的，所以当构件厚度较大时，背火面达到某一温度的时间就较长，隔热性就较好。

3. 稳定性影响因素

失稳主要发生于钢结构建筑火灾。凡影响构件高温承载力的因素都会影响构件的稳定性。

1）构件材料的燃烧性能。可燃构件材料由于本身发生燃烧，因此当构件燃烧时，横截面不断减小，承载力不断降低。当构件自身的承载能力小于有效荷载作用下的内力时，构件发生破坏而失去稳定性，所以木材承重构件的稳定性总是比钢筋混凝土承重构件要差。

2）有效荷载量值。有效荷载是指试验时所承受的实际重力荷载。有效荷载较大时，产生的内力也较大，构件失去承载力的时间就较短，所以耐火性较差；反之，耐火性较好。

3）钢材品种。不同的钢材，在温度作用下的强度降低系数不同。普通低合金钢要优于普通碳素钢，而普通碳素钢又优于冷加工钢，高强度钢丝最差，所以配置16Mn钢的构件稳定性较好，而预应力构件（多配冷拉钢筋和高强度钢丝）稳定性最差。

4）实际材料强度。钢材和混凝土的强度受多种因素影响，是一个随机变量。构件材料实际的测定强度越高，耐火性就越好，反之，耐火性就越差。

5）截面形状与尺寸。矩形截面上的热量为二维导热，温度较高，耐火性较差；而圆形截面上的热量为一维导热，温度较低，耐火性较好。同为矩形截面，截面周长与面积之比较大的，截面接受的热量就较多，内部温度就较高，耐火性就较差；反之，耐火性较好。

6）配筋方式。当截面为双层配筋或大直径钢筋配于中部，小直径钢筋配于角部时，则里面或中部的钢筋温度较低，强度较高，耐火性较好；反之，耐火性较差。

7）配筋率。柱子的配筋率越高，耐火性就越差（因为钢材强度的降低幅度要大于混凝土）。

8）表面保护。当构件表面有非燃性保护层时，如抹灰、喷涂防火涂料等，则构件的温度较低，耐火性较好。

9）受力状态。轴心受压柱的耐火性要优于小偏心受压柱，小偏心受压柱的耐火性能要优于大偏心受压柱（这是因为钢材和混凝土在温度作用下的强度降低系数不同）。

10）支撑条件和计算长度。连续梁或框架梁受火后会发生塑性变形内力重分布，所以耐火性显著优于简支梁。柱子的计算长度越长，纵向弯梁作用就越明显，耐火性就越差；反之，耐火性就越好。

四、提高构件耐火极限的措施

1）处理好构件的接缝构造，防止发生穿透性裂缝。

2）使用热导率低的材料，或加大构件厚度以提高构件的隔热性。

3）使用非燃性材料。

4）使用T形、花篮形和十字形截面梁。

5）改多跨简支梁为连续梁。

6）适当加大主筋保护层厚度。

7）采用低合金钢。

8）改配较细的钢筋，双排配置，并把较粗的钢筋配于截面中部和上层，较细的钢筋配于截面角部和下层。

9）加大构件截面（主要是加大构件截面宽度，降低配筋率）。

10）构件表面抹灰并验收厚度。

11）可能时，在柱侧面布置墙体以屏蔽热量。

12）截面采用长宽接近的矩形。

13）提高轴心受压和小偏心受压柱混凝土强度等级。

14）可能时，减小柱偏心距。

第二节　钢结构耐火保护

钢结构具有强度高，塑性和韧性均较好，以及构件自重较轻等诸多优点，因此在高层、大跨度、重荷载等条件下是优先考虑的结构形式。但由于钢结构耐火性能很差（一般情况下，裸露钢结构的耐火极限仅15min），故使用中必须进行耐火保护。

一、裸露钢结构的耐火性能

（一）钢材的高温力学性能

钢材虽然不燃，但在高温作用下，其力学性能如屈服强度、弹性模量等却会随温度的升高而降低，约在550℃时，降低幅度更为明显。

1. 应力-应变曲线

根据试验资料，当温度低于300℃时，结构用钢的强度略有增加而塑性降低；当温度高于300℃时，强度降低而塑性增加，同时屈服平台消失。在设计计算中，一般假定钢材的应力-应变曲线与常温下的简化曲线相似，如图2-1所示。

2. 有效屈服强度 σ_{YT}

在进行高温承载力计算时，取钢材的有效屈服强度 σ_{YT} 作为材料强度指标。有效屈服强度是指钢材在某一温度水平 T_s 时的实际屈服强度或条件屈服强度。研究表明，钢材的有效屈服强度是温度的函数。钢材的温度低于300℃时，其数值变化很小；当温度高于300℃时，其数值迅速下降。

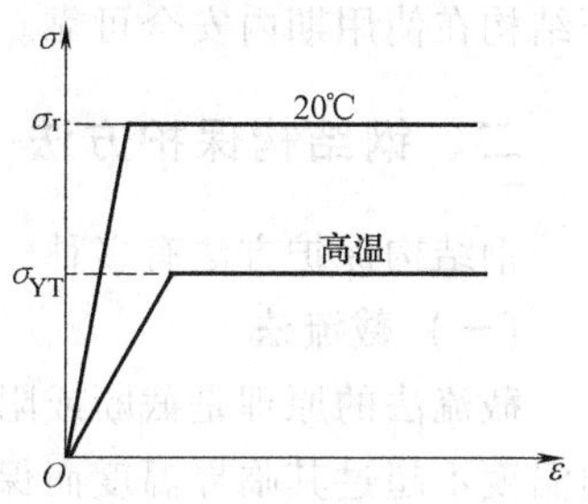

图2-1 钢材高温时的曲线

（二）钢材的导热系数及其截面温度分布

普通低碳钢在常温下的导热系数为58W/(m·K)，约为混凝土的38倍，极易导热。随着温度的升高，导热系数逐渐减小，当温度达到750℃时，导热系数几乎变为常数，约为30W/(m·K)。

钢材的导热系数越大，高温环境的加热容易使其内部温度升高，强度降低。

严格来说，钢材表面受到火烧时，其表面温度较高，内部温度较低。但钢材的导热系数很大，当构件表面受热时，热量很快传到其内部，再加上构件多为薄壁状，因此表面温度和内部温度相差无几，所以可认为构件的截面温度分布趋于均匀。

（三）构件的截面系数

构件单位长度内受火面积 F 与其体积 V 之比 F/V 称为构件的截面系数。钢构件受火时达到某一指定温度所需要的时间与构件的截面形状有关。构件直接受火的表面面积越大，热量的交换就越多，所需时间就越短；构件的截面面积越大，达到指定温度所要吸收的热量就越多，所经历的时间就越长，所以可以用构件的截面系数来表示构件的吸热能力。截面系数 F/V 越大，单位体积材料的受火面积就越大，构件就越不耐火。

图2-2所示为工字形截面钢材的温度达到550℃时，在标准升温条件下耐火时间 t 和 F/V 的关系。

（四）构件的受热破坏

在有效荷载的作用下，构件截面上产生初始应力。遭受火烧后，材料的有效屈服强度随着温度的上升而降低，导致自身的承载能力下降。当温度上升到某一临界温度时，材料自身的承载能力刚好等于有效荷载作用下材料内部产生的应力。如果温度进一步上升，则承载能力就会小于由有效荷载产生的内部应力，钢构件将因此被破坏而失去稳定性。

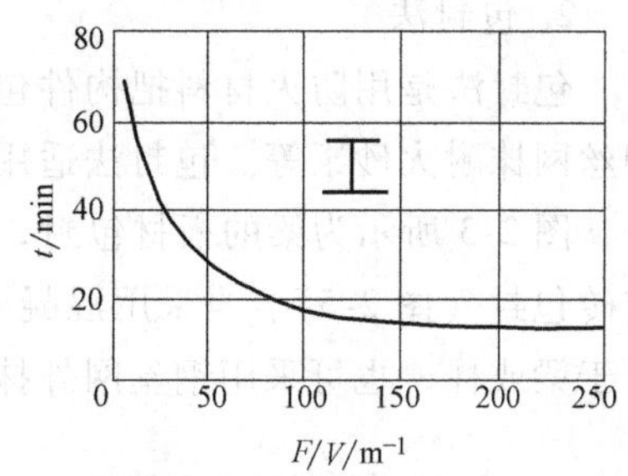

图2-2 F/V-t 关系

综上所述，由于下列原因，裸露钢结构的耐火性能很差：

1）钢材的高温力学性能随着温度的上升降低明显。

2）钢构件多为薄壁状，其截面系数较大，因此单位体积钢材的受热面积较大，高温烟气对其加热的能力较强。

3）钢材的导热系数较大，因此在受到外部加热时热量能从表面迅速传递到钢材内部，导致钢材整体力学强度下降。

为了提高钢构件的耐火能力，《钢结构设计规范》（GB 50017—2003）规定：当结构表面长期受辐射热达 150℃以上或在短期内可能受到火焰作用时，应采取有效防护措施，以保证结构在使用期内安全可靠。

二、钢结构保护方法

钢结构保护方法有多种，从原理上可分为两类，即截流法和疏导法。

（一）截流法

截流法的原理是截断或阻止火灾产生的热流量向构件的传输，从而使构件在规定的时间内温度不超过其临界温度而保证稳定。具体做法是在构件的表面设置一层保护材料，火灾产生的热流量首先传给这些保护材料，再由保护材料传给钢构件。由于所选保护材料的导热系数较小，所以能很好地阻止热流量向构件的传输，从而起到保护作用。截流法又分为喷涂法、包封法、屏蔽法和水喷淋法。

1. 喷涂法

喷涂法是用喷涂机具将防火涂料直接喷涂在构件表面，形成保护层。喷涂的涂料厚度必须达到设计厚度，节点部位应适当加厚。喷涂场地要求、构件表面处理、接缝填补、涂料配制、喷涂次数、质量控制及验收等均应符合《钢结构防火涂料》（GB 14907—2002）的规定。

当遇到下列情况之一时，涂层内应设置与构件连接的钢丝网，以确保涂层牢固：

1）承受冲击振动荷载的梁。

2）设计涂层厚度大于 40mm 时。

3）涂料的黏结强度小于 0.05MPa。

4）腹板高度大于 1.5m 的梁。

喷涂法的适用范围十分广泛，可用于任何一种钢构件的耐火保护。

2. 包封法

包封法是用防火材料把构件包裹起来。包封法用的防火材料有防火板材、混凝土或砖、钢丝网抹耐火砂浆等。包封法适用于梁、柱、压型钢板楼板的保护。

图 2-3 所示为梁的板材包封，图 2-4 所示为压型钢板楼板包封。对于柱，可采用混凝土或砖包封（图 2-5）。当采用混凝土包封时，混凝土中应布置一些细钢筋或钢网片以防爆裂。对于梁或柱，也可采用钢丝网外抹耐火砂浆包封，如图 2-6 所示。

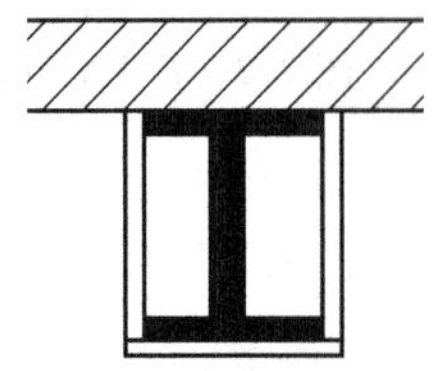

图 2-3　梁的板材包封

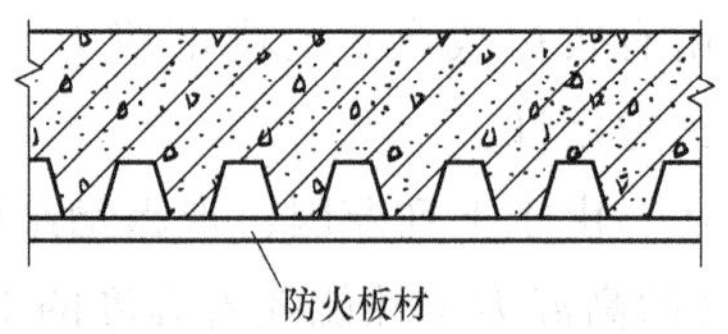

图 2-4　压型钢板楼板包封

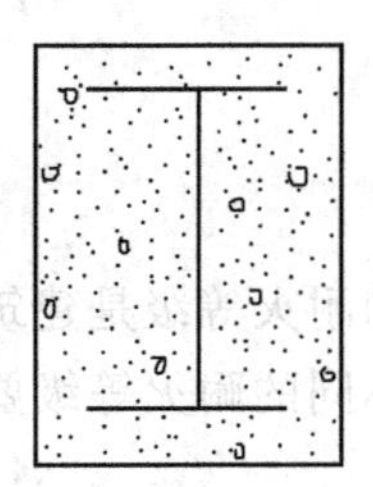

图 2-5　混凝土包封

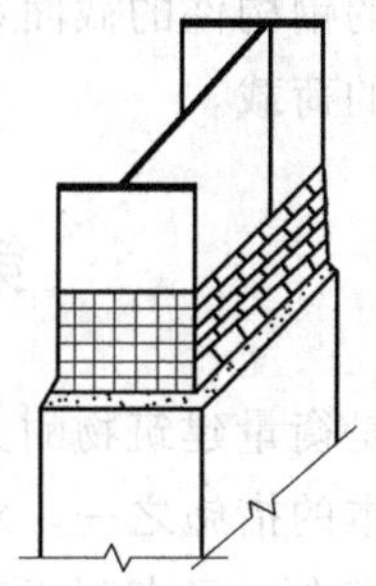

图 2-6　钢丝网外抹耐火砂浆包封

3. 屏蔽法

屏蔽法是把钢构件包藏在由耐火材料组成的墙体或吊顶内，主要适用于屋盖系统的保护。应注意的是，吊顶的接缝、孔洞处应严密，防止窜火。

4. 水喷淋法

水喷淋法是在结构的顶部设喷淋供水管网，发生火灾时，自动启动（或手动）开始喷淋，在构件表面形成一层连续流动的水膜，从而起到保护作用。

（二）疏导法

与截流法不同，疏导法允许热流量传到构件上，然后设法把热流量传导走或消耗掉，同样可使构件在规定的时间内温度不超过其临界温度，从而起到保护作用。

疏导法目前仅有充水冷却保护这一种方法。该方法是在空心的封闭截面中（主要是柱）充满水，火灾时构件把从火场中吸收的热量传给水，依靠水的蒸发消耗热量或通过循环把热量导走，构件温度便可维持在100℃左右。从理论上来说，这是钢结构耐火保护最有效的方法。该系统在工作时，构件相当于盛满水后被加热的容器，像烧水锅一样工作。只要补充水源，维持足够的水位，由于水的比热容和汽化热均较大，构件吸收的热量将源源不断地被耗掉或导走。

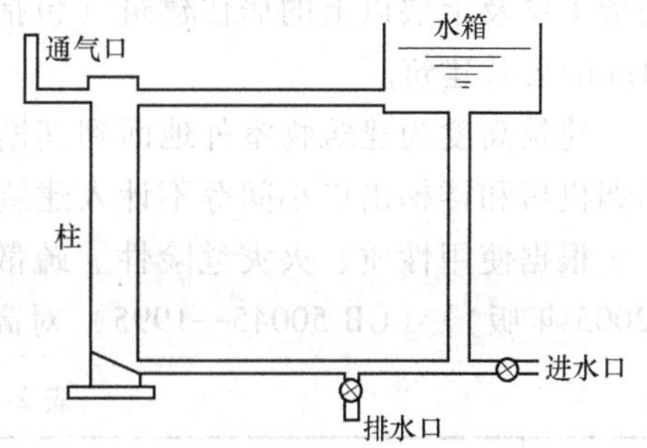

图 2-7　柱充水保护示意图

柱充水保护示意图如图 2-7 所示，冷却水可由水箱或供水管网提供，也可由消防车补充；水蒸气从通气口排出。当柱较高时，可分成几个循环系统，以防止水压过大。为防止锈蚀或水冻结，水中应添加阻锈剂和防冻剂。

疏导法既可单根柱自成系统，又可多根柱联通。前者仅依靠水的蒸发来消耗热量，后者则既能依靠水的蒸发来消耗热量，又能借助于水的温差形成循环，把热量导向非火灾区温度较低的柱内。

三、钢结构耐火保护层厚度确定方法

钢结构耐火保护层厚度由标准耐火试验确定。当实际施工条件与标准耐火试验不一致时，为保证钢结构的耐火性能，实际施工必须满足以下条件：准备使用的防火涂料或板材的导热系数应不超过试验用防火涂料或板材的导热系数；所保护的钢构件的截面系数 F/V 应不大于试验用的钢构件的截面系数；所保护的钢构件的有效荷载应不大于试验钢构件在试验中实际所施加的荷载。

第三节　建筑物耐火等级

耐火等级是衡量建筑物耐火程度的分级标准，规定建筑物的耐火等级是建筑设计防火技术措施中最基本的措施之一。对不同类型、性质的建筑物提出不同的耐火等级要求，可做到既有利于消防安全，又有利于节约基本建设投资。

建筑物具有较高的耐火等级，可以起到以下几个方面的作用：在建筑物发生火灾时，确保其在一定的时间内不破坏，不传播火灾，延缓和阻止火势的蔓延；为人员的安全疏散提供必要的疏散时间，保证建筑物内人员安全脱险；为消防人员扑救火灾创造条件；为建筑物在火灾后修复重新使用提供可能。

一、高层民用建筑

目前，在我国存在两种建筑设计防火规范，一种是《建筑设计防火规范》（GB 50016—2006），另一种是《高层民用建筑设计防火规范（2005 年版）》（GB 50045—1995）。其中，前者适用于除高层民用建筑之外的其他多层民用建筑，厂房，仓库，甲、乙、丙类液体储罐（区），可燃、助燃气体储罐（区）与可燃材料堆场等，后者适用于高层民用建筑。

根据《高层民用建筑设计防火规范（2005 年版）》（GB 50045—1995），高层民用建筑是指十层及十层以上的居住建筑（包括首层设置商业服务网点的住宅），以及建筑高度超过24m 的公共建筑。

建筑高度为建筑物室外地面到其檐口或屋面面层的高度，屋顶上的水箱间、电梯机房、排烟机房和楼梯出口小间等不计入建筑高度。

根据使用性质、火灾危险性、疏散和扑救难度的不同，《高层民用建筑设计防火规范（2005 年版）》（GB 50045—1995）对高层民用建筑进行了进一步分类，见表 2-1。

表 2-1　高层民用建筑分类

名称	一类	二类
居住建筑	十九层及十九层以上的住宅	十层至十八层的住宅
公共建筑	1. 医院 2. 高级旅馆 3. 建筑高度超过 50m 或 24m 以上部分的任一楼层的建筑面积超过 1000m^2 的商业楼、展览楼、综合楼、电信楼、财贸金融楼 4. 建筑高度超过 50m 或 24m 以上部分的任一楼层的建筑面积超过 1500m^2 的商住楼 5. 中央级和省级（含计划单列市）广播电视楼 6. 网局级和省级（含计划单列市）电力调度楼 7. 省级（含计划单列市）邮政楼、防灾指挥调度楼 8. 藏书超过 100 万册的图书馆、书库 9. 重要的办公楼、科研楼、档案楼 10. 建筑高度超过 50m 的教学楼和普通的旅馆、办公楼、科研楼、档案楼等	1. 除一类建筑以外的商业楼、展览楼、综合楼、电信楼、财贸金融楼、商住楼、图书馆、书库 2. 省级以下的邮政楼、防灾指挥调度楼、广播电视楼、电力调度楼 3. 建筑高度不超过 50m 的教学楼和普通的旅馆、办公楼、科研楼

二、建筑物耐火等级的划分及构件的耐火极限和燃烧性能要求

各类建筑的使用性质、重要程度、规模、层数和火灾危险性各不相同，所要求的耐火等级应有所不同。

（一）低层、多层民用建筑耐火等级的划分及构件的耐火极限和燃烧性能要求

建筑物耐火等级是由组成建筑物的墙、柱、梁、楼板、屋顶承重构件和吊顶等主要建筑构件的燃烧性能和耐火极限决定的。《建筑设计防火规范》（GB 50016—2006）把低层、多层建筑物的耐火等级划分为四级，其相应构件的燃烧性能和耐火极限列于表2-2。建筑物所要求的耐火等级确定之后，其各种建筑构件的燃烧性能和耐火极限均不应低于表中相应耐火等级的规定。

表2-2　民用建筑构件的燃烧性能和耐火极限　　（单位：h）

构件名称		耐火等级			
		一级	二级	三级	四级
墙	防火墙	不燃烧体 3.00	不燃烧体 3.00	不燃烧体 3.00	不燃烧体 3.00
	承重墙	不燃烧体 3.00	不燃烧体 2.50	不燃烧体 2.00	难燃烧体 0.50
	非承重外墙 疏散走道两侧的隔墙	不燃烧体 1.00	不燃烧体 1.00	不燃烧体 0.50	燃烧体
	楼梯间的墙 电梯井的墙 住宅单元之间的墙 住宅分户墙	不燃烧体 2.00	不燃烧体 2.00	不燃烧体 1.50	难燃烧体 0.50
	房间隔墙	不燃烧体 0.75	不燃烧体 0.50	难燃烧体 0.50	难燃烧体 0.25
柱		不燃烧体 3.00	不燃烧体 2.50	不燃烧体 2.00	难燃烧体 0.50
梁		不燃烧体 2.00	不燃烧体 1.50	不燃烧体 1.00	难燃烧体 0.50
楼板		不燃烧体 1.50	不燃烧体 1.00	不燃烧体 0.50	燃烧体
屋顶承重构件		不燃烧体 1.50	不燃烧体 1.00	燃烧体	燃烧体
疏散楼梯		不燃烧体 1.50	不燃烧体 1.00	不燃烧体 0.50	燃烧体
吊顶（包括吊顶搁栅）		不燃烧体 0.25	难燃烧体 0.25	难燃烧体 0.15	燃烧体

1. 构件耐火极限值的选定

在建筑结构中，楼板直接承受着人和物品等的重量，并将荷载传给梁、墙、柱等构件，是一个最基本的承重构件。因此，在划分建筑物耐火等级时是选择楼板的耐火极限作基准的。将各耐火等级建筑物中楼板的耐火极限确定以后，其他建筑构件的耐火极限则根据其在建筑结构中的地位，与楼板相比较而确定，在建筑结构中所占的地位比楼板重要者，如梁、柱、承重墙等，其耐火极限高于楼板；比楼板次要者，如隔墙、吊顶等，其耐火极限低于楼板。

楼板耐火极限值的选定，是以我国火灾发生的实际情况和建筑构件构造特点为依据的。火灾统计表明，我国95%的火灾的延续时间均在2h以内，在1h以内扑灭的火灾约占80%，在1.5h以内扑灭的火灾约占90%。此外，建筑物中大量使用的普通钢筋混凝土空心楼板，保护层多为10mm，其耐火极限约为1h；现浇钢筋混凝土整体式梁板的耐火极限大都在1.5h以上。因此，将二级耐火等级建筑物的楼板的耐火极限选定为1h；一级耐火等级的选定为1.5h；三级耐火等级建筑物楼板的耐火极限较短，为0.5h；而四级耐火等级的建筑物楼板可设计为燃烧体，规范对其耐火极限没有提出明确要求。其他建筑构件的耐火极限，以二级耐火等级建筑物为例。楼板由梁来支承，梁的耐火极限应比楼板高，选定为1.5h；而梁又由柱或墙来支承，所以它们的耐火极限应比梁高，选定为2.5~3.0h。依此类推。

2. 构件燃烧性能特点

对各耐火等级，对应的建筑构件燃烧性能也有相应的要求。概括地说，一级耐火等级建筑物的主要建筑构件全部为不燃烧体；二级耐火等级建筑物的主要建筑构件，除吊顶为难燃烧体外，其余为不燃烧体；三级耐火等级建筑物的屋顶承重构件为燃烧体；四级耐火等级建筑物除防火墙为不燃烧体外，其余构件为难燃烧体和燃烧体。

根据各级耐火等级中建筑构件的燃烧性能和耐火极限特点，可大致判定不同结构类型建筑物的耐火等级。一般来说，钢筋混凝土结构和钢筋混凝土砖石结构建筑可基本定为一、二级耐火等级；砖木结构建筑可基本定为三级耐火等级；以木柱、木屋架承重及以砖石等不燃烧或难燃烧材料为墙的建筑可定为四级耐火等级。

3. 耐火等级划分特殊情况

根据《建筑设计防火规范》（GB 50016—2006）规定，在划分建筑物耐火等级时应注意以下特殊情况：

1）以木柱承重且以不燃烧材料为墙体的建筑物，其耐火等级应按四级确定。

2）二级耐火等级的建筑物吊顶，如采用不燃烧体时，其耐火极限不限。

3）在二级耐火等级的建筑中，面积不超过100m^2的房间隔墙，如执行表2-2的规定确有困难时，可采用耐火极限不低于0.3h的不燃烧体。

4）一、二级耐火等级民用建筑疏散走道两侧的隔墙，按表2-2规定执行确有困难时，可采用耐火极限不低于0.75h的不燃烧体。

5）住宅建筑构件的耐火极限和燃烧性能可按《住宅建筑规范》（GB 50368—2005）的规定执行。

6）二级耐火等级的建筑，当房间隔墙采用难燃烧体时，其耐火极限应提高0.25h。

7）一、二级耐火等级建筑的上人平屋顶，其屋面板的耐火极限分别不应低于1.5h和1h。

8）一、二级耐火等级建筑的屋面板应采用不燃烧材料，但其屋面防水层和绝热层可采用可燃材料。

9）三级耐火等级的下列建筑或部位的吊顶，应采用不燃烧体或耐火极限不低于0.25h的难燃烧体：

① 医院、疗养院、中小学校、老年人建筑及托儿所、幼儿园的儿童用房和儿童游乐厅等儿童活动场所。

② 3层及3层以上建筑中的门厅、走道。

（二）高层民用建筑耐火等级的划分及构件的耐火极限和燃烧性能要求

《高层民用建筑设计防火规范（2005 年版）》（GB 50045—1995）把高层民用建筑物的耐火等级分为一、二两级，其相应构件的燃烧性能和耐火极限不应低于表 2-3 的规定。

表 2-3　高层民用建筑构件的燃烧性能和耐火极限　　（单位：h）

构件名称（耐火极限和燃烧性能）		耐火等级	
		一级	二级
墙	防火墙	不燃烧体 3.00	不燃烧体 3.00
	承重墙、楼梯间的墙、电梯井的墙、住宅单元之间的墙、住宅分户墙	不燃烧体 2.00	不燃烧体 2.00
	非承重外墙、疏散走道两侧的隔墙	不燃烧体 1.00	不燃烧体 1.00
	房间隔墙	不燃烧体 0.75	不燃烧体 0.50
柱		不燃烧体 3.00	不燃烧体 2.50
梁		不燃烧体 2.00	不燃烧体 1.50
楼板、疏散楼梯、屋顶承重构件		不燃烧体 1.50	不燃烧体 1.00
吊顶		不燃烧体 0.25	难燃烧体 0.25

高层民用建筑耐火等级分级应注意以下几点：

1）预制钢筋混凝土构件的节点缝隙或金属承重构件节点的外露部位，必须加设防火保护层，其耐火极限不应低于表 2-3 中相应建筑构件的耐火极限。

2）二级耐火等级的高层建筑中，面积不超过 $100m^2$ 的房间隔墙，可采用耐火极限不低于 0.5h 的难燃烧体或耐火极限不低于 0.3h 的不燃烧体。

3）二级耐火等级高层建筑的裙房，当屋顶不上人时，屋顶的承重构件可采用耐火极限不低于 0.5h 的不燃烧体。

4）高层建筑内存放可燃物的平均质量超过 $200kg/m^2$ 的房间，当不设自动灭火系统时，其柱、梁、楼板和墙的耐火极限应相应提高 0.5h。

（三）厂房（仓库）耐火等级的划分及构件的耐火极限和燃烧性能要求

厂房（仓库）建筑构件的燃烧性能和耐火极限见表 2-4。

表 2-4　厂房（仓库）建筑构件的燃烧性能和耐火极限　　（单位：h）

构件名称		耐火等级			
		一 级	二 级	三 级	四 级
墙	防火墙	不燃烧体 3.00	不燃烧体 3.00	不燃烧体 3.00	不燃烧体 3.00
	承重墙	不燃烧体 3.00	不燃烧体 2.50	不燃烧体 2.00	难燃烧体 0.50
	楼梯间和电梯井的墙	不燃烧体 2.00	不燃烧体 2.00	不燃烧体 1.50	难燃烧体 0.50
	疏散走道两侧的隔墙	不燃烧体 1.00	不燃烧体 1.00	不燃烧体 0.50	难燃烧体 0.25
	非承重外墙	不燃烧体 0.75	不燃烧体 0.50	难燃烧体 0.50	难燃烧体 0.25
	房间隔墙	不燃烧体 0.75	不燃烧体 0.50	难燃烧体 0.50	难燃烧体 0.25

（续）

构件名称	耐火等级			
	一 级	二 级	三 级	四 级
柱	不燃烧体 3.00	不燃烧体 2.50	不燃烧体 2.00	难燃烧体 0.50
梁	不燃烧体 2.00	不燃烧体 1.50	不燃烧体 1.00	难燃烧体 0.50
楼板	不燃烧体 1.50	不燃烧体 1.00	不燃烧体 0.75	难燃烧体 0.50
屋顶承重构件	不燃烧体 1.50	不燃烧体 1.00	难燃烧体 0.50	燃烧体
疏散楼梯	不燃烧体 1.50	不燃烧体 1.00	不燃烧体 0.75	燃烧体
吊顶(包括吊顶搁栅)	不燃烧体 0.25	难燃烧体 0.25	难燃烧体 0.15	燃烧体

厂房（仓库）耐火等级分级应注意以下几点：

1）对甲、乙类厂房和甲、乙、丙类仓库，防火墙的耐火极限应按表 2-4 的规定提高 1h。

2）一、二级耐火等级的单层厂房（仓库）的柱，其耐火极限可按表 2-4 的规定降低 0.5h。

3）一、二级耐火等级建筑的非承重外墙应符合下列规定：

① 除甲、乙类仓库和高层仓库外，当非承重外墙采用不燃烧体时，其耐火极限不应低于 0.25h；当采用难燃烧体时，不应低于 0.5h。

② 4 层及 4 层以下的丁、戊类地上厂房（仓库），当非承重外墙采用不燃烧体时，其耐火极限不限；当非承重外墙采用难燃烧体的轻质复合墙体时，其表面材料应为不燃材料，内填充材料的燃烧性能不应低于 B2 级。B1、B2 级材料应符合《建筑材料及制品燃烧性能分级》（GB 8624—2012）的有关要求。

4）二级耐火等级厂房（仓库）中的房间隔墙，当采用难燃烧体时，其耐火极限应提高 0.25h。

5）二级耐火等级的多层厂房或多层仓库中的楼板，当采用预应力和预制钢筋混凝土楼板时，其耐火极限不应低于 0.75h。

6）一、二级耐火等级厂房（仓库）的上人平屋顶，其屋面板的耐火极限分别不应低于 1.5h 和 1h。

一级耐火等级的单层、多层厂房（仓库）中采用自动喷水灭火系统进行全保护时，其屋顶承重构件的耐火极限不应低于 1h。

二级耐火等级厂房的屋顶承重构件可采用无保护层的金属构件，其中能受到甲、乙、丙类液体火焰影响的部位应采取防火隔热保护措施。

7）一、二级耐火等级厂房（仓库）的屋面板应采用不燃烧材料，但其屋面防水层和绝热层可采用可燃材料；当丁、戊类厂房（仓库）不超过4层时，其屋面可采用难燃烧体的轻质复合屋面板，但该板材的表面材料应为不燃烧材料，内填充材料的燃烧性能不应低于B2级。

8）以木柱承重且以不燃烧材料作为墙体的厂房（仓库），其耐火极限应按四级确定。

9）预制钢筋混凝土构件的节点外露部分，应采取防火保护措施，且该节点的耐火极限不应低于相应构件的规定。

第四节　建筑物耐火等级的选定

确定建筑物耐火等级的目的是使不同用途的建筑物具有与之相适应的耐火安全储备，以做到有利于安全，又有利于节约投资。

一、影响耐火等级选定的因素

（一）建筑物的重要性

建筑物的重要程度是确定其耐火等级的重要因素。对于性质重要，功能、设备复杂，规模大、建筑标准高的建筑，如国家机关重要的办公楼、中心通信枢纽大楼、中心广播电视大楼、大型影剧院、礼堂、大型商场、重要的科研楼、藏书楼、档案楼、高级旅馆等，其耐火等级应选定一、二级。由于这些建筑一旦发生火灾，往往经济损失大、人员伤亡大、政治影响大，因此要求其有较高的耐火能力是完全必要的。

（二）火灾危险性

建筑物的火灾危险性大小对选定其耐火等级影响很大，特别是对工业建筑。对火灾危险性大的建筑，应选定较高的耐火等级。

（三）建筑物高度

建筑物越高，火灾时人员疏散和火灾扑救越困难，损失也越大。对高度较大的建筑物选定较高的耐火等级，提高其耐火能力，可以确保其在火灾条件下不发生倒塌破坏，给人员安全疏散和消防扑救创造有利条件。

（四）火灾荷载

火灾荷载大的建筑物发生火灾后，火灾持续燃烧时间长，燃烧猛烈，火灾温度高，对建筑结构的破坏作用大。为了保证火灾荷载较大的建筑物在发生火灾时建筑构件的安全，应相应地提高这种建筑的耐火等级，使建筑构件具有较高的耐火极限。

二、工业建筑耐火等级的选定

工业建筑的耐火等级主要是根据生产的火灾危险性分类和储存物品的火灾危险性分类确定的。此外还考虑了建筑物的规模和高度等。

（一）生产和储存物品的火灾危险性分类

生产的火灾危险性分类是按照生产中使用或产生的物质性质及其数量等因素进行分类的，共分为甲、乙、丙、丁、戊五个类别，见表2-5。

储存物品的火灾危险性应根据储存物品的性质和储存物品中的可燃物数量等因素进行分类，共分为甲、乙、丙、丁、戊五个类别，见表2-6。

表 2-5　生产的火灾危险性分类

生产类别	使用或生产下列物质的火灾危险性特征
甲	1. 闪点小于 28℃ 的液体 2. 爆炸下限小于 10% 的气体 3. 常温下能自行分解或在空气中氧化能导致迅速自燃或爆炸的物质 4. 常温下受到水或空气中水蒸气作用,能产生可燃气体并引起燃烧或爆炸的物质 5. 遇酸、受热、撞击、摩擦、催化以及遇有机物或硫黄等易燃的无机物,极易引起燃烧或爆炸的强氧化剂 6. 受撞击、摩擦或与氧化剂、有机物接触时能引起燃烧或爆炸的物质 7. 在密闭设备内操作温度大于等于物质本身自燃点的生产
乙	1. 闪点大于等于 28℃,但小于 60℃ 的液体 2. 爆炸下限大于等于 10% 的气体 3. 不属于甲类的氧化剂 4. 不属于甲类的化学易燃危险固体 5. 助燃气体 6. 能与空气形成爆炸性混合物的浮游状态的粉尘、纤维、闪点不小于 60℃ 的液体雾滴
丙	1. 闪点大于等于 60℃ 的液体 2. 可燃固体
丁	1. 对不燃烧物质进行加工,并在高温或熔化状态下经常产生强辐射热、火花或火焰的生产 2. 利用气体、液体、固体作为燃料,或将气体、液体进行燃烧作其他用途的各种生产 3. 常温下使用或加工难燃烧物质的生产
戊	常温下使用或加工不燃烧体的生产

注：同一座厂房或厂房的任一防火分区内有不同火灾危险性生产时，该厂房或防火分区内的生产火灾危险性分类应按火灾危险性较大的部分确定，但①火灾危险性较大的部分占本层或本防火分区面积的比例小于5%或丁、戊类生产厂房的涂装工段小于 10%，且发生事故时不足以蔓延到其他部位或火灾危险性较大的生产部分采取了有效的防火措施；②丁、戊类生产厂房的涂装工段，当采用封闭喷漆工艺，封闭喷漆空间内保持负压、油漆工段设置可燃气体报警系统或自动抑爆系统时，涂装工段占其所在防火分区面积的比例不应超过 20%，可按火灾危险性较小的部分确定。

表 2-6　储存物品的火灾危险性分类

储存物品类别	火灾危险性特征
甲	1. 闪点小于 28℃ 的液体 2. 爆炸下限小于 10% 的气体,以及受到水或空气中水蒸气的作用,能产生爆炸下限小于 10% 气体的固体物质 3. 常温下能自行分解或在空气中氧化即能导致迅速自燃或爆炸的物质 4. 常温下受到水或空气中水蒸气的作用能产生可燃气体并引起燃烧或爆炸的物质 5. 遇酸、受热、撞击、摩擦以及遇有机物或硫黄等易燃的无机物,极易引起燃烧或爆炸的强氧化剂 6. 受撞击、摩擦或与氧化剂、有机物接触时能引起燃烧或爆炸的物质
乙	1. 闪点大于或等于 28℃ 至小于 60℃ 的液体 2. 爆炸下限大于或等于 10% 的气体 3. 不属于甲类的氧化剂 4. 不属于甲类的化学易燃危险固体 5. 助燃气体 6. 常温下与空气接触能缓慢氧化、积热不散引起自燃的物品
丙	1. 闪点大于或等于 60℃ 的液体 2. 可燃固体
丁	难燃烧物品
戊	非燃烧物品

注：难燃物品、非燃物品的可燃包装重量超过物品本身重量 1/4 时，其火灾危险性应为丙类。

（二）厂房的耐火等级选定

厂房的耐火等级主要根据其生产的火灾危险性类别而定，其对应关系见表 2-7。一般情况下，甲、乙类生产应采用一、二级耐火等级的建筑；丙类生产厂房的耐火等级不应低于三级。

甲类生产厂房，除生产上必须采用多层之外，最好采用单层建筑。严禁将甲、乙类生产设在地下室或半地下室内。

对于甲、乙类生产厂房，当其面积很小，且为独立的厂房时，也可采用三级耐火等级建筑物。

对于火灾危险性较小，但内部设有贵重机器、仪表、仪器等的厂房，应采用一、二级耐火等级的建筑物。

表 2-7　厂房的耐火等级

生产类别	甲	乙	丙	丁	戊
耐火等级	一级、二级	一级、二级	一级、二级、三级	一级、二级、三级、四级	一级、二级、三级、四级

（三）库房的耐火等级选定

库房是物资集中的地方。在选定库房耐火等级时除了要考虑其储存物品的火灾危险性类别及储存要求外，还应考虑物品的贵重程度。根据防火要求，甲、乙类库房的耐火等级一般不应低于二级。在小型企业中，占地面积小，并为独立的建筑物的甲类物品库房，也可采用三级耐火等级建筑。储存物品类别和耐火等级对应关系见表 2-8。

表 2-8　库房的耐火等级

储存物品分类	甲		乙	丙	丁	戊
	3、4 项	1、2、5、6 项				
耐火等级	一级	一级、二级	一级、二级、三级	一级、二级、三级	一级、二级、三级、四级	一级、二级、三级、四级

注：表中的“项”指表 2-6 中火灾危险性特征中的项次。

三、民用建筑耐火等级的选定

（一）单层、多层民用建筑耐火等级的选定

一般来讲，对低层和多层民用建筑耐火等级不作严格限制。但重要的公共建筑应采用一、二级耐火等级。重要的公共建筑指性质重要、建筑标准高、人员密集，发生火灾后经济损失大、社会影响大、人员伤亡大的公共建筑。如省、市级以上的机关办公楼，价值在 300 万元以上的电子计算机中心，藏书 100 万册以上的藏书楼，省级通信中心，中央级和省级广播电视建筑，省级邮政楼，大型医院以及大、中型体育馆、影剧院、百货楼、展览楼、综合楼等。

商店、学校、食堂、菜市场如采用一、二级耐火等级的建筑有困难时，可采用三级耐火等级的建筑。

其他民用建筑（如居住建筑）在层数较少时，可以采用三级或四级耐火等级的建筑。

（二）高层民用建筑耐火等级的选定

高层民用建筑耐火等级的选定是在高层建筑分类的基础上进行的。

根据高层民用建筑类别，《高层民用建筑设计防火规范（2005 年版）》（GB 50045—1995）对选定耐火等级作了如下规定：

1）一类高层建筑的耐火等级应为一级，二类高层建筑的耐火等级不应低于二级。

2）裙房的耐火等级不应低于二级。高层建筑地下室的耐火等级应为一级。

自 学 指 导

本章学习重点：建筑构件的耐火性能；钢结构保护方法。

1. 建筑构件的耐火性能：建筑构件的燃烧性能；建筑构件的耐火极限；构件耐火极限影响因素，提高构件耐火极限的措施。

2. 钢结构保护方法：截流法与疏导法。其中，截流法包括喷涂法、包封法、屏蔽法和水喷淋法 4 种形式。

本章学习难点：建筑物耐火等级的选定。

建筑物耐火等级选定包括工业建筑耐火等级选定和民用建筑耐火等级选定两个部分。对工业建筑耐火等级选定，首先必须确定生产或储存的火灾危险类别，其次要对照有关表格确定建筑物耐火等级；对民用建筑耐火等级的选定，首先必须确定民用建筑的类别，之后根据类别确定耐火等级。如果是一类高层民用建筑，则耐火等级为一级。如果是二类，则耐火等级为不低于二级。裙房耐火等级不低于二级，高层建筑的地下室的耐火等级为一级。对重要的一般民用建筑，耐火等级为一、二级，其他则选定三级或四级。

复习思考题

一、单项选择题（在备选答案中有 1 项是正确的，请将其选出并填入题后括号内）

1. 下列建筑构件中，其耐火极限应比楼板的耐火极限小的构件是（　　）。

A. 梁　　B. 柱　　C. 隔墙　　D. 顶棚

2. 为保证建筑物达到要求的耐火等级，《建筑设计防火规范》（GB 50016—2006）规定的楼板、梁、柱的耐火极限的相对大小应为（　　）。

A. 楼板、梁、柱　　B. 梁、楼板、柱　　C. 楼板、柱、梁　　D. 柱、楼板、梁

3. 某科研楼属于二类高层建筑，其耐火等级可选（　　）。

A. 一级　　B. 二级　　C. 三级　　D. 四级

二、简答题

1.《建筑设计防火规范》（GB 50016—2006）按照燃烧性能对建筑构件是如何分类的？

2. 什么是建筑构件的耐火极限？

3. 裸露钢构件的耐火极限约为 15min，为什么？

4. 钢构件的截面系数对其耐火极限有何影响？

5. 简述钢构件耐火保护的截流法和疏导法。

6. 简述钢构件耐火保护的喷涂法的工作原理。

7. 确定建筑物的耐火等级有何意义？

8. 建筑物的耐火等级有哪几个等级？

9. 在划分建筑物的耐火等级时，为什么选择楼板的耐火极限作为基准？

10. 影响建筑物耐火等级选定的因素有哪些？

11. 对某 20 层的酒店及其裙房，如何选定主楼及其裙房的耐火等级？

12. 简述厂房的耐火等级与生产的火灾危险性类别之间的一般对应关系。

第三章　建筑总平面布局防火

学习目标

1. 应了解、知道的内容

厂房（仓库）地址选择应考虑的因素；高层民用建筑的选址应考虑的因素。

2. 应理解、清楚的内容

建筑设计防火规范对高层建筑的裙房高度和进深进行规定的目的；高层建筑和厂区消防车道的有关规定；厂区划分防火区域的意义。

3. 应掌握、会用的内容

防火间距不足时的各种应变措施；确定消防车操作空间的有关规定。

4. 应熟练掌握的内容

确定各类建筑物之间的防火间距。

自学学时　3 学时

老师导学

本章首先介绍防火间距的影响因素和确定原则，给出了各类建筑物和厂房的防火间距，提出了防火间距不足时的应变措施；其次，介绍了消防车道设计的一般原则，给出了建筑物周边消防车道的设计规定，提出了设置消防车操作空间应注意的问题；最后，对高层民用建筑和工业建筑的总平面防火设计进行了简要介绍。学习本章内容时，应掌握建筑总平面布局防火的根本目的（防止火灾在建筑物之间蔓延，为灭火救援行动的展开提供有利条件），并在此基础上弄清防火间距、消防车道、建筑选址、厂区选址、厂区平面布局等在实现上述目标时的意义和基本要求。

建筑总平面布局防火的对象是建筑及其周围环境，包括建筑物的选址、主体建筑与附属建筑、厂区总平面布置、建筑物之间的防火间距和消防车道等方面的内容。建筑总平面布局防火的根本目的是防止火灾在建筑物之间蔓延，为灭火救援行动的展开提供有利条件。

第一节　防 火 间 距

防火间距是一座建筑物着火后，火灾不致蔓延到相邻建筑物的空间间隔。

通过对建筑物进行合理布局和设置防火间距，可以防止火灾在相邻建筑物之间相互蔓延，合理利用土地，并为人员疏散和灭火救援提供条件，减少火灾对邻近建筑及其居住（或使用）者的热辐射和烟气影响。

一、影响防火间距的因素及确定防火间距的原则

1. 影响防火间距的因素

影响防火间距的因素有很多，如热辐射、热对流、风速、建筑物外墙门窗洞口的面积、

建筑物的可燃物的种类及数量、相邻建筑物的高度、建筑物内消防设施、灭火时间等。

（1）热辐射　热辐射是影响防火间距的主要因素。当火焰温度达到最高数值时，热辐射强度最大，也最危险，如伴有“飞火”则更危险。

（2）热对流　无风时，因热对流的温度在离开窗口以后会大幅降低，所以热对流对相邻建筑物的影响不大，通常不足以构成威胁。

（3）建筑物外墙门窗洞口的面积　许多火灾实例表明，当建筑物外墙的开口面积较大时，发生火灾后，在可燃物的种类和数量都相同的条件下，由于通风好、燃烧快、火焰温度高，因而热辐射增强，使相邻建筑物接受的热辐射增多，当达到一定程度时便会起火。

（4）建筑物的可燃物的种类及数量　可燃物种类不同，在一定时间内燃烧火焰的温度也不同，如汽油、苯、丙酮等易燃液体，燃烧速度比木材快，发热量也比木材大，因而热辐射也比木材强。在一般情况下，可燃物的数量与发热量成正比关系。

（5）风速　风能够加强可燃物的燃烧，促使火灾加快蔓延。露天火灾中，风能使燃烧着的颗粒和碎片等飞散到数十米远的地方，如遇强风时则更远。风对火灾的扑救会带来很大的困难。

（6）相邻建筑物的高度　相邻两栋建筑物，若较低的建筑着火，尤其当火灾时它的屋顶结构倒塌、火焰穿出时，对相邻的较高的建筑威胁很大。较低建筑物对较高建筑物的辐射角在30°～45°之间时，热辐射强度最大。

（7）建筑物内消防设施　如果建筑物内火灾自动报警设备和自动灭火设备完整无缺，不但能有效防止和减少建筑物本身的火灾损失，而且还能降低火灾蔓延到相邻建筑物的可能性。

（8）灭火时间　火场中的火灾温度，随燃烧时间有所增长。火灾的延续时间越长，热辐射强度也会有所增加，蔓延到相邻建筑物的可能性增大。

2. 确定防火间距的基本原则

影响防火间距的因素有很多，在实际工程中不可能都考虑到，通常根据以下原则确定建筑物的防火间距。

（1）考虑热辐射的作用　火灾实例表明，一、二级耐火等级的低层民用建筑如保持7～10m的防火间距，在有消防队扑救的情况下，一般不会蔓延到相邻建筑物。

（2）考虑灭火的实际需要　建筑物的高度不同，救火使用的消防车也不同。对低层建筑，普通消防车即可；而对高层建筑，则要使用曲臂登高消防车和云梯消防车等。防火间距应满足消防车的最大工作回转半径的需要。最小防火间距的宽度应能通过一辆消防车，一般宜为4m。

（3）有利于合理利用土地　以在有消防队扑救的条件下能够阻止火灾向相邻建筑物蔓延为原则。

（4）防火间距计算　防火间距应按相邻建筑物外墙的最近距离计算，如外墙有突出的可燃结构，则应从突出部分的外缘算起；如为储罐或堆场，则应从储罐外壁或堆场的堆垛外缘算起。

（5）其他　两座相邻建筑较高的一面外墙作为防火墙时，其防火间距不限。

二、各类建筑物的防火间距

1. 高层民用建筑的防火间距

1）高层民用建筑之间及高层民用建筑与其他民用建筑之间的防火间距不应小于表 3-1 的规定。

表 3-1　高层民用建筑之间及高层民用建筑与其他民用建筑之间的防火间距（单位：m）

建筑类别	高层民用建筑	裙房	其他民用建筑		
			耐火等级		
			一、二级	三级	四级
高层民用建筑	13	9	9	11	14
裙房	9	6	6	7	9

2）两座高层民用建筑或高层建筑与不低于二级耐火等级的单层、多层民用建筑相邻，当较高一面的外墙为防火墙或比相邻较低一座建筑的屋面高 15m 及以下范围内的墙为不开设门窗洞口的防火墙时，其防火间距可不限。

3）两座高层民用建筑或高层建筑与不低于二级耐火等级的单层、多层民用建筑相邻，当较低一座的屋顶不设天窗、屋顶承重构件的耐火极限不低于 1h，且相邻较低一面的外墙为防火墙时，其防火间距可适当减小，但不宜小于 4m。

4）两座高层民用建筑或高层建筑与不低于二级耐火等级的单层、多层民用建筑相邻，当相邻较高一面外墙的耐火极限不低于 2h，且墙上的开口部位设有甲级防火门窗或防火卷帘时，其防火间距可适当减小，但不宜小于 4m。

2. 单层、多层民用建筑的防火间距

单层、多层民用建筑的防火间距不应小于表 3-2 的要求。

表 3-2　单层、多层民用建筑的防火间距　（单位：m）

耐火等级	一、二级	三级	四级
一、二级	6	7	9
三级	7	8	10
四级	9	10	12

在确定民用建筑的防火间距时还应注意以下几点：

1）两座建筑物相邻较高的一面外墙为防火墙或高出相邻较低一座一、二级耐火等级建筑物的屋面 15m 范围内的外墙为防火墙且不开设门窗洞口时，其防火间距不限。

2）相邻的两座建筑物，当较低一座的耐火等级不低于二级，屋顶不设天窗、屋顶承重构件及屋面板的耐火极限不低于 1h，且相邻的较低一面外墙为防火墙时，其防火间距不应小于 3.5m。

3）相邻的两座建筑物，当较低一座的耐火等级不低于二级，相邻较高一面外墙的开口部位设有甲级防火门窗或设置符合《建筑设计防火规范》（GB 50016—2006）规定的防火卷帘或《自动喷水灭火系统设计规范（2005 版）》（GB 50084—2001）规定的防火分隔水幕时，其防火间距不应小于 3.5m。

3. 厂房的防火间距

厂房之间及其与乙、丙、丁、戊类仓库、民用建筑等之间的防火间距不应小于表 3-3 的规定。

表 3-3　厂房之间及其与乙、丙、丁、戊类仓库、民用建筑等之间的防火间距

（单位：m）

<table>
<tr><th colspan="3" rowspan="3">名　称</th><th rowspan="3">甲类厂房</th><th rowspan="3">单层和多层乙类厂房（仓库）</th><th colspan="3">单层和多层丙、丁、戊类厂房（仓库）</th><th rowspan="3">高层厂房（仓库）</th><th colspan="3">民用建筑</th></tr>
<tr><th colspan="3">耐火等级</th><th colspan="3">耐火等级</th></tr>
<tr><th>一、二级</th><th>三级</th><th>四级</th><th>一、二级</th><th>三级</th><th>四级</th></tr>
<tr><td colspan="3">甲类厂房</td><td>12</td><td>12</td><td>12</td><td>14</td><td>16</td><td>13</td><td colspan="3">25</td></tr>
<tr><td colspan="3">单层和多层乙类厂房</td><td>12</td><td>10</td><td>10</td><td>12</td><td>14</td><td>13</td><td colspan="3">25</td></tr>
<tr><td rowspan="3">单层和多层丙、丁类厂房</td><td rowspan="6">耐火等级</td><td>一、二级</td><td>10</td><td>10</td><td>10</td><td>12</td><td>14</td><td>13</td><td>10</td><td>12</td><td>14</td></tr>
<tr><td>三级</td><td>12</td><td>12</td><td>12</td><td>14</td><td>16</td><td>15</td><td>12</td><td>14</td><td>16</td></tr>
<tr><td>四级</td><td>14</td><td>14</td><td>14</td><td>16</td><td>18</td><td>17</td><td>14</td><td>16</td><td>18</td></tr>
<tr><td rowspan="3">单层和多层戊类厂房</td><td>一、二级</td><td>10</td><td>10</td><td>10</td><td>12</td><td>14</td><td>13</td><td>6</td><td>7</td><td>9</td></tr>
<tr><td>三级</td><td>12</td><td>12</td><td>12</td><td>14</td><td>16</td><td>15</td><td>7</td><td>8</td><td>10</td></tr>
<tr><td>四级</td><td>14</td><td>14</td><td>14</td><td>16</td><td>18</td><td>17</td><td>9</td><td>10</td><td>12</td></tr>
<tr><td colspan="3">高层厂房</td><td>13</td><td>13</td><td>13</td><td>15</td><td>17</td><td>13</td><td>13</td><td>15</td><td>17</td></tr>
<tr><td rowspan="3">室外变、配电站变压器总油量/t</td><td colspan="2">≥5，≤10</td><td rowspan="3">25</td><td rowspan="3">25</td><td>12</td><td>15</td><td>20</td><td>12</td><td>15</td><td>20</td><td>25</td></tr>
<tr><td colspan="2">>10，≤50</td><td>15</td><td>20</td><td>25</td><td>15</td><td>20</td><td>25</td><td>30</td></tr>
<tr><td colspan="2">>50</td><td>20</td><td>25</td><td>30</td><td>20</td><td>25</td><td>30</td><td>35</td></tr>
</table>

在按表 3-3 确定防火间距时应注意：

1）甲乙类厂房与重要公共建筑的防火间距不宜小于 50m。单层与多层戊类厂房的防火间距可按本表的规定减少 2m。为丙、丁、戊类厂房服务而单独设立的生活用房应按民用建筑确定，与所属厂房的防火间距不应小于 6m。必须贴邻时，应符合以下 2）和 3）的规定。

2）两座厂房相邻较高一面的外墙为防火墙时，其防火间距不限，但甲类厂房的防火间距不应小于 4m。两座丙、丁、戊类厂房相邻两面的外墙均为不燃烧体，但无外露的燃烧体屋檐，每面外墙上的门窗洞口面积之和不大于该外墙面积的 5%，且门窗洞口不正对开设时，其防火间距可按本表规定减小 25%。

3）两座一、二级耐火等级的厂房，当相邻较低一面外墙为防火墙且较低一座厂房的屋顶耐火极限不低于 1h，或相邻较高一面外墙的门窗等开口部位设置耐火极限不低于 1.2h 的防火门窗或防火分隔水幕或设置耐火极限不低于 3h 的防火卷帘时，甲乙类厂房的防火间距不应小于 6m；丙、丁、戊类厂房的防火间距不应小于 4m。

4）变压器与其他建筑物的防火间距应从其外墙算起，发电厂内的主变压器，其油量可按单台确定。室外变、配电构架距可燃材料堆场，甲、乙、丙类液体储罐，可燃气体或液化石油气储罐以及甲、乙类厂房不宜小于 25m，距其他建筑物不宜小于 10m。

5）耐火等级低于四级的原有厂房，其耐火等级可按四级确定。

此外，在确定厂房的防火间距时，还应注意以下情况：

1）甲乙类厂房与重要公共建筑的防火间距不宜小于 50m，与明火及散发火花地点的防火间距不应小于 30m，与架空电力线的最小水平距离，与甲、乙、丙类液体储罐，可燃、助燃气体储罐，液化石油气储罐，可燃材料堆场的防火间距，应符合《建筑设计防火规范》

(GB 50016—2006）的有关规定。

2）散发可燃气体、可燃蒸气的甲类厂房与铁路、道路等地点的防火间距不应小于表3-4的规定，但甲类厂房所属厂内铁路装卸线当有安全措施时，其间距可不受表3-4的限制。

表3-4 甲类厂房与铁路、道路等的防火间距 （单位：m）

名称	厂外铁路线中心线	厂内铁路线中心线	厂外道路路边	厂内道路路边	
				主要	次要
甲类厂房	30	20	15	10	5

3）高层厂房与民用建筑，当相邻一侧为防火墙时，其防火间距不应减小。当高层厂房有一长边具备消防车作业条件，高层厂房其他面的相邻民用建筑为一、二级耐火等级建筑，且与高层厂房相邻一侧为防火墙、屋顶的耐火极限不小于1.00h时，其防火间距不应小于4.0m。

高层厂房与甲、乙、丙类液体储罐，可燃、助燃气体储罐，液化石油气储罐，可燃材料堆场（煤和焦炭场除外）的防火间距，应符合《建筑设计防火规范》的有关规定，且不应小于13.0m。

4）厂房外设置有化学易燃物品的设备时，其室外设备外壁与相邻厂房室外附设设备外壁或相邻厂房外墙之间的距离，不应小于表3-3的规定。用不燃烧材料制作的室外设备，可按一、二级耐火等级建筑确定。

总储量不大于15m^3的丙烷液体储罐，当其埋于厂房外墙附近，且面向储罐一面4.0m范围内的外墙为防火墙时，其防火间距可不限。

5）同一座U形或山形厂房中相邻两翼的防火间距不宜小于表3-3中的规定，但当该厂房的占地面积小于规定的每个防火分区的最大允许建筑面积时，其防火间距可为6.0m。

6）除高层厂房与甲类厂房外，数座厂房占地面积总和小于规定的防火分区最大允许建筑面积时，可成组布置，但该面积应综合考虑组内各个厂房的耐火等级、层数和生产类别，按其中允许面积较小的一座确定。组内厂房的间距：当厂房高度不大于7.0m时，不应小于4.0m；当厂房高度大于7.0m时，不应小于6.0m。

组与组或组与相邻建筑的防火间距，应根据相邻两座耐火等级较低的建筑，按表3-3确定。

7）汽车加油、加气站和加油加气合建站的分级，汽车加油、加气站和加油加气合建站及其加油（气）机、储油（气）罐等与站外火花或明火散发地点、建筑物、铁路、道路的防火间距，以及站内各建筑物或设施的防火间距，应符合《汽车加油加气站设计与施工规范》(GB 50156—2012）的规定。

8）电力系统电压为35～500kV且每台变压器容量在10MW·A以上的室外变、配电站以及工业企业的变压器总油量大于5t的室外降压变电站，与建筑物的防火间距不应小于表3-3和表3-5的规定。

9）厂区围墙与厂内建筑之间的间距不宜小于5.0m，且围墙两侧的建筑物之间还应满足相应的防火间距要求。

4. 库房的防火间距

1）乙、丙、丁、戊类物品仓库之间及其与民用建筑之间的防火间距，不应小于表3-6的规定。

表 3-5　甲类仓库及其与其他建筑物等的防火间距　　　　（单位：m）

名　　称		甲类仓库及其储量/t			
		甲类储存物品第 3、4 项		甲类储存物品第 1、2、5、6 项	
		≤5t	>5t	≤10t	>10t
重要公共建筑		50			
甲类仓库		20			
民用建筑、明火或散发火花地点		30	40	25	30
其他建筑	一、二级耐火等级	15	20	12	15
	三级耐火等级	20	25	15	20
	四级耐火等级	25	30	20	25
电力系统电压为 35～500kV 且每台变压器容量在 10MW. A 以上的室外变、配电站，工业企业的变压器总油量大于 5t 的室外降压变电站		30	40	25	30
厂外铁路线中心线		40			
厂内铁路线中心线		30			
厂外道路路边		20			
厂内道路路边	主要	10			
	次要	5			

注：甲类仓库之间的防火间距，当第 3、4 项物品储量不大于 2t，第 1、2、5、6 项物品储量不大于 5t 时，不应小于 12m，甲类仓库与高层仓库之间的防火间距不应小于 13m。

表 3-6　乙、丙、丁、戊类仓库之间及其与民用建筑之间的防火间距（单位：mm）

建筑物类型		单层、多层乙、丙、丁类物品仓库			单层、多层戊类物品仓库			高层物品仓库	甲类厂房
	耐火等级	一、二级	三级	四级	一、二级	三级	四级	一、二级	一、二级
单层、多层乙、丙、丁、戊类物品仓库	一、二级	10	12	14	10	12	14	13	12
	三级	12	14	16	12	14	16	15	14
	四级	14	16	18	14	16	18	17	16
高层物品仓库	一、二级	13	15	17	13	15	17	13	13
民用建筑	一、二级	10	12	14	6	7	9	13	25
	三级	12	14	16	7	8	10	15	
	四级	14	16	18	9	10	12	17	

在按表 3-6 确定防火间距时应注意：

① 单层、多层戊类仓库的防火间距，可按本表减小 2.0m。

② 两座仓库相邻较高一面围墙为防火墙，且总占地面积不大于一座仓库的最大允许占地面积规定时，其防火间距不限。

③ 除乙类第 6 项物品外的乙类物品仓库，与民用建筑的防火间距不宜小于 25m，与重要公共建筑的防火间距不宜小于 30m，与铁路、道路等的防火间距不宜小于表 3-5 中甲类仓库与铁路、道路等的防火间距的规定。

2）甲类仓库及其与其他建筑物、明火或散发火花地点、铁路、道路等的防火间距不应小于表 3-5 的规定，与架空电力线的最小水平距离应符合《建筑设计防火规范》（GB 50016—2006）第 11.2.1 条的规定。厂内铁路装卸线与设置装卸站台的甲类仓库的防火间距，可不受表 3-5 规定的限制。

3）库区围墙与库区内建筑的间距不宜小于5m，且围墙两侧的建筑物还应满足相应的防火间距的规定。

5. 防火间距不足时的应变措施

防火间距因场地等各种原因无法满足规范的要求时，可根据具体情况采取一些相应措施：

1）改变建筑物的生产和使用性质，尽量降低建筑物的火灾危险性；改变房屋部分的耐火性能，提高建筑物的耐火等级。

2）调整生产厂房的部分工艺流程和减少库房储存物品的数量；调整部分构件的耐火性能和燃烧性能。

3）将建筑物的普通外墙改造成实体防火墙，将普通门窗改造成防火门窗。

4）拆除部分耐火等级低、占地面积小、使用价值低的影响新建建筑物安全的相邻既有建筑物。

5）设置独立的室外防火墙等。

第二节　消防车道与消防车操作空间

一、消防车道设计的一般原则

消防车道是供消防车灭火时通行的道路，其通行能力应满足消防车辆使用的需要。我国常见消防车的外形尺寸见表3-7。

通常，消防车道应符合下述要求：

1）消防车道一般按单行线考虑，其净宽度和净高度均不应小于4m。为便于消防车顺利通行，消防车道上空4m以下范围内不应有障碍物。供消防车停留的空地，其坡度不宜大于3%。

2）消防车道下的管道和暗沟等，应能承受消防车辆的满载轮压，不得塌陷。

3）为保证火灾时消防车能够顺利、迅速地接近水源或水池，并便于取水，供消防车取水的水源或水池应设有消防车道。消防车道可与其他交通道路合用，但合用道路应满足消防车的通行与停靠需要。

4）消防车道与建筑物之间不应设置妨碍登高消防车操作的树木、架空管道等。

5）建筑物的封闭内院或天井，如其短边长度超过24m时，宜设有进入内院的消防车道。

6）尽头式消防车道应设有回车场或回车道，回车场的面积不应小于12m×12m；供大型消防车辆使用时，不应小于18m×18m。

7）消防车道应尽量短捷，并避免与铁路正线平交。如必须平交，应设置备用车道，且两车道之间的距离不应小于一列火车的长度。

8）当建筑物的沿街部分长度超过150m或总长度超过220m时，均应设置穿过建筑物的消防车道。消防车穿过或进入建筑物的门洞时，门洞的净高和净宽均不应小于4m；门垛之间的净宽不应小于3.5m。

表 3-7 我国常见消防车的外形尺寸

消防车名称	外形尺寸/m			
	长度	宽度	高度	备注
CFP2/2 型干粉泡沫联合消防车	10.5	2.80	3.70	国产
CQ23 型曲臂登高消防车	11.2	2.60	3.70	国产
CFP30 型泡沫消防车	7.2	2.40	3.33	国产
CT28 型云梯消防车	7.8	2.46	3.02	国产
CCT8/30A 型水罐消防车	7.2	2.40	2.80	国产
CST7 型水罐消防拖车	10.04	2.40	2.43	国产
CP10AB 型泡沫消防车	7.20	2.40	2.80	国产
CF1 型干粉消防车	3.86	1.95	1.97	国产
CF10 型干粉消防车	6.78	2.40	2.93	国产
CZ115 型火场照明车	6.60	3.20	2.40	国产
CX10 型消防通信指挥车	5.85	1.95	2.35	国产

二、低、多层建筑消防车道的布置

低、多层建筑消防车道的布置主要考虑生产厂房、仓库以及大型公共建筑的消防车灭火需要。

厂房、库房的两侧如无消防车道，应沿其两个长边设置宽度不小于 6m 的平坦空地。对一些大型的厂房、库房，如占地面积超过 $3000m^2$ 的甲、乙、丙类厂房和占地面积超过 $1500m^2$ 的乙、丙类库房，宜设置环行车道。对于特大型厂房，如钢铁厂、造船厂、汽车制造厂和飞机库等，还应在厂房内设消防车道。消防车道穿过建筑物的门洞时，门洞的净高和净宽均不应小于 4m；门垛之间的净宽不应小于 3.5m。

对于大型公共建筑，如超过 3000 个座位的体育馆、超过 2000 个座位的会堂及占地面积超过 $3000m^2$ 的展览馆等，宜在建筑物周围设置环形车道。建筑物的封闭内院，如其短边长度超过 24m 时，宜设有进入内院的消防车道。

规模较大的封闭式商业街、购物中心、游乐场所等，进入院内的消防车道的出入口不应少于 2 个，且院内道路的宽度不应小于 6m。

三、高层建筑消防车道的布置

1. 消防车道

高层建筑的周围，应设环形消防车道（图 3-1）。当设环形车道有困难时，可沿高层建筑的两个长边设置消防车道；当建筑的沿街长度超过 150m 或总长度超过 220m 时，应在适当位置设置穿过建筑的消防车道。穿过建筑物的消防车道，其净高与净宽不应小于 4m；门垛之间的净宽不应小于 3.5m，如图 3-2 所示。

为了日常使用方便和消防人员能快速、便捷地进入建筑内院救火，应设连通街道和内院的人行通道，通道之间的距离不宜超过 80m，如图 3-3 所示。

由于通风、采光、庭院绿化等需要，高层建筑常设有面积较大的内院或天井。这种内院

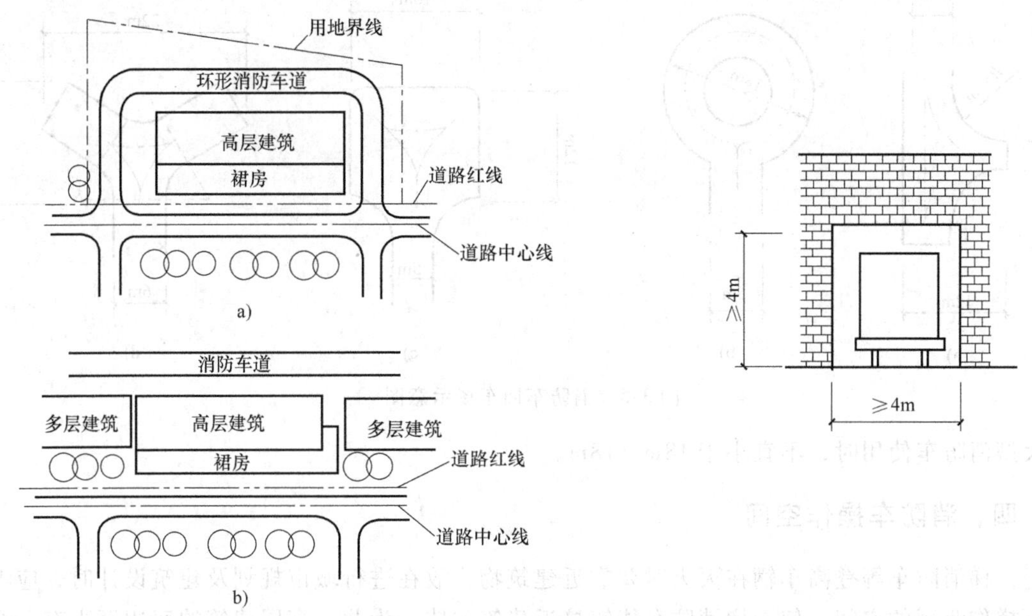

图 3-1 消防车道示意图

a）环行消防车道 b）沿建筑长边设置的消防车道

图 3-2 穿过建筑物的消防车道尺寸

或天井一旦发生火灾，如果消防车进不去，就难以进行扑救，所以为了能使消防车进入内院或天井扑救火灾，且消防车辆在内院或天井内有回旋掉头的空间，当内院或天井的短边长度超过 24m 时，宜加设消防车道，如图 3-4 所示。

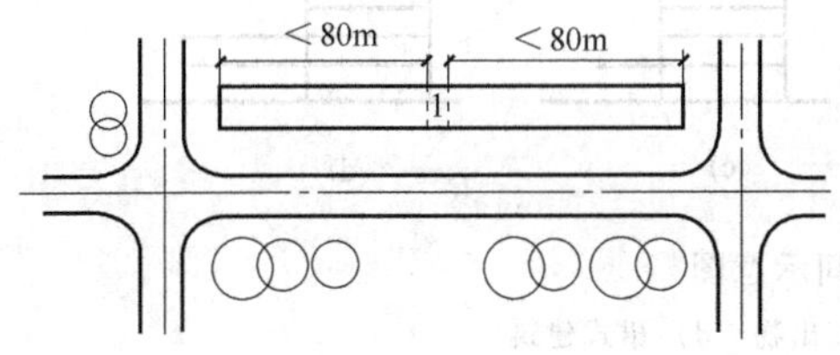

图 3-3 穿过建筑物的人行通道示意图

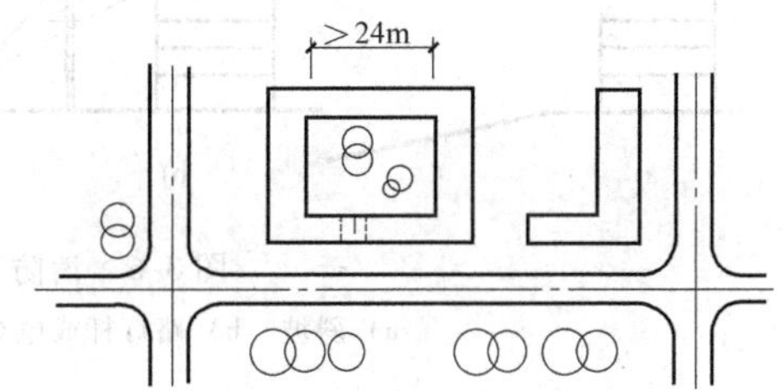

图 3-4 穿过建筑物进入内院或天井的消防车道示意图

规模较大的封闭式商业街、购物中心、游乐场所等，进入院内的消防车道的出入口不应少于 2 个，且院内道路的宽度不应小于 6m。

2. 水源地消防车道

发生火灾时，高层建筑高位消防水箱的水只够供水 10min，消防车内的水也维持不了多长时间。许多工业与民用建筑中可燃物较多，火灾持续时间较长，所以一旦火灾进入全面发展阶段，就要考虑持续供水的问题。对于设在高层建筑附近的水池或水源（如江、河、湖、水渠等），应设消防车道。

3. 消防车回车场

对需要使用大型消防车救火的区域，应从实际情况出发设计消防车道，同时还应注意设置消防车回车场，如图 3-5 所示。在一般情况下，消防车回车场的面积不应小于 15m × 15m；

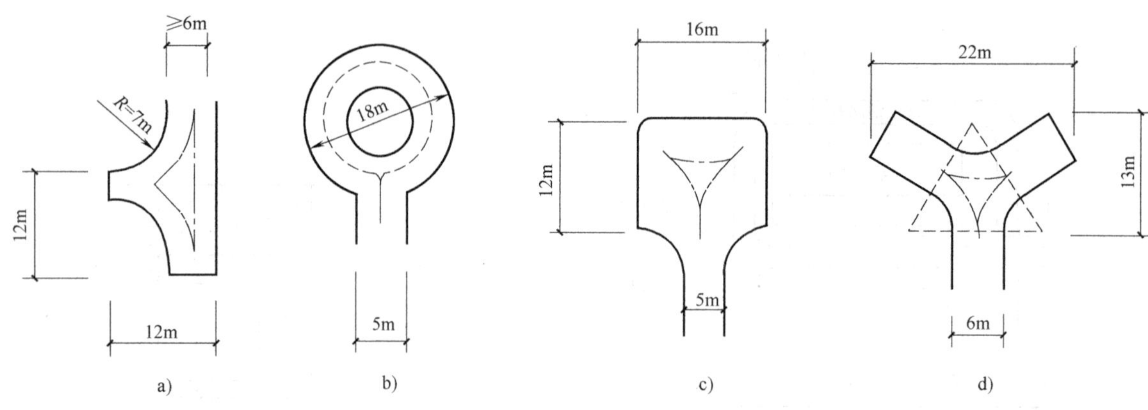

图 3-5　消防车回车场示意图

供大型消防车使用时，不宜小于 18m×18m。

四、消防车操作空间

云梯消防车等登高车辆在灭火时要靠近建筑物，故在进行城市规划及建筑设计时，应考虑云梯作业用的空间，使云梯消防车能够接近建筑主体。为此，高层建筑的底边至少有一个长边或周边长度的 1/4 且不小于一个长边长度，不应布置高度大于 5.00m、进深大于 4.00m 的裙房。建筑物的正面广场不应设成坡地，也不应设架空电线等。建筑物的底层不应设很长的突出物，如图 3-6 所示。

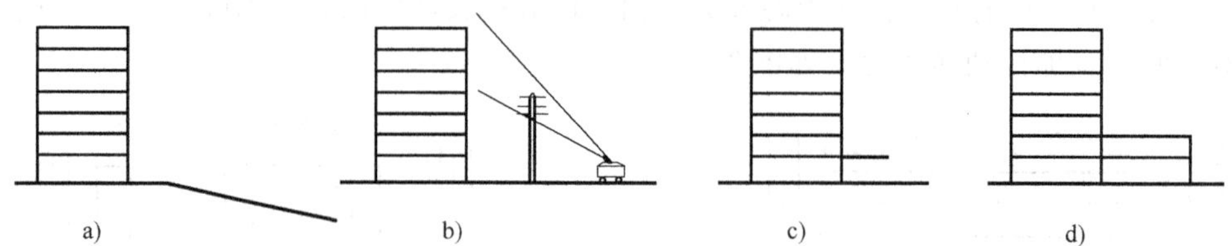

图 3-6　消防车工作空间示意图

a）斜坡　b）路灯杆或电线杆　c）突出物　d）裙式建筑

为了便于云梯消防车的使用，高层建筑与其邻近建筑物之间应保持一定的距离。消防车道与高层建筑的间距不小于 5m。消防车与建筑物之间的宽度如图 3-7 所示，其中的 *B* 值可根据配备的消防车参数来确定。

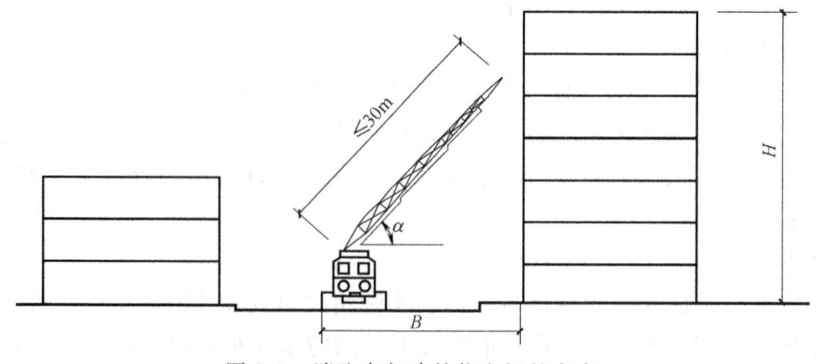

图 3-7　消防车与建筑物之间的宽度

第三节 高层民用建筑总平面防火设计

一、高层民用建筑的选址

高层民用建筑的选址是一个涉及城市规划、市政建设及消防管理等诸多因素的根本性问题。高层民用建筑的具体位置如果选择适当，将有助于高层民用建筑自身及相邻建（构）筑物的安全。从消防管理的角度进行分析，在选择高层民用建筑的具体位置时应注意以下几点：

1. 应受到城市消防站的有效保护

高层建筑不论是设在市区还是郊区，都应与消防站保持便捷的联系，以便在发生火灾时消防人员能迅速到达并有效地组织扑救。消防站的布局，应以接到报警后5min内到达责任区的最远点为原则。

2. 不宜布置在易燃、易爆的建（构）筑物附近

城市中常设有易燃、易爆的建（构）筑物，它们对相邻的其他建筑具有极大的威胁，因此高层建筑在选址时应远离这些易燃、易爆的建（构）筑物。

3. 与周围建（构）筑物保持足够的防火间距

建筑物起火后，火势在内部迅速扩大主要是因为热对流、热辐射和热传导的综合作用，而热辐射又是引起周围建筑着火的主要因素。火场的热辐射强度主要受火势、距离等因素影响，火势越大，距离越小，危害就越大，因此高层建筑与周围建（构）筑物必须保持一定的防火间距。

4. 应设有消防车道及消防水源

高层建筑宜与城市干道有机相连，使消防车能在最短的时间内到达火场，并进行灭火。

消防用水可以采用城市给水管网；水源丰富的地区还可以采用天然水源，但在枯水季节，天然水源仍应能满足灭火需要。

二、主体建筑与裙房

高层建筑由于规模庞大，功能复杂，以常见的各种办公楼、商厦、宾馆、医院等建筑而论，其基本布置常是将办公室、客房及病房等部分设在标准层内，并形成高耸的主楼；而将公共厅堂及后勤等部分用房设置于主体的下部，以利于内外联系及大量人流、货流的集散。因公共厅堂种类繁多，面积巨大，如营业厅、展销厅、会议厅等，其面积经常达上千平方米，故常向主体建筑下部楼层的四周突出，并形成裙房。目前较多采用的中庭空间，也常依附于主体侧面。

这种主体高耸、底盘扩大的处理方式，不仅能满足功能要求，还使建筑的造型丰富多彩。不过，从火灾扑救的角度来看，突出的裙房则很可能妨碍消防车的靠拢及云梯消防车的架设，故《高层民用建筑设计防火规范（2005年版）》（GB 50045—1995）规定："高层建筑的底边至少有一个长边或周边长度的1/4且不小于一个长边长度，不应布置高度大于5.00m、进深大于4.00m的裙房，且在此范围内必须设有直通室外的楼梯或直通楼梯间的出口。"上述几个方面的有机结合，即可构成建筑物外部扑救火灾的"据点"。发生火灾时消

防车赶到此部位后，一方面从室外对建筑的上部进行扑救，并接应从楼梯疏散到室外的人员；另一方面迅速进驻消防指挥中心，同时通过消防电梯从建筑的内部进行扑救。

三、高层建筑的附属建筑

1. 锅炉房

锅炉为高温、高压设备，产品质量差、安全保护设备失灵或操作不当等原因均可能导致锅炉爆炸；特别是燃油、燃气的锅炉，更容易发生爆炸事故，故不宜在高层建筑中设置锅炉房，即锅炉房宜离开高层建筑单独设置。

如因条件限制而必须在高层建筑或其裙房内设置锅炉房时，锅炉的总蒸发量不应超过6t/h，并应符合有关规范的要求。

2. 可燃油油浸电力变压器和充有可燃油的高压电容器、多油断路器等

可燃油油浸电力变压器发生故障产生电弧时，将使变压器内的绝缘油迅速分解，并析出氢气、甲烷、乙烯等可燃气体，使压力剧增，造成外壳爆裂大量喷油；或者析出的可燃气体与空气混合形成爆炸混合物，在电弧或火花的作用下引起燃烧爆炸。变压器爆裂后，随着高温的变压器油流动，致使火势蔓延。充有可燃油的高压电容器、多油断路器等，也有较大的火灾危险性，故可燃油油浸电力变压器和充有可燃油的高压电容器、多油断路器等不宜布置在高层民用建筑的裙房内。

如因条件限制而必须在高层民用建筑的裙房内设置可燃油油浸电力变压器时，其总容量不应超过1260kV·A，单台容量不应超过630kV·A，并应符合有关规范的要求。

第四节　工业建筑总平面防火设计

一、厂房（仓库）地址选择

选择厂房（仓库）地址是根据城市的总体工业布局进行的。在不违背城市总体规划和生产规律的前提下，从消防管理的角度进行分析，在选择厂房（仓库）地址时应注意以下几点：

1. 周围环境

选择厂房（仓库）地址时首先要注意周围环境，总的原则是既要保证本身的安全，又要保证相邻企事业单位及居住区的安全。根据这一要求，严禁靠近企事业单位和居民区布置有易燃、易爆危险的生产单位；反之，在有易燃、易爆危险的生产单位附近，也不应再安排火灾危险性很大，或发生火灾后社会影响大、经济损失大、人员伤亡大的企事业单位和居住区。

2. 地形条件

在选择厂房（仓库）地址时还要充分考虑和利用当地的自然地形及地势条件。

散发可燃气体、蒸汽、粉尘的厂房（仓库）宜布置在通风条件较好的平坦地带或山坡地段，而不要布置在山谷地区的窝风地段，因为山谷中的窝风地段不利于有害物质的扩散，而有害物质浓度增加不仅会造成环境的严重污染，而且还显著增加了的火灾危险性。这类厂房（仓库）如布置在山丘的背风坡，则会受到翻山风引起的涡流的影响，造成更加严重的

污染。

如地形条件允许，应尽量将有易燃、易爆危险的厂房（仓库）布置在山凹地带，利用山丘作为防爆的天然屏障，以减缓爆炸冲击波的破坏作用。

储存甲、乙、丙类液体的储罐宜布置在地势较低的地带，不宜选择在山顶或半山坡上，防止发生事故时液体向下流淌，形成大面积火灾。

3. 主导风向

具有易燃、易爆危险的厂房（仓库）应远离企事业单位和居住区，且应布置在企事业单位和居住区的常年主导风向的下风侧，避免在发生火灾时因"飞火"导致火灾蔓延扩大。据有关资料介绍，发生火灾时，起火建筑物喷出的火焰和热气流能将火星抛向远方，火星所到之处如果有易燃物，就会形成新的起火点，引起次生火灾。风速越大，发生"飞火"的可能性就越大，"飞火"的飞行距离就越远。

4. 消防车道

所选厂房（仓库）地址应有便利的运输条件，使消防车能在最短的时间内到达火场。当消防车道与铁路正线平交时，应有备用车道可以通过，以防被列车堵截。

5. 消防用水

消防用水可以采用城市管网供水和天然水源。城市管网应满足灭火用水对水量和水压的要求，天然水源在枯水季节应仍能满足灭火需要。

大型工业企业应尽可能地接近水源地，水源地应保证水量充沛、水质良好、供水安全，以保证生产、生活用水及消防用水的需要。

在选择易燃材料的堆场时，应特别注意消防用水的水源条件，因为在扑救堆场火灾时需要大量用水，且用水时间也很长。

二、厂（库）区总平面布置

厂房（仓库）地址选定以后在进行总平面布置时必须注意以下几点：

1. 防火措施必须满足生产工艺的要求

满足生产或储存的需要，是进行厂区或库区总平面布置的前提条件。

生产工艺流程是表示产品制造的整个过程。将原材料制成半成品，再经过加工制造、装配等程序，完成新产品生产的全过程，它反映了各类生产车间、辅助生产车间的相互关系。工厂有生产工艺流程，仓库也有其自身的内部物资流通规律，但两者之间大同小异。生产工艺流程及储存物品的内部流通规律是进行工业企业总平面布置的主要技术依据，防火要求不应违背这一设计原则。

2. 划分防火区域

工厂或仓库，一般都是由生产车间（或库房）、辅助用房及服务于生产或储存的设施组成。各种建（构）筑物根据使用性质的不同，分别具有不同的火灾危险性，应根据火灾危险性进行总平面布置。

在进行总平面布置时，首先根据厂区或库区的生产性质、生产规模、自然条件等因素，将厂区或库区划分成生产、生活、行政等几个区域；然后在生产或储存区域的内部，再根据火灾危险性的大小划分成若干防火区域，把那些火灾危险性大的车间或库房集中起来，并划出特定的禁火范围，以便在该范围内采取相应的安全技术措施。在划分防火区域时需要注意以下几点：

1）在同一防火区域内不应布置两者一经作用即能引起火灾或增加火灾危险性的生产或储存，如在乙炔站周围不应布置氧气站，因为两者一旦相遇容易引起火灾爆炸事故。

2）使用不同灭火剂的厂房或库房不宜布置在同一防火区域内，以防发生火灾时因用错灭火剂而引起更大的事故。

3）运输量大的车间应布置在厂区的主要干线附近；工人多的车间及生活设施应靠近主要人流方向布置，尽量避免人流、货流相互交叉，以免发生火灾时消防车辆难以正常通行。

4）把火灾危险性大或使用明火作业的生产置于厂区内的下风向或侧风向。

5）注意相邻企业的安全。

3. 注意建筑物的朝向及体量

对同一座建筑物来讲，纵向刚度通常要比横向刚度大，横向外墙面积要比纵向外墙面积小。刚度越大，外墙面积越小，抵挡爆炸冲击波的能力就越强，就越不容易被破坏，为此位于石油化工露天生产装置周围的建筑物，宜将山墙朝向容易发生爆炸的生产部位。

为确保发生爆炸事故时建筑物不被外来冲击波摧垮，除妥善处理好建筑物的朝向以外，在满足生产要求的前提下，建筑物宜小不宜大，尤其是不适宜建造高大建筑物。

4. 设置防火间距

为防止火灾在建（构）筑物之间蔓延，应在建（构）筑物之间设置防火间距。设置防火间距是厂（库）区总平面布置的一个重要措施，可根据生产和储存物品的火灾危险性类别及建筑物的耐火等级，并按照现行防火规范的要求设置防火间距。

三、管线（管道）敷设的防火要求

1）直接埋入地下的可燃气体管线，一旦因外界或自身的作用发生破坏时，可燃气体就会通过土层向外扩散，故严禁将发生炉煤气、水煤气、半水煤气、高炉煤气、转炉煤气等可燃气体管线直接埋入地下敷设。

2）为防止热力管道的高温热表面引起火灾爆炸事故，热力管道严禁与输送易燃、可燃液体及可燃气体的管道敷设在同一管沟内，同时也不应穿越电石库等由于汽、水泄漏将会引起火灾事故的场所。

3）为防止电力线路、弱电线路因产生电火花、电弧引燃（或引爆）可燃气体与可燃蒸气，电力线路、弱电线路不应与输送易燃、可燃液体及可燃气体的管道敷设在同一管沟内。

4）氧气管道严禁与易燃、可燃液体管道共沟敷设。架空敷设的氧气管道不宜与易燃、可燃液体管道共架敷设；如必须共架敷设时，氧气管道宜布置在易燃、可燃液体管道的上面，且净距不应小于0.5m。

5）乙炔管道严禁穿过生活间、办公室，以及不使用乙炔的建筑物和房间。乙炔管道架空敷设时不应与导电线路（不包括乙炔管道专用的导电线路）敷设在同一支架上。乙炔管道地下敷设时，严禁通过下列地点：

① 烟道、通风地沟和直接靠近高于50℃的热表面。

② 建（构）筑物和露天堆场的下面。

6）为防止发生事故，各种工艺管线不应穿越与其没有产生联系的设备或建（构）筑物。

7）各种工艺管线架空敷设时，应尽量避免与厂区内的各种道路交叉；如不可避免时，宜与道路呈直角通过，并与路面保持足够的高度。厂区架空管道与交通道路的净距见表3-8。

8）为了减少火灾爆炸事故的危害，易燃、易爆生产单位的管沟应设阻火分隔设施，如在穿越防火墙、防爆墙处用干砂或碎石填满管沟，防止易燃、可燃液体或可燃气体、粉尘扩散。

表 3-8　厂区架空管道与交通道路的净距　（单位：mm）

名称		压缩空气管	热力管	乙炔管	氧气管	煤气管
人行道路面		2.2	2.2	2.2	2.2	2.2
道路路面		4.5	4.5	4.5	4.5	4.5
标准轨距铁路	非电气化铁路轨面	5.5	5.5	5.5	5.5	5.5
	电气化铁路轨面	6.55	6.55	6.55	6.55	6.55

四、消防车道

厂（库）区内的消防车道除应满足消防车道的一般设置要求外，还应满足以下要求：

1）厂房、库房的两侧应设有可供消防车通行的道路，如其两侧未设可供消防车通行的道路时，可沿其两侧全长设置宽度不小于6m的平坦空地，以供消防车通行及停靠。

2）可燃材料堆场、液化石油气储罐区，以及甲、乙、丙类液体储罐区一旦发生火灾，燃烧速度极快，难以扑救，为此其四周应设置环形车道，以供消防车通行；如不设环形车道时，可沿其四周设置宽度不小于6m的平坦空地，以供消防车通行及停靠。

3）为保证消防车辆通行无阻，供消防车通行的道路宽度不应小于3.5m，路面应坚固、可靠；道路上空如遇有管架、栈桥等障碍物时，其净空高度不应小于4m，以满足所有消防车的通行需要。

自学指导

本章学习重点：防火间距的确定方法；高层民用建筑总平面防火设计。

1. 防火间距的确定方法：对民用建筑，先确定其建筑类型，再确定防火间距；对库房，先确定火灾危险性类别，再确定防火间距。

2. 高层民用建筑总平面防火设计：高层民用建筑的选址，对裙房高度与进深的特殊要求，附属建筑的布置，防火间距与消防车道。

本章学习难点：对裙房高度与进深的特殊要求。

从火灾扑救的角度来看，突出的裙房很可能妨碍消防车的靠拢及云梯消防车的架设，故《高层民用建筑设计防火规范（2005年版）》（GB 50045—1995）规定："高层建筑的底边至少有一个长边或周边长度的1/4且不小于一个长边长度，不应布置高度大于5.00m、进深大于4.00m的裙房，且在此范围内必须设有直通室外的楼梯或直通楼梯间的出口。"上述几个方面的有机结合，即可构成建筑物外部扑救火灾的"据点"。发生火灾时消防车赶到此部位后，一方面从室外对建筑的上部进行扑救，并接应从楼梯疏散到室外的人员；另一方面迅速进驻消防指挥中心，同时通过消防电梯从建筑的内部进行扑救。

复习思考题

简答题

1. 什么是防火间距？
2. 防火间距不足时可采取哪些应变措施？
3. 消防车道宽度的确定主要应考虑哪些因素的影响？
4. 高层民用建筑的选址应主要考虑哪些因素的影响？
5. 从消防管理的角度进行分析，厂房（仓库）地址选择应考虑哪些因素？
6. 厂区划分防火区域的意义是什么？

第四章　建筑平面防火设计

学习目标

1. 应了解、知道的内容

在建筑防火设计中应从内部布置方面给予特殊注意的场所包括哪些；防火分区的概念；防火分隔物的种类。

2. 应理解、清楚的内容

建筑中特殊火灾危险部位或特殊场所的平面布置；防火分区的划分原则；防火分隔墙体的要求；仓库防火分区的划分与厂房有何不同之处。

3. 应掌握、会用的内容

对照规范要求，对特殊部位防火分隔设计的合格性进行判定；对照规范要求，对防火分隔物的构造设计的合格性进行判定。

4. 应熟练掌握的内容

对照规范要求，对建筑各重点部位布置的合理性进行判断；对照规范要求，对防火分区面积划分的符合性进行判定。

自学学时　6 学时

老师导学

本章通过论述建筑中特殊火灾危险部位或特殊场所的平面布置、防火分区的划分要求、特殊部位的防火分隔要求及防火分隔构件的构造要求四项主要内容，从建筑平面方式设计的两个主要方面进行了详细介绍。在学习中应注意识记建筑平面防火中各类常见问题的处理方式，着重掌握防火分区的概念及设计要求。

建筑平面防火设计是建筑防火的重要课题之一，其任务主要有两个方面：一是从防火的角度解决好建筑物内部的布局问题，妥善布置火灾危险性较大或对建筑火灾监控和扑救有重要作用的特殊房间及部位；二是对建筑面积进行合理划分，使用各类防火分隔构件，有效形成相互独立的防火分区（单元），确保一旦起火能够有效阻止火灾在建筑中大面积蔓延。本章围绕上述两个主要方面进行详细介绍，涉及建筑中特殊火灾危险部位或特殊场所的平面布置、防火分区的划分要求、特殊部位的防火分隔要求及防火分隔构件的构造要求四项主要内容。

第一节　建筑内部布置防火

在满足使用功能的前提下，建筑物内部的平面布置应从防火的角度妥善处理功能分区及特殊部位布置的问题。在建筑防火设计中应从内部布置方面给予特殊注意的场所包括：

一、有特殊火灾危险的设备间或场所的布置

1. 民用建筑

现代民用建筑中通常需要安装锅炉、变压器、电容器、高低压开关、柴油发电机等设施以满足各项使用要求，此类设备大多具有潜在的火灾爆炸危险，例如各类燃油、燃气锅炉容易在防护设备损坏或操作错误的情况下发生爆炸事故；采用可燃油作为绝缘油的油浸电力变压器等设备，一旦发生故障，会产生电弧，使设备内的油品迅速发生热分解，析出氢气、甲烷、乙烯等可燃气体，容易引发爆炸。

从确保安全的角度考虑，燃油或燃气锅炉，可燃油油浸电力变压器，充有可燃油的高压电容器、多油断路器等设备，宜设置在高层建筑外的专用房间内。

但在实际工程设计中，除了安全问题，还必须兼顾总体规划、用地面积、基建投资规模等约束条件，故如果上述设备受到条件限制需与高层建筑贴邻布置时，应将其设置在耐火等级不低于二级的建筑内，并应采用防火墙与高层建筑隔开，且不应贴邻人员密集场所。

当上述设备受条件限制必须布置在高层建筑中时，不应布置在人员密集场所的上一层、下一层或贴邻。但考虑到设备潜在的火灾爆炸危险性，仅做到合理布置是不足以确保消防安全的，因而必须从设备容量限制、安全疏散设计、防火分隔设施、溢油处置设施、火灾报警设备、自动灭火系统、泄压设施、通风系统等各个方面严格遵守防火规范的设计要求，确保消防安全。

柴油发电机房布置在高层建筑和裙房内时，应符合下列规定：

1）可布置在建筑物的首层或地下一、二层，不应布置在地下三层及以下。柴油的闪点不应小于55℃。

2）应采用耐火极限不低于2.00h的隔墙和1.50h的楼板与其他部位隔开，门应采用甲级防火门。

3）机房内应设置储油间，其总储存量不应超过8.00h的需要量，且储油间应采用防火墙与发电机间隔开；当必须在防火墙上开门时，应设置能自动关闭的甲级防火门。

4）应设置火灾自动报警系统和除卤代烷1211、1301以外的自动灭火系统。

2. 工业建筑

工业建筑中，变配电所不应设置在甲、乙类厂房内或贴邻建造，且不应设置在爆炸性气体、粉尘环境的危险区域内。供甲、乙类厂房专用的10kV及以下的变配电所，当采用无门窗洞口的防火墙隔开时，可一面贴邻建造，并应符合《爆炸和火灾危险环境电力装置设计规范》（GB 50058—1992）等规范的有关规定。

厂房内设置甲、乙类中间仓库时，其储量不宜超过一昼夜的需要量。中间仓库应靠外墙布置，并应采用防火墙和耐火极限不低于1.50h的不燃烧体楼板与其他部分隔开。厂房中的丙类液体中间储罐应设置在单独房间内，其容积不应大于1m^3，且应满足相应防火要求。

甲、乙类生产场所和甲、乙类仓库不应设置在地下或半地下，甲、乙类厂房（仓库）内不应设置铁路线。

厂房内严禁设置员工宿舍。员工办公室、休息室等不应设置在甲、乙类厂房内，但满足一定的防火要求时允许与其贴邻建造；对于需要设置在丙类厂房内的办公室、休息室，规范则提出了明确的防火设计要求。

仓库内严禁设置员工宿舍。甲、乙类仓库内严禁设置办公室、休息室，且不应贴邻建造。对于需要设置在丙、丁类仓库内的办公室、休息室，规范提出了明确的防火设计要求。

二、燃料供应设施的布置

由于各类燃油、燃气设备的运转需要和居民日常生活的需求，民用建筑内不可避免地要用到可燃气体、液体燃料。这些燃料的运输管道、存储罐体及使用房间的存在，无疑给民用建筑带来了很大的安全风险，在设计时应予以重视。

高层建筑内使用可燃气体作为燃料时，应采用管道供气。使用可燃气体的房间或部位宜靠外墙设置，并应符合《城镇燃气设计规范》（GB 50028—2006）的规定。

可燃气体管道和甲、乙、丙类液体管道不应穿过通风机房和通风管道，且不应紧贴通风管道的外壁敷设。

高层建筑内使用丙类液体作为燃料时，其储罐应直埋于高层建筑或裙房附近，且不同容量的储罐应分别满足不同的防火间距及埋设要求；当设置中间罐时，中间罐的容量不应大于 $1m^3$，并应设置在一、二级耐火等级的单独房间内，该房间的门应采用甲级防火门。

高层建筑内使用瓶装液化石油气作为燃料时，应设置集中瓶装液化石油气间。总容积不大于 $1m^3$ 的瓶装液化石油气间采用自然气化方式供气时，除人员密集场所外，可贴邻所服务的建筑；总容积大于 $1m^3$ 但不大于 $3m^3$ 的瓶装液化石油气间应独立建造，并满足规范规定的防火间距要求。为了确保供气过程中的安全性，还应在瓶装液化石油气间的总进、出气管道上设置紧急事故自动切断阀，瓶装液化石油气间应设置可燃气体浓度报警装置和冷却水系统。

为建筑内的锅炉、发电机等设施供应燃料的管道，其敷设应符合《城镇燃气设计规范》（GB 50028—2006）的规定；应在进入建筑物前和设备间内的管道上设置自动和手动切断阀；储油间的油箱应密闭且应设置通向室外的通气管，通气管应设置带阻火器的呼吸阀，油箱的下部应设置防止油品流散的设施。

三、商业部分的布置

现代建筑内的商业部分（特别是营业厅）通常人流量大、可燃物多，且多设有中庭、自动扶梯等层间共享空间，是火灾危险性较大的部位之一。

独立建造的商店建筑最好采用二级或二级以上的耐火等级，采用三级耐火等级的商店不应超过 2 层，采用四级耐火等级的商店应设为单层。

附设在高层建筑或大型综合性建筑内的商业部分，应与相邻的其他功能区进行有效的防火分隔，以保证火灾不会相互蔓延；附设在三级耐火等级建筑内的商业部分，应布置在首层或二层；设置在四级耐火等级建筑内的商业部分，应布置在首层。

住宅底部设置的地上商业服务网点，在布局上应控制其用房层数不超过 2 层、建筑面积不大于 $300m^2$；地下商店的营业厅不应设置在地下三层及三层以下；经营、存放和使用甲、乙类火灾危险性物品的商店严禁附设在民用建筑内。

四、人员密集场所的布置

剧场、电影院、礼堂宜设置在独立的建筑内，如采用三级耐火等级则不应超过 2 层；如果上述场所设置在三级耐火等级的建筑内，则应布置在建筑的首层或二层。

教学建筑、食堂、菜市场采用三级耐火等级的建筑时，不应超过 2 层；采用四级耐火等级的建筑时，应为单层；设置在三级耐火等级的建筑内时，应布置在首层或二层；设置在四级耐火等级的建筑内时，应布置在首层。

高层建筑内的观众厅、会议厅、多功能厅等人员密集场所，一旦发生火灾，需要疏散的人员数量较多，故在进行建筑设计时应设在首层、二层或三层。如必须布置在其他楼层时，除规范另有规定外，还应满足以下要求：应确保一个厅、室的建筑面积不宜大于400m^2；一个厅、室的安全出口不应少于2个；必须设置火灾自动报警系统和自动喷水灭火系统；幕布和窗帘应采用经阻燃处理的织物。

五、歌舞娱乐放映游艺场所的布置

建筑物内的歌舞厅、录像厅、夜总会、卡拉OK厅（含具有卡拉OK功能的餐厅）、游艺厅（含电子游艺厅）、桑拿浴室（不包括洗浴部分）、网吧等歌舞娱乐放映游艺场所应布置在一、二级耐火等级建筑物的首层、二层或三层，且宜靠外墙设置，不应布置在袋形走道的两侧或尽端。如必须布置在袋形走道的两侧或尽端时，应满足特别的安全疏散距离要求。

在实际工程中，上述场所受条件限制必须设置在其他楼层时，必须按规范要求设置防烟与排烟设施，同时还应满足下列条件：如必须布置在地下时，只能布置在地下一层，不应布置在地下二层及以下楼层，且地下一层地面与室外出入口地坪的高差不应大于10m；如必须布置在四层及以上楼层或地下一层时，一个厅、室的建筑面积不应大于200m^2。

六、行为能力受限人员居留场所的布置

幼儿、老人、医院病人等人员，在行为能力方面受到不同程度的限制，自理能力差、行动缓慢或无法自主行动，在火灾中一般需要他人帮助才能实现疏散，是容易受到严重伤害的人群。此类人员的居留场所在设计时应尤其注意。

托儿所、幼儿园的儿童用房，老年人活动场所和儿童活动场所宜设置在独立的建筑内，且不应设置在地下或半地下，同时应满足以下要求：采用一、二级耐火等级的建筑时，不应超过3层；采用三级耐火等级的建筑时，不应超过二层；采用四级耐火等级的建筑时，应为单层。

上述场所如需设置在其他民用建筑内时，应满足以下要求：设在一、二级耐火等级的建筑内时，应布置在首层、二层或三层；设置在三级耐火等级的建筑内时，应布置在首层或二层；设置在四级耐火等级的建筑内时，应布置在首层；设置在木结构建筑内时，应布置在首层或二层。

医院和疗养院的住院部分不应设置在地下或半地下，采用三级耐火等级的建筑时，不应超过二层；采用四级耐火等级的建筑时，应为单层。

七、消防控制室的布置

消防控制室是建筑中消防设施的显示控制中心，不但可以作为火灾监控和设施联动的控制中心，同时也是火灾扑救的指挥中心，是保障建筑消防安全的重要部位。在建筑发生火灾时，应确保建筑物的消防控制室不会受到火灾的威胁，以实现消防设施的正常运转及控制，同时还应方便消防人员进入。在平面设计中，消防控制室可单独建造，也可附设在民用建筑

的内部。附设在民用建筑内的消防控制室宜设置在建筑物的首层或地下一层，且宜靠外墙布置，并应注意相应的防火分隔要求。

第二节　防 火 分 区

一、防火分区的概念及划分原则

1. 防火分区的定义及作用

防火分区是指在建筑内部采用防火墙、楼板及其他防火分隔构件分隔而成的，能在一定时间内防止火灾从起火区域向同一建筑的其余部分蔓延的局部空间。

防火分区的存在可以有效地遏制火灾在建筑中的蔓延和发展，为安全疏散和灭火创造有利条件。

2. 防火分区的划分原则

在建筑设计中进行防火分区的划分时，应根据建筑的耐火等级、建筑高度、使用人员特性、建筑物的火灾危险性及内部消防设施的设置情况等合理划分防火分区，并应遵循以下原则：

1）在划分防火分区时，除了遵守规范规定的面积要求外，还应兼顾建筑空间组合及使用功能分区的实际情况，做到合理划分。

2）建筑中应根据生产和储存物品的火灾危险性类别、是否散发有毒气体、是否有明火或高温操作、是否使用不同的灭火剂等不同情况合理进行防火分区的划分。

3）在建筑的垂直方向上，一般按楼层进行防火分区的划分，当层间防火分隔不能达到防火分区分隔的要求时，应将相关各层的建筑面积叠加计入防火分区的建筑面积中。

4）用来划定防火分区边界的围护构件应满足规范规定的各项构造要求。

5）应按规范要求对建筑中的竖向井道、重要机房等特殊部位进行专门的防火分隔处理。

二、防火分区的面积要求

（一）工业建筑

1. 工业厂房

厂房的耐火等级、层数和每个防火分区的最大允许建筑面积应符合表4-1的规定。在确定防火分区的面积时，厂房的类型、耐火等级、层数及消防设施的设置情况均会影响到每个防火分区最大允许建筑面积的取值，故应综合进行考虑。

厂房内设置自动灭火系统时，每个防火分区的最大允许建筑面积可按表4-1的规定增加1倍；局部设置自动灭火系统时，其防火分区的增加面积可按该局部面积的1倍计算。

当丁、戊类的地上厂房内设置自动灭火系统时，每个防火分区的最大允许建筑面积不限。

由于工业建筑生产类型众多，不同生产的火灾危险性及防火要求差异很大，在进行防火分区设计时应根据情况区别对待。规范中针对不同类型的生产厂房，防火分区的划分也提出了相应的变通条件，在面积要求和防火分隔物选择方面提出了具体的要求。

表 4-1　厂房的耐火等级、层数和每个防火分区的最大允许建筑面积

生产类别	厂房的耐火等级	最多允许层数	每个防火分区的最大允许建筑面积/m²			
			单层厂房	多层厂房	高层厂房	地下、半地下厂房，厂房的地下室、半地下室
甲	一级 二级	除生产必须采用多层外，宜采用单层	4000 3000	3000 2000	— —	— —
乙	一级 二级	不限 6	5000 4000	4000 3000	2000 1500	— —
丙	一级 二级 三级	不限 不限 2	不限 8000 3000	6000 4000 2000	3000 2000 —	500 500 —
丁	一、二级 三级 四级	不限 3 1	不限 4000 1000	不限 2000 —	4000 — —	1000 — —
戊	一、二级 三级 四级	不限 3 1	不限 5000 1500	不限 3000 —	6000 — —	1000 — —

注：本表中的“—”表示不允许。

2. 仓库

工业建筑中的仓库是物资储存比较集中的场所，一旦发生火灾容易造成严重的经济损失，因此仓库对防火分区的设计要求与厂房有明显区别，这表现在以下方面：

1）在同等火灾危险性类别、耐火极限和层数的条件下，仓库的防火分区面积指标的限制远比厂房严格。

2）在确定仓库的防火分区面积时，不仅要考虑每个防火分区的最大允许建筑面积，还要考虑每座仓库的最大允许占地面积。

3）仓库中的防火分区之间必须采用防火墙进行分隔。仓库的防火分区设计指标见表 4-2。当仓库内设置自动灭火系统时，每座仓库的最大允许占地面积和每个防火分区的最大允许建筑面积可按表 4-2 的规定增加 1 倍。

由于仓库中储存物品的类型千差万别，在表 4-2 给出的一般情况之外，特殊储存物品在防火分区建筑面积的要求方面还会有特别的要求，如冷库，粮食平房仓，白酒仓库，石油库内的桶装油品仓库，煤均化库，配煤仓库，硝酸铵仓库，电石仓库，尿素仓库，高分子制品仓库，造纸厂的独立成品仓库，车站、码头、机场内的中转仓库等。上述各种类型的仓库除了按照《建筑设计防火规范》（GB 50016—2006）的有关条款确定每个防火分区的最大允许建筑面积外，还应按专业仓库标准的有关规定执行。

（二）民用建筑

1. 低、多层民用建筑

低、多层民用建筑防火分区最大允许建筑面积应符合表 4-3 的规定，防火分区之间应采用防火墙进行分隔。当采用防火墙确有困难时，可采用防火卷帘等其他防火分隔构件进行分隔。用来替代防火墙的防火分隔物应满足相应规范给定的耐火时间和构造要求。

表 4-2　仓库防火分区设计指标

储存物品类别		仓库的耐火等级	最多允许层数	每座仓库的最大允许占地面积和每个防火分区的最大允许建筑面积/m^2						
				单层仓库		多层仓库		高层仓库		地下、半地下仓库或仓库的地下室、半地下室
				每座仓库	防火分区	每座仓库	防火分区	每座仓库	防火分区	防火分区
甲	3、4 项	一级	1	180	60	—	—	—	—	—
	1、2、5、6 项	一、二级	1	750	250	—	—	—	—	—
乙	1、3、4 项	一、二级	3	2000	500	900	300	—	—	—
		三级	1	500	250	—	—	—	—	—
	2、5、6 项	一、二级	5	2800	700	1500	500	—	—	—
		三级	1	900	300	—	—	—	—	—
丙	1 项	一、二级	5	4000	1000	2800	700	—	—	150
		三级	1	1200	400	—	—	—	—	—
	2 项	一、二级	不限	6000	1500	4800	1200	4000	1000	300
		三级	3	2100	700	1200	400	—	—	—
丁		一、二级	不限	不限	3000	不限	1500	4800	1200	500
		三级	3	3000	1000	1500	500	—	—	—
		四级	1	2100	700	—	—	—	—	—
戊		一、二级	不限	不限	不限	不限	2000	6000	1500	1000
		三级	3	3000	1000	2100	700	—	—	—
		四级	1	2100	700	—	—	—	—	—

注：本表中的“—”表示不允许。

表 4-3　低、多层民用建筑防火分区最大允许建筑面积

耐火等级	最多允许层数	防火分区的最大允许建筑面积/m^2
一、二级	低、多层建筑	2500
三级	5 层	1200
四级	2 层	600
地下、半地下建筑（室）		500

低、多层民用建筑在划定防火分区时，还应结合实际需要进行灵活设计。

1）体育馆、剧院的观众厅，展览建筑的展厅等部位，其防火分区的最大允许建筑面积可在表 4-3 要求的基础上适当放宽，但要进行充分论证。

2）设置在一、二级耐火等级的单层建筑内或多层建筑的首层的地上商店营业厅、展览建筑的展览厅，当其安装有符合要求的自动喷水灭火系统、排烟设施和火灾自动报警系统，且内装修满足规范要求时，每个防火分区的最大允许建筑面积可扩大到不大于 10000m^2。

3）地下商店营业厅不应设置在地下三层及三层以下，不应经营和储存火灾危险性为甲、乙类储存物品属性的商品；应设置防烟与排烟设施。当地下商店设有火灾自动报警系统和自动灭火系统，且内装修满足规范要求时，其营业厅每个防火分区的最大允许建筑面积可增加到 2000m^2。

4）建筑内设置自动灭火系统时，该防火分区的最大允许建筑面积可按表 4-3 的规定增加 1 倍；局部设置时，增加面积可按该局部面积的 1 倍计算。

5）当多层建筑物内设置自动扶梯、敞开楼梯等上下层相连通的开口部位时，其防火分区面积应按上下层相连通部分的面积叠加计算；当其建筑面积之和大于规定时，应划分防火分区。

2. 高层民用建筑

高层建筑内应采用防火墙等来划分防火分区，每个防火分区的最大允许建筑面积不应超过表 4-4 的规定。

表 4-4　高层建筑防火分区面积基本指标

建筑类别	防火分区的最大允许建筑面积/m^2	建筑类别	防火分区的最大允许建筑面积/m^2
一类建筑	1000	地下室	500
二类建筑	1500		

在高层民用建筑内划分防火分区时，还应注意以下几点：

1）设有自动灭火系统的防火分区，其最大允许建筑面积可按表 4-4 的规定增加 1 倍；当局部设置时，增加面积可按该局部面积的 1 倍计算。

2）下列专门用途的高层建筑或建筑的局部部位，防火分区的最大允许建筑面积可在表 4-4 的基础上进行调整：

① 一类建筑的电信楼，防火分区的最大允许建筑面积可按表 4-4 的规定增加 10%。

② 高层建筑内的商业营业厅、展览厅等，当设有火灾自动报警系统和自动灭火系统，且采用不燃烧或难燃烧材料装修时，地上部分防火分区的最大允许建筑面积为 4000m^2；地下部分防火分区的最大允许建筑面积为 2000m^2。

③ 当高层建筑与其裙房之间设有防火墙等防火分隔设施时，其裙房防火分区的最大允许建筑面积不应大于 2500m^2；当设有自动喷水灭火系统时，防火分区的最大允许建筑面积可增加 1 倍。

④ 高层建筑内设有上下层相连通的走廊、敞开楼梯、自动扶梯、传送带等开口部位时，应按上下连通层作为一个防火分区，其最大允许建筑面积之和不应超过表 4-4 的规定。当上下开口部位设有耐火极限大于 3.00h 的防火卷帘或水幕等分隔设施时，其面积可不叠加计算。

3. 汽车库

汽车库应设防火墙来划分防火分区。每个防火分区的最大允许建筑面积应符合表 4-5 的规定。

表 4-5　汽车库防火分区的最大允许建筑面积

耐火等级	防火分区的最大允许建筑面积/m^2		
	单层汽车库	多层汽车库	地下或高层汽车库
一、二级	3000	2500	2000
三级	1000	—	—

表 4-5 中，高层汽车库是指建筑高度超过 24m 的汽车库或设在高层建筑内地面以上楼层的汽车库；地下汽车库则是指室内地坪面低于室外地坪面的高度超过该层汽车库净高一半的汽车库。室内地坪面低于室外地坪面的高度超过该层汽车库净高 1/3 且不超过净高 1/2 的汽车库，或设在建筑物首层的汽车库的防火分区最大允许建筑面积不应超过 2500m^2。

甲、乙类物品运输车的汽车库、修车库，其防火分区的最大允许建筑面积不应超过 500m^2。

机械式立体汽车库是一种形式比较新颖的汽车库，这类汽车库室内无车道且无人员停留，采用机械设备进行垂直或水平移动等形式停放汽车。当机械式立体汽车库的停车数超过

50 辆时，应设防火墙或防火隔墙进行分隔。

对于室内有车道、有人员停留的，同时采用机械设备传送，在一个建筑层里叠置 2 ~ 3 层存放车辆的复式汽车库，其防火分区的最大允许建筑面积应按表 4-5 的规定值减少 35%。

敞开式、错层式、斜楼板式汽车库的上下层空间的连通层面积应叠加计算，其防火分区的最大允许建筑面积可按表 4-5 的规定增加 1 倍。

与其他民用建筑一样，汽车库内设有自动灭火系统时，其防火分区的最大允许建筑面积可按表 4-5 的规定增加 1 倍。

三、特殊部位的防火分隔处理

（一）建筑中庭

中庭是建筑内部设置的跨越多层的共享空间。在现代建筑中，中庭的设置位置和高度各有不同，有的与建筑物同高，有的则只是在建筑的局部若干层设置；有的只有十几米，有的则高达百米。

由于中庭在空间尺度、功能设计和建筑构造方面的特殊性，故在消防方面有其特殊的火灾危险性，具体表现在以下几方面：

1）中庭的底部空间常设计成多功能场所，在不同的使用功能下，中庭内部的人员情况、可燃物数量、电气设备及点火源等因素缺乏可控性，容易发生火灾。

2）中庭部位是连通多层的开敞空间，一旦起火容易造成火灾在各楼层同时蔓延，增加了人员疏散的压力，也给灭火救援带来困难。

3）中庭空间的高度一般较大，传统的火灾探测装置、自动灭火装置和排烟装置可能无法正常动作，难以发挥出应有的效果。

针对上述问题，建筑物内设置中庭时，其防火分区面积应按上下层相连通的面积叠加计算；当超过一个防火分区的最大允许建筑面积时，应符合下列规定：

1）房间与中庭相通的开口部位应设置能自行关闭的甲级防火门窗。

2）与中庭相通的过厅、通道等处应设置甲级防火门或防火卷帘；防火门或防火卷帘应能在火灾时自动关闭或降落。防火卷帘的设置应符合相关规范的规定。

3）中庭应设置符合规范要求的排烟设施。

（二）建筑幕墙

幕墙是悬挂于骨架结构上的外围护墙。建筑幕墙常采用玻璃、石材和金属等材料。当幕墙受到火烧或受热时，易破碎或变形、爆裂，甚至造成大面积的破碎、脱落。某些建筑的幕墙与其周边防火分隔构件之间的缝隙、与楼板或者隔墙外沿之间的缝隙、与相邻实体墙洞口之间的缝隙相当大，有的甚至达到 15 ~ 20cm，一旦发生火灾就会成为“引火风道”，如不采取防火分隔措施，会导致火势在水平和竖向的迅速蔓延。

具体地说，建筑幕墙的防火设计应符合下列规定：

1）窗槛墙、窗间墙的填充材料应采用不燃材料。当外墙面采用耐火极限不低于 1.00h 的不燃烧体时，其墙内填充材料可采用难燃材料。

2）无窗间墙和窗槛墙的幕墙，应在每层楼板外沿设置耐火极限不低于 1.00h、高度不低于 0.8m 的不燃烧实体裙墙。

3）幕墙与每层楼板、隔墙处的缝隙应采用防火封堵材料进行封堵。

（三）竖向井道

建筑内的电缆井、管道井、排烟道、排气道、垃圾道等竖向管道井，应分别独立设置；其井壁应为耐火极限不低于1.00h的不燃烧体；井壁上的检查门应采用丙级防火门。

建筑内的电缆井、管道井应在每层楼板处采用不低于楼板耐火极限的不燃烧体或防火封堵材料进行封堵；井道与房间、走道等部位相连通的孔洞应采用防火封堵材料进行封堵。

建筑内的电梯井应独立设置，井内严禁敷设可燃气体和甲、乙、丙类液体管道，并不应敷设与电梯无关的电缆、电线等。消防电梯井与相邻的其他电梯井之间，应采用耐火极限不低于2.00h的隔墙隔开。

（四）重要机房

柴油发电机房及其储油间、锅炉房及其储油间、变压器室、可燃油高压电容器和多油断路器室、通风空调机房、自动灭火系统设备室、消防电梯机房、消防水泵房、消防控制室等重要机房应采用有一定耐火极限的楼板和隔墙与相邻部位进行防火分隔，必要时隔墙上开设的门应为防火门。

（五）特殊类型建筑

1. 地下商店

当地下商店的总建筑面积大于20000m^2时，应采用不开设门窗洞口的防火墙分隔成小于20000m^2的区域。分隔后相邻区域确需局部连通时，应选择采取下沉式广场、防火隔间、避难走道、带甲级防火门的防烟楼梯间等特殊形式进行连通，以确保防火分隔的有效性。

2. 影剧院建筑

1）剧院等建筑的舞台与观众厅之间的隔墙应采用耐火极限不低于3.00h的不燃烧体。

2）舞台上部与观众厅闷顶之间的隔墙可采用耐火极限不低于1.50h的不燃烧体，隔墙上的门应采用乙级防火门。

3）舞台下面的灯光操作室和可燃物储藏室应采用耐火极限不低于2.00h的不燃烧体墙与其他部位隔开。

4）剧院后台辅助用房的隔墙应采用耐火极限不低于2.00h的不燃烧体，隔墙上的门窗应为乙级防火门窗。

5）电影院的放映室、卷片室应采用耐火极限不低于1.50h的不燃烧体隔墙与其他部分隔开。观察孔和放映孔应采取防火分隔措施。

3. 行为受限人员活动场所

医院中的洁净手术室或洁净手术部、附设在建筑中的歌舞娱乐放映游艺场所、附设在居住建筑中的儿童活动场所、老年人建筑，应采用耐火极限不低于2.00h的不燃烧体墙和耐火极限不低于1.00h的楼板与其他场所或部位隔开，当墙上必须开门时应设置乙级防火门。

4. 其他

下列建筑或部位的隔墙应采用耐火极限不低于2.00h的不燃烧体，隔墙上的门窗应为乙级防火门窗：

1）甲、乙类厂房和使用丙类液体的厂房。

2）有明火和高温的厂房。

3）一、二级耐火等级建筑的门厅。

4）除住宅外，其他建筑内的厨房。

5）甲、乙、丙类厂房或仓库内布置有不同火灾危险性类别的房间。

四、防火分隔构件

防火分隔构件是用来进行防火分区划分或实现防火分隔的构件，包括防火墙和防火隔墙、防火门窗、防火卷帘、防火水幕及防火阀等。防火分隔物的构造和设置均应满足规范的要求。

（一）防火墙和防火隔墙

防火墙是建筑中用来划分防火分区的主要构件之一，是防止火灾蔓延至相邻建筑或相邻水平防火分区且耐火极限不低于3.00h的不燃烧实体墙。防火隔墙则是指建筑内防止火灾蔓延至相邻区域且耐火极限不低于规定要求的不燃烧实体墙。防火墙和防火隔墙均对火灾蔓延有一定的阻隔作用。防火墙在其耐火性、稳定性、严密性和分隔性等方面要遵循较为严格细致的要求；防火隔墙则可根据实际需要适当参考防火墙的要求合理设置。

1. 耐火性要求

防火墙和防火隔墙均应为不燃烧体实体墙，其耐火极限应满足相应要求。墙体的耐火极限由墙体的受力情况、组成材料及厚度等因素决定，见表4-6。

由于墙体厚度对防火墙的耐火极限有直接的影响，为确保建筑内的防火墙满足3.00h的耐火极限要求，在防火墙内不应设置排气道，否则会导致防火墙的局部厚度被削减；同时，防火墙内也不应设置排烟管道，因为墙体内部排烟道所聚集的热量有可能引燃墙体两侧的可燃物，导致火灾传播。

表4-6　常见不燃烧实体墙的厚度与耐火极限

受力类型	墙体材质	墙体厚度/mm	耐火极限/h	燃烧性能
承重墙	普通黏土砖实体墙 混凝土实体墙 钢筋混凝土实体墙	120	2.50	不燃烧体
		180	3.50	不燃烧体
		240	5.50	不燃烧体
		370	10.50	不燃烧体
	加气混凝土砌块墙	100	2.00	不燃烧体
	轻质混凝土砌块	120	1.50	不燃烧体
		240	3.50	不燃烧体
		370	5.50	不燃烧体
非承重墙	普通黏土砖墙 包括双面抹灰(15mm厚)	150	4.50	不燃烧体
		180	5.00	不燃烧体
		240	8.00	不燃烧体
	加气混凝土砌块墙	100	3.75	不燃烧体
		200	8.00	不燃烧体

2. 稳定性要求

防火墙在稳定性方面应满足规范规定的具体要求，以确保在火灾中不过早出现倒塌破坏而导致防火分区的分隔失效。为了达到这一目的，建筑内的防火墙应直接设置在基础或框架、梁等承重结构上。建筑中用来承担防火墙重量的框架、梁等承重结构，其耐火极限不应低于防火墙的耐火极限。在设计防火墙时，应确保在防火墙任意一侧的屋架、梁、楼板等构件受到火灾的影响而破坏时，不会导致防火墙倒塌。

独立建造的防火墙，也要从稳定性的角度考虑墙体高度与厚度的合理性，必要时应采取加固措施。

3. 严密性要求

为了保证防火墙的严密性，原则上防火墙上不应开设任何门、窗、洞口。考虑到建筑空间联系及设施布置的实际需要，对于防火墙上必须开设的门、窗、洞口，应严格控制开口大小和严密性，以免给火灾蔓延提供可乘之机。

防火墙上如必须开门应设置火灾时能自动关闭的甲级防火门；防火墙上如必须开窗应设置不可开启的甲级防火窗或火灾时能自动关闭的甲级防火窗。

可燃气体和甲、乙、丙类液体的管道严禁穿过防火墙，其他管道不宜穿过防火墙；必须穿过时，应采用防火封堵材料将墙与管道之间的空隙紧密填实，穿过防火墙处的管道保温材料应采用不燃材料。当管道为难燃及可燃材料时，应在防火墙两侧的管道上采取防火措施。

4. 分隔性要求

在楼层高度内，防火墙应从楼地面基层隔断至上层楼板底面基层或屋面结构层的底面，如图 4-1 所示，以确保火灾不会通过顶棚、闷顶等部位蔓延到相邻分区。

在屋顶部位，当高层厂房（仓库）屋顶承重结构和屋面板的耐火极限低于 1.00h，其他建筑屋顶承重结构和屋面板的耐火极限低于 0.50h 时，防火墙应凸出屋面，如图 4-2a 所示，突出的高度应在 0.5m 以上。其他情况时，防火墙可不凸出屋面。

在屋顶部位设有天窗的情况下，如图 4-3 所示，如果防火墙横截面中心线距天窗端面的水平距离小于 4m，且天窗端面为燃烧体时，应采取防止火势蔓延的措施。

在建筑的外墙部位，当外墙体为难燃烧体时，防火墙应凸出外墙的外表面 0.4m 以上，如图 4-2a 所示。紧贴防火墙两侧的部分应设置宽度均不小于 2m 的不燃烧墙体作为防火带，其耐火极限不应低于外墙的耐火极限，如图 4-2b 所示。

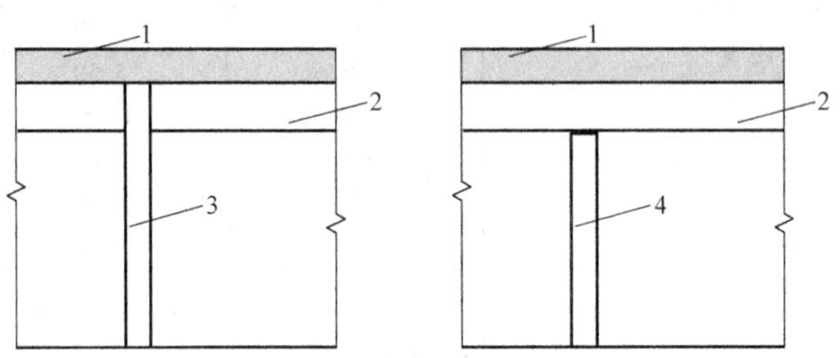

图 4-1　楼层高度内防火墙的布置

1—楼板层　2—顶棚空间　3—正确的防火墙布置　4—错误的防火墙布置

建筑外墙为不燃烧墙体时，防火墙可不凸出墙的外表面。紧靠防火墙两侧的门窗洞口之间最近边缘的水平距离不应小于 2m；但装有固定窗扇或火灾时可自动关闭、耐火极限不低于 0.9h 的防火窗时，该距离可不限。

在建筑的转角处，火灾通过内转角或防火墙两侧的门窗洞口蔓延的可能性很大，因此建筑内的防火墙不宜设置在转角处。如需设置在转角附近，则应确保内转角两侧墙上的门窗洞口之间最近边缘的水平距离不应小于 4m，如图 4-4 所示。

（二）防火门窗

防火门窗是建筑中能满足规定耐火要求的门窗。根据材质、启闭方式、耐火性能等可以

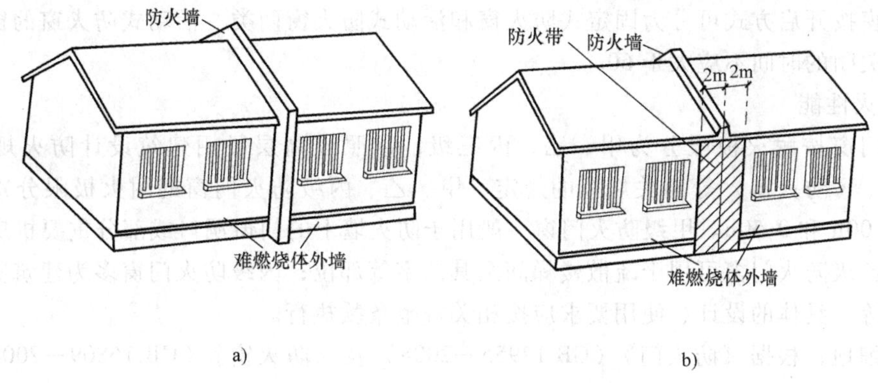

图 4-2　防火墙隔断屋顶结构及外墙

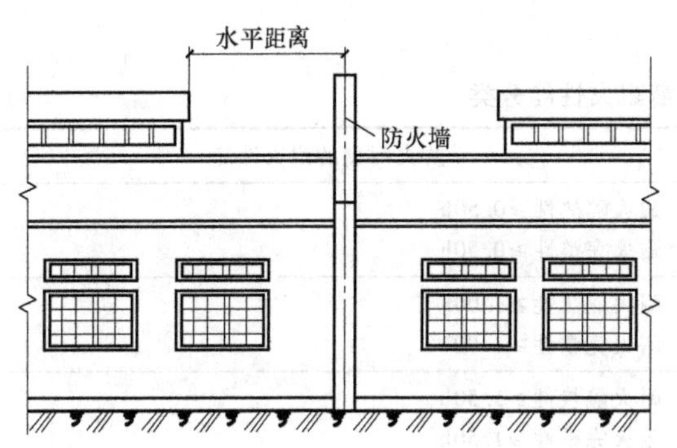

图 4-3　防火墙与天窗端面的位置关系

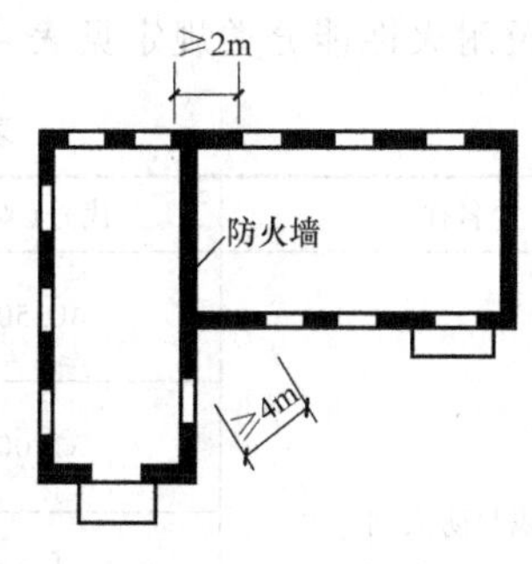

图 4-4　防火墙两侧门窗洞口的位置关系

对防火门窗进行分类、分级，以便根据需要进行选用。

1. 材质

防火门窗按材质可以分为钢质防火门窗、木质防火门窗、钢木复合防火门窗，具体分类情况见表 4-7。

表 4-7　常见各类材质的防火门窗及其代号

产品名称	常用代号	
	防火门	防火窗
钢质防火门窗	GFM	GFC
木质防火门窗	MFM	MFC
钢木复合防火门窗	GMFM	GMFC

2. 启闭方式

防火门的开启方式为平开门，通常由门框、门扇（单扇或多扇）等部件，以及防火铰链、防火锁等防火五金配件构成，以铰链为轴垂直于地面，沿单一方向旋转开启或关闭。

防火门按开启状态分为常开式防火门和常闭式防火门。常开式防火门通常设置在走廊等人员通行频繁的部位，而常闭式防火门则一般设置在高层建筑楼梯间等较少人员通行的部位。防火门一般需要配置闭门器，双扇门有闭门顺序要求时还应设置顺序器，以确保防火门能在火灾中及时有效地自动关闭。

防火窗按开启方式可分为固定式防火窗和活动式防火窗两类。活动式防火窗的窗扇在火灾中自动关闭的时间不应大于60s。

3. 耐火性能

防火门窗按耐火极限分为甲、乙、丙三级，参照《高层民用建筑设计防火规范》及《防火门》、《防火窗》等相关规范的规定，甲、乙、丙级防火门窗的耐火极限分别不低于1.50h、1.00h和0.50h。甲级防火门窗一般用于防火墙上的门窗洞口或部分重要机房的门窗等部位；乙级防火门窗可用于疏散楼梯间及其前室等部位；丙级防火门窗多为建筑竖向井道的检查门等。具体的设计、使用要求应按相关规范条款执行。

更详细地，根据《防火门》（GB 12955—2008）及《防火窗》（GB 16809—2008）的规定，防火门窗还可以进一步进行类型划分：防火门可分为A、B、C三大类，防火窗则分为A、C两大类，不同类型的防火门窗在耐火隔热性及耐火完整性方面有不同的要求，具体分类方法及耐火性能分类规定见表4-8。

表4-8　防火门窗耐火性能分类

<table>
<tr><th>名称</th><th>代号(对应级别)</th><th colspan="2">防火门窗的耐火性能</th></tr>
<tr><td rowspan="5">隔热防火门
隔热防火窗
(A类)</td><td>A0.50(丙级)</td><td colspan="2">耐火隔热性≥0.50h
耐火完整性≥0.50h</td></tr>
<tr><td>A1.00(乙级)</td><td colspan="2">耐火隔热性≥1.00h
耐火完整性≥1.00h</td></tr>
<tr><td>A1.50(甲级)</td><td colspan="2">耐火隔热性≥1.50h
耐火完整性≥1.50h</td></tr>
<tr><td>A2.00</td><td colspan="2">耐火隔热性≥2.00h
耐火完整性≥2.00h</td></tr>
<tr><td>A3.00</td><td colspan="2">耐火隔热性≥3.00h
耐火完整性≥3.00h</td></tr>
<tr><td rowspan="4">部分隔热防火门(B类)</td><td>B1.00</td><td rowspan="4">耐火隔热性≥0.50h</td><td>耐火完整性≥1.00h</td></tr>
<tr><td>B1.50</td><td>耐火完整性≥1.50h</td></tr>
<tr><td>B2.00</td><td>耐火完整性≥2.00h</td></tr>
<tr><td>B3.00</td><td>耐火完整性≥3.00h</td></tr>
<tr><td>非隔热防火窗(C类)</td><td>C0.50</td><td colspan="2">耐火完整性≥0.50h</td></tr>
<tr><td rowspan="4">非隔热防火门
非隔热防火窗
(C类)</td><td>C1.00</td><td colspan="2">耐火完整性≥1.00h</td></tr>
<tr><td>C1.50</td><td colspan="2">耐火完整性≥1.50h</td></tr>
<tr><td>C2.00</td><td colspan="2">耐火完整性≥2.00h</td></tr>
<tr><td>C3.00</td><td colspan="2">耐火完整性≥3.00h</td></tr>
</table>

（三）防火卷帘

防火卷帘是一种活动的防火分隔物，在防火分区间设置防火卷帘时应符合下列规定：

1）用于防火分隔的防火卷帘应具有防烟功能，卷帘与楼板、梁、墙、柱之间的空隙应采用防火封堵材料进行封堵。

2）不宜采用侧式防火卷帘。

3）防火卷帘的耐火极限不应低于相关规范对所设置部位的耐火极限要求。当防火卷帘的耐火极限符合《门和卷帘的耐火试验方法》（GB/T 7633—2008）有关耐火完整性和耐火隔热性的判定条件时，可不设置自动喷水灭火系统。当防火卷帘的耐火极限仅符合《门和卷帘的耐火试验方法》（GB/T 7633—2008）有关耐火完整性的判定条件时，应设置自动喷水灭火系统。自动喷水灭火系统的设计应符合《自动喷水灭火系统设计规范》（GB 50084—2001）的规定，但火灾延续时间不应小于相关规范对所设置部位的耐火极限要求。

4）需在火灾时自动降落的防火卷帘，应具有信号反馈的功能。

5）防火卷帘的其他要求应符合《防火卷帘》（GB 14102—2005）的规定。

（四）其他防火分隔设施

建筑中用于进行防火分隔的设施还包括：防火分隔水幕、防火阀、排烟防火阀等。

水幕用于防火分隔的情况很多，例如在工业建筑中，因生产工艺要求建设大面积厂房或布置连续生产线时，防火分区采用防火墙分隔有时会比较困难，除甲类厂房外的一、二级耐火等级的单层厂房，规范允许采用防火分隔水幕替代防火墙实现对防火分区的划分；超过800个座位的剧院、礼堂的舞台口也宜设水幕分隔。

能起防火分隔作用的水幕应采用开式洒水喷头或水幕喷头，系统的设计应符合《自动喷水灭火系统设计规范（2005年版）》（GB 50084—2001）的有关规定。

防火阀安装在通风、空调系统的送、回风管道上，平时呈开启状态，火灾时当管道内烟气温度达到70℃时自动关闭（厨房的排油烟管道处为150℃），并在一定时间内能满足漏烟量和耐火完整性要求，可以起到隔烟阻火作用。

排烟防火阀安装在机械排烟系统的管道上，平时呈开启状态，火灾时当排烟管道内烟气温度达到280℃时自动关闭，并在一定时间内能满足漏烟量和耐火完整性要求，可以起到隔烟阻火作用。

自学指导

本章学习重点：建筑内部布置防火；建筑防火分区的概念和划分要求；特殊部位的防火分隔处理。

1. 建筑内部布置防火：应妥善处理的项目包括有特殊火灾危险的设备间或场所、燃料供应设施、商业部分、人员密集场所、歌舞娱乐放映游艺场所、行为能力受限人员居留场所和消防控制室。各项目均有具体的布局要求。

2. 建筑防火分区的概念和划分要求：防火分区是指在建筑内部采用防火墙、楼板及其他防火分隔构件分隔而成的，能在一定时间内防止火灾从起火区域向同一建筑的其余部分蔓延的局部空间。防火分区的划分指标是最大允许建筑面积，针对工业厂房，仓库，低、多层民用建筑，高层民用建筑，汽车库等不同类型的建筑作出规定。

3. 特殊部位的防火分隔：针对建筑中庭、建筑幕墙、竖向井道、重要机房和特殊类型建筑等部位，根据规范的要求均应进行必要的防火分隔处理。

本章学习难点：防火分隔构件及其构造要求

防火分隔构件是用来进行防火分区划分或实现防火分隔的构件，包括防火墙和防火隔墙、防火门窗、防火卷帘、防火水幕及防火阀等。为了确保防火分隔构件能够发挥防火分隔效果，对各构件的构造有具体的要求。

复习思考题

一、单项选择题（在备选答案中有1项是正确的，请将其选出并填入题后括号内）

1. 建筑内的电缆井、管道井、排烟（排气）道、垃圾道等竖向管道井应满足（　）。

A. 各竖向管道应独立设置，井壁应采用耐火极限不低于1.00h的不燃烧体，井壁上的检查门应采用丙级防火门。

B. 各竖向管道在条件允许的情况下可相互兼用，井壁应采用耐火极限不低于1.00h的不燃烧体，井壁上的检查门应采用丙级防火门。

C. 各竖向管道应独立设置，井壁应采用耐火极限不低于1.00h的不燃烧体，井壁上的检查门应采用乙级防火门。

D. 各竖向管道应独立设置，井壁应采用耐火极限不低于0.50h的不燃烧体，井壁上的检查门应采用丙级防火门。

2. 在未设置自动灭火系统的情况下，高层建筑地下室每个防火分区的建筑面积一般不应大于（　）。

A. $200m^2$　　B. $150m^2$　　C. $500m^2$　　D. $100m^2$

3. 当烟气温度超过（　）时，排烟防火阀应能自行关闭。

A. 70℃　　B. 280℃　　C. 60℃　　D. 150℃

二、简答题

1. 建筑中的消防控制室应如何进行布置？

2. 防火分区的概念是什么？在划分防火分区时应遵循怎样的原则？

3. 仓库与工业厂房在防火分区设计指标的控制方面有哪些区别？

4. 建筑中应进行特殊防火分隔的重要机房都包括哪些？

三、论述题

1. 建筑中庭、建筑幕墙各自有哪些火灾危险性？各应满足怎样的防火分隔要求？

2. 什么是防火阀？通风防火阀与排烟防火阀有何区别？

第五章　安全疏散设计

学习目标

1. 应了解、知道的内容

安全疏散设计的基本原则和安全出口的设置原则；屋顶直升机停机坪的概念和设置要求；避难层（间）的设置要求。

2. 应理解、清楚的内容

应急照明及疏散指示标志的设置要求；安全出口、通行系数、避难层和屋顶直升机停机坪的概念；安全疏散距离的基本要求；室外疏散楼梯的基本要求；消防电梯的基本设置要求。

3. 应掌握、会用的内容

能够确定不同类型建筑中的人员数量；简单应用百人宽度指标确定疏散宽度；确定安全出口的数量。

4. 应熟练掌握的内容

不同类型建筑对楼梯间形式的选用。

自学学时　8 学时

老师导学

进行安全疏散设计，首先应根据建筑的情况确定疏散楼梯的形式，然后确定建筑中的人员数量，并以此为依据设计安全出口的宽度、数量，结合对安全疏散距离的要求确定安全出口的位置。对高层和超高层建筑应考虑消防电梯和避难层的设计。学习中应注意影剧院、体育馆类建筑的安全出口设计对每个出口的通行人数有限制。

安全疏散是建筑防火设计的一项重要内容，对于确保火灾中人员的生命安全具有重要作用。安全疏散设计的目的：建筑物发生火灾时，为避免建筑物内部人员因烟气中毒、火烧及建筑构件倒塌而受到伤害，为了给消防人员迅速扑救火灾及抢救遇险人员提供方便条件。

安全疏散设计应根据建筑物的高度、规模、使用性质、耐火等级和人们在火灾事故时的心理状态与行为特点，合理设置安全疏散和避难设施，如疏散走道、疏散楼梯及楼梯间、避难层（间）、疏散门、疏散指示标志等，为人员的安全疏散创造有利条件。

第一节　安全疏散设计基本理论

一、安全疏散设计的基本原则

火灾中的人员安全疏散主要涉及人员特征、建筑物特征、火灾特征 3 个基本因素。在进行安全疏散设计时应遵循以下几个基本原则：

1）在建筑物内的任意一个部位，宜同时有两个或两个以上的疏散方向可供疏散。

2）合理设计疏散路线。疏散路线应力求短捷通畅，避免出现各种人流、物流相互交叉，杜绝出现逆流，疏散路线的端部应是安全区域。

3）在建筑物的屋顶及外墙上宜设置可供人员临时避难使用的屋顶平台，以及室外疏散楼梯、阳台和凹廊。这些部位与室外相通，燃烧产生的高温烟气不会在这里停留，可以暂时保证人员的安全。

4）疏散通道上的防火门，在发生火灾时必须保持关闭状态。

5）在进行安全设计时，应考虑人在火灾条件下的心理状态和行为特点。

6）自动扶梯和电梯不应计为安全疏散设施。

二、疏散安全分区

当建筑物内某一房间发生火灾，并发生轰燃时，沿走廊的门窗均被破坏，导致浓烟、火焰涌向走廊。若走廊的顶棚上或墙壁上未设有效的防、排烟设施，则烟气就会继续向前室蔓延，进而流向楼梯间。另一方面，发生火灾时，人员的疏散行动路线也基本上和烟气的流动路线相同，即房间→走廊→前室→楼梯间，因此烟气的蔓延扩散，将对起火层人员的安全疏散形成很大的威胁。为了保障人员疏散安全，应使疏散路线上各个空间的安全性逐步提高，并使楼梯间的安全性达到最高。根据安全程度可把疏散路线上的各个空间划分为不同的区域，称为疏散安全分区，简称安全分区。走廊的安全性要高于火灾房间，为第一安全分区；依此类推，前室为第二安全分区，楼梯间为第三安全分区。当进入了第三安全分区时，即可认为到达了基本安全的空间。安全分区的划分如图 5-1 所示。

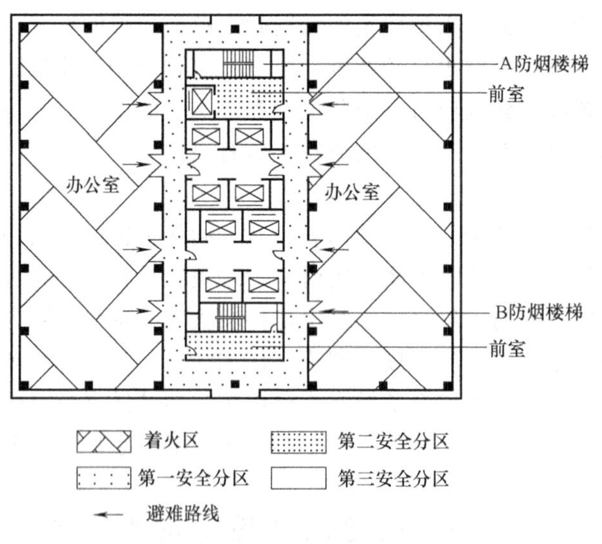

图 5-1 安全分区的划分

三、疏散有关的基本概念及参数

（一）允许疏散时间

火灾时人员的伤亡，大多数是因烟气中毒、高温和缺氧所致。产生大量有毒气体和出现高温、缺氧等情况一般是在轰燃之后，故允许疏散时间应控制在轰燃之前，并适当考虑安全系数。一、二级耐火等级的公共建筑与高层民用建筑，其允许疏散时间为 5～7min；三、四级耐火等级的建筑，其允许疏散时间为 2～4min。

影剧院与礼堂的观众厅由于人员密度大，允许疏散时间应从严控制。一、二级耐火等级的影剧院，其允许疏散时间为 2min；三级耐火等级的影剧院，其允许疏散时间为 1.5min。由于体育馆的规模一般比较大，观众厅的人员密度常是影剧院的几倍甚至几十倍，火灾时的烟层下降速度、温度上升速度、疏散条件等也不同于影剧院，疏散时间一般比较长，所以对一、二级耐火等级的体育馆，其允许疏散时间为 3～4min。

工业厂房的允许疏散时间，根据生产的火灾危险性不同而异。甲类生产的火灾危险性大，燃烧速度快，允许疏散时间控制在 30s；乙类生产的火灾危险性较甲类生产要小，燃烧速度相对较慢，允许疏散时间控制在 1min 左右。

（二）安全区域

当建筑物发生火灾时，凡能保证避难人员安全的场所都是安全区域。

1. 安全区域必须具备的基本条件

1）应具备足够的避难空间。通常避难面积按 0.5m^2/人计算。

2）当安全区域为封闭空间时，应设有通风系统、照明及通信设备。

3）作为安全区域使用的阳台、凹廊或屋顶平台，应能防止火焰及高温烟气的侵害。

2. 安全区域的场所

建筑物的室外地坪是能确保人员安全的场所，建筑中的封闭楼梯间和防烟楼梯间、建筑物中的阳台和屋顶平台、高层建筑中起火楼层下数两层以下的楼层、超高层建筑中的避难层、避难间等均可作为临时安全区域。

（三）疏散人数

疏散人数决定了安全出口的数量及宽度，一般建筑在设计时给定了使用人数；当没有给定使用人数时，可按该场地面积乘以人员密度进行计算。

录像厅、放映厅的疏散人数，应根据该场所的建筑面积按 1.0 人/m^2 经计算确定；其他歌舞娱乐放映游艺场所的疏散人数，应根据该场所的建筑面积按 0.5 人/m^2 经计算确定；商店的疏散人数，应按每层营业厅的建筑面积乘以面积折算值和疏散人数换算系数经计算确定。地上商店的面积折算值宜为 50%～70%，地下商店的面积折算值不应小于 70%。疏散人数换算系数可按表 5-1 确定。

表 5-1　疏散人数换算系数　（单位：人/m^2）

楼层位置	地下二层	地下一层，地上一、二层	地上三层	地上四层及四层以上各层
换算系数	0.80	0.85	0.77	0.6

（四）疏散速度

疏散速度主要取决于建筑物的使用功能及人员特征等因素，可参考表 5-2 取值。

（五）通行系数

人流从某一出口疏散，由于受到出口宽度的限制，单位时间内从出口疏散出去的人数大致是一样的，人流通过此出口的速度与该出口的宽度及通行系数有关。通行系数是指单位时间内，人流通过某一单位横截面宽度的人数。通行系数与建筑出口的类型、人员通行状态有关，一般取 1.5 人/(m·s)。

表 5-2 用于疏散计算的步行速度

建筑物或房间用途	建筑物的各部位	疏散方向	步行速度/(m/s)
剧场及其他具有类似用途的建筑	楼梯	上	0.45
		下	0.6
	坐席部分	—	0.5
	楼梯及坐席以外的部分	—	1.0
百货商店、展览馆及其他具有类似用途的建筑,或公共住宅楼、宾馆及具有类似用途的其他建筑(医院、诊所及儿童福利设施除外)	楼梯	上	0.45
		下	0.6
	楼梯以外的其他部分	—	1.0
学校、办公楼及具有类似用途的其他建筑	楼梯	上	0.58
		下	0.78
	楼梯以外的其他部分	—	1.3

第二节 安全出口设计

安全出口是指供人员疏散用的疏散楼梯间、室外疏散楼梯入口或通向室内外安全区域的门。人员经过了安全出口就认为到达了安全区域。

一、安全出口的设置原则

(一) 疏散楼梯

1. 平面布置

为了提高疏散楼梯的安全可靠程度，在进行疏散楼梯的平面布置时，应满足下列防火要求：

1）疏散楼梯宜设置在标准层（或防火分区）的两端，以便于为人们提供两个不同方向的疏散路线。

2）疏散楼梯宜靠近电梯设置（图 5-2）。发生火灾时，人们习惯于利用经常走的疏散路线进行疏散，而电梯则是人们经常使用的垂直交通运输工具，靠近电梯设置疏散楼梯，可将

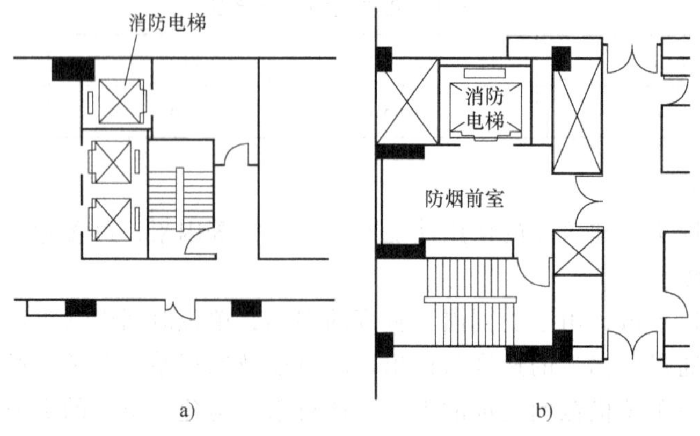

图 5-2 疏散楼梯靠近电梯设置

常用疏散路线与紧急疏散路线相结合，有利于人们快速疏散。如果电梯厅为开敞式，为避免因高温烟气进入电梯井而切断通往疏散楼梯的通道，两者之间应进行防火分隔。

3）疏散楼梯宜靠外墙设置。这种布置方式有利于采用带开敞前室的疏散楼梯间，同时也便于自然采光、通风和进行火灾的扑救。

2. 竖向布置

1）疏散楼梯应保持上、下畅通。高层建筑的疏散楼梯宜通至平屋顶，以便当向下疏散的道路发生堵塞或被烟气切断时，人员能上到屋顶暂时避难，等待消防部门利用登高消防车或直升机进行救援。

2）应避免不同的人流路线相互交叉。高层部分的疏散楼梯不应和低层公共部分的交通大厅、楼梯间、自动扶梯交叉，以免紧急疏散时两部分人流发生冲突，引起堵塞和意外伤亡。

（二）疏散门

疏散门是人员安全疏散的主要出口，其设置应满足下列要求：

1）疏散门应向疏散方向开启，但人数不超过 60 人的房间且每樘门的平均疏散人数不超过 30 人时，其门的开启方向不限（除甲、乙类生产车间外）。

2）民用建筑及厂房的疏散门应采用平开门，不应采用推拉门、卷帘门、吊门、转门和折叠门；但丙、丁、戊类仓库首层靠墙的外侧可采用推拉门或卷帘门。

3）当门开启时，门扇不应影响人员的紧急疏散。

4）公共建筑内安全出口的门应设置在火灾时能从内部易于开启门的装置；人员密集的公共场所及观众厅的入场门、疏散出口不应设置门槛，从门扇开启 90°的门边处向外 1.0m 范围内不应设置踏步，疏散门应为推闩式外开门。

二、安全出口的数量

建筑内的安全出口或疏散出口设计应满足分散布置、双向疏散的要求。每座建筑或每个防火分区的安全出口数目不应少于两个，每个防火分区、一个防火分区的每个楼层，其相邻两个安全出口最近边缘之间的水平距离不应小于 5.0m。

一、二级耐火等级的建筑，当一个防火分区的安全出口全部直通室外确有困难时，符合下列规定的防火分区可利用设置在相邻防火分区之间向疏散方向开启的甲级防火门作为安全出口：

1）该防火分区的建筑面积大于 $1000m^2$时，直通室外的安全出口数量不应少于两个；该防火分区的建筑面积小于等于 $1000m^2$时，直通室外的安全出口数量不应少于 1 个。

2）该防火分区直通室外或避难走道的安全出口总净宽度，不应小于计算所需总净宽度的 70%。

剧院、电影院和礼堂的观众厅，其疏散出口数目应经计算确定，且不应少于两个。为保证安全疏散，应控制通过每个疏散出口的人数：每个疏散出口的平均疏散人数不应超过 250 人；当容纳人数超过 2000 人时，其超过 2000 人的部分，每个疏散出口的平均疏散人数不应超过 400 人。

体育馆的观众厅，其疏散出口数目应经计算确定，且不应少于两个，每个疏散出口的平均疏散人数不宜超过 400 ~ 700 人。

高层建筑内设有固定座位的观众厅、会议厅等人员密集场所，每个疏散出口的平均疏散人数不应超过 250 人。

（一）公共建筑可设置一个安全出口的特殊情况

1）除歌舞娱乐放映游艺场所外的公共建筑，符合下列条件之一时，可设置一个安全出口：

① 除托儿所、幼儿园外，建筑面积不大于 200m^{2}且人数不超过 50 人的单层公共建筑。

② 除医院、疗养院、老年人建筑及托儿所、幼儿园的儿童用房和儿童游乐厅等儿童活动场所等外，符合表 5-3 规定的 2、3 层公共建筑。

表 5-3 公共建筑可设置一个安全出口的条件

耐火等级	最多层数	每层最大建筑面积/m^2	人 数
一、二级	3 层	200	第二层和第三层的人数之和不超过 50 人
三级	3 层	200	第二层和第三层的人数之和不超过 25 人
四级	2 层	200	第二层的人数不超过 15 人

③ 一、二级耐火等级的公共建筑，当设置不少于两部疏散楼梯且顶层局部升高部位的层数不超过两层、人数之和不超过 50 人、每层建筑面积不大于 200m^2 时，该局部高出部位可设置一部与下部主体建筑楼梯间直接连通的疏散楼梯；但至少应另设置一个直通主体建筑上人平屋面的安全出口，该上人屋面应符合人员安全疏散要求，如图 5-3 所示。

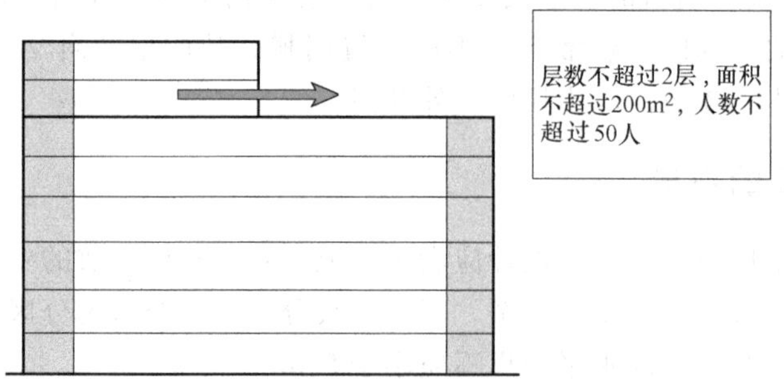

图 5-3 局部升高部分楼梯的设置

④ 相邻两个防火分区（除地下室外）之间的防火墙上有防火门连通，且相邻两个防火分区的建筑面积之和不超过《高层民用建筑设计防火规范（2005 年版）》（GB 50045—1995）中表 6.1.1 规定的公共建筑。

⑤ 公共建筑中位于两个安全出口之间的房间，当其建筑面积不超过 60m^2 时，可设置一个门，门的净宽不应小于 0.9m；公共建筑中位于走道尽端的房间，当其建筑面积不超过 75m^2 时，可设置一个门，门的净宽不应小于 1.40m。

2）公共建筑和通廊式宿舍中各房间，符合下列条件之一时，可设置一个疏散出口：

① 托儿所、幼儿园、老年人建筑、医疗建筑、教学建筑内位于两个安全出口之间或袋形走道两侧，且建筑面积不大于 75m^{2}的房间。

② 除托儿所、幼儿园、老年人建筑、医疗建筑、教学建筑和歌舞娱乐放映游艺场所外的其他建筑或场所内位于两个安全出口之间或袋形走道两侧，且建筑面积不大于 120m^2 的

房间；位于走道尽端的房间，建筑面积小于 $50m^2$ 且其疏散门的净宽度不小于 0.90m，或从房间内任一点到疏散门的直线距离不大于 15m、建筑面积不大于 $200m^2$ 且其疏散门的净宽度不小于 1.40m，如图 5-4 所示。

③ 歌舞娱乐放映游艺场所内建筑面积不大于 $50m^2$ 且经常停留人数不超过 15 人的房间。

3）通廊式住宅符合表 5-4 规定的条件时，可设置一部疏散楼梯。

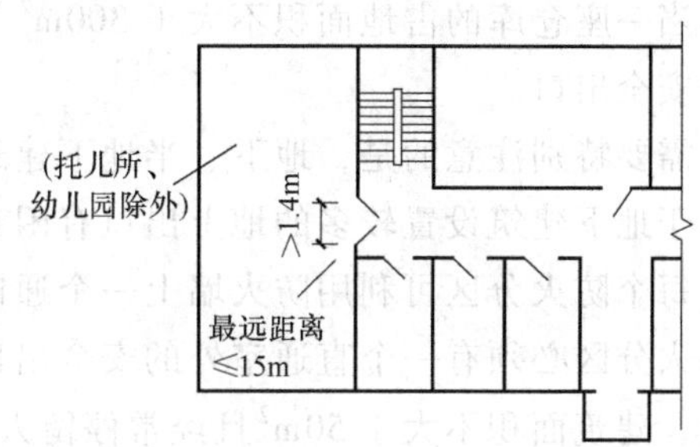

图 5-4　走道尽端的房间的安全出口要求

表 5-4　居住建筑可设置一部疏散楼梯的条件

耐火等级	最多层数	每层最大建筑面积/m^2	人　　数
一、二级	3 层	500	第二层和第三层的人数之和不超过 100 人
三级	3 层	200	第二层和第三层的人数之和不超过 50 人
四级	2 层	200	第二层的人数不超过 30 人

（二）高层建筑的安全出口

高层建筑符合下列条件之一时，可以只设一个安全出口：

1）十八层及十八层以下，每层不超过 8 户、建筑面积不超过 $650m^2$，且设有一座防烟楼梯间和消防电梯的塔式住宅。塔式住宅布置的主要特点是，以疏散楼梯为中心向各个方向布置住户，因此其疏散路线较相同面积的通廊式住宅要短，疏散路线也较简捷。限定每层为 8 个住户，可以控制每层的总人数，不会由此产生疏散上的不安全因素。塔式住宅设一座防烟楼梯间和一部兼用的消防电梯，在高度不超过十八层时，遇有火灾，基本上可以满足人员疏散和消防队员对火灾扑救的需要。

2）十八层及十八层以下每个单元设有一座通向屋顶的疏散楼梯，单元之间的楼梯通过屋顶连通，单元与单元之间设有防火墙，户门为甲级防火门，窗间墙的宽度及窗槛墙的高度大于 1.2m 且为不燃烧体墙的单元式住宅。

3）超过十八层，每个单元设有一座通向屋顶的疏散楼梯，十八层以上部分每层相邻的单元楼梯通过阳台或凹廊连通（屋顶可以不连通），十八层及十八层以下部分单元与单元之间设有防火墙，且户门为甲级防火门，窗间墙的宽度及窗槛墙的高度大于 1.2m 且为不燃烧体墙的单元式住宅。

（三）工业建筑

厂房和仓库的每个防火分区应设置两个安全出口。厂房符合下列条件时，可设置一个安全出口：

1）甲类厂房，每层建筑面积不超过 $100m^2$，且同一时间的生产人数不超过 5 人。

2）乙类厂房，每层建筑面积不超过 $150m^2$，且同一时间的生产人数不超过 10 人。

3）丙类厂房，每层建筑面积不超过 $250m^2$，且同一时间的生产人数不超过 20 人。

4）丁、戊类厂房，每层建筑面积不超过 $400m^2$，且同一时间内的生产人数不超过 30 人。

当一座仓库的占地面积不大于 300m² 或防火分区的建筑面积不大于 100m² 时，可设置一个安全出口。

需要特别注意的是，地下、半地下建筑每个防火分区的安全出口数目也不应少于两个。但由于地下建筑设置较多的地上出口有困难，因此当有两个或两个以上的防火分区相邻布置时，每个防火分区可利用防火墙上一个通向相邻分区的甲级防火门作为第二安全出口，但每个防火分区必须有一个直通室外的安全出口。对于建筑面积不大于 100m² 的地下、半地下设备间，建筑面积不大于 50m² 且经常停留人数不超过 15 人的其他地下、半地下房间，则可设置一个安全出口。

三、安全出口的宽度

安全出口的宽度如果不足，出口处会出现滞留，延长疏散时间，影响安全疏散。我国现行规范并不计算疏散时间，而是根据允许疏散时间来确定疏散通道的百人宽度指标，从而计算出安全出口的总宽度，即实际需要设计的最小宽度。

1. 百人宽度指标

百人宽度指标是指每百人在允许疏散时间内，以单股人流形式疏散所需的疏散宽度，计算式如下

$$\text{百人宽度指标} = \frac{N}{At}b \tag{5-1}$$

式中 N——疏散人数（即 100 人）；

t——允许疏散时间（min）；

A——单股人流的通行能力（平坡地面为 43 人/min；阶梯地面为 37 人/min）；

b——单股人流的宽度，一般取 0.55～0.60m。

【例 5-1】 已知一、二级耐火等级建筑中观众厅的允许疏散时间为 2min，试计算 100 人所需的疏散宽度（即百人宽度指标）。

【解】 门和平坡地面

$$\text{百人宽度指标} = \frac{100}{2 \times 43} \times 0.55\text{m} \approx 0.64\text{m}，\text{取}0.65\text{m}$$

阶梯地面和楼梯

$$\text{百人宽度指标} = \frac{100}{2 \times 37} \times 0.55\text{m} \approx 0.74\text{m}，\text{取}0.75\text{m}$$

影响安全出口宽度的因素有很多，如建筑物的耐火等级与层数、使用人数、允许疏散时间、疏散路线等。防火规范中规定的百人宽度指标，是根据式（6-1）并考虑其影响因素后通过计算、调整得出的。

1）学校、商店、办公楼、候车（船）室、民航候机厅、展览厅、歌舞娱乐放映游艺场所等民用建筑中的疏散走道、疏散楼梯、疏散出口或安全出口的每百人净宽度，应按表 5-5 的要求经计算确定。考虑到各层人流到达某一出口的时间差，各层人数不需叠加。疏散宽度应按本层及以上各楼层人数最多的一层人数计算，地下建筑中上层楼梯的总宽度应按其下层人数最多一层的人数计算。

表 5-5 疏散楼梯、疏散出口和疏散走道的每百人净宽度 （单位：m）

建筑层数	耐火等级		
	一、二级	三级	四级
地上一、二层	0.65	0.75	1.00
地上三层	0.75	1.00	—
地上四层及四层以上各层	1.00	1.25	—
与地面出入口地面的高差不超过10m的地下建筑	0.75	—	—
与地面出入口地面的高差超过10m的地下建筑	1.00	—	—

地下或半地下人员密集的厅、室和歌舞娱乐放映游艺场所，其疏散走道、安全出口、疏散楼梯和房间疏散门的各自总宽度，应按其通过人数每100人不小于1.00m经计算确定。

首层外门的总宽度应按该层及以上人数最多的一层人数经计算确定；不供楼上人员疏散的外门，可按本层人数经计算确定。

2）剧院、电影院、礼堂等场所供观众疏散的所有内门、外门、楼梯和走道的每百人所需最小疏散净宽度，应按表5-6的规定经计算确定。

表 5-6 剧院、电影院、礼堂等场所每百人所需最小疏散净宽度 （单位：m）

观众厅座位数(座)			≤2500	≤1200
耐火等级			一、二级	三级
疏散部位	门和走道	平坡地面	0.65	0.85
		阶梯地面	0.75	1.00
	楼梯		0.75	1.00

3）体育馆供观众疏散的所有内门、外门、楼梯和走道的每百人所需最小疏散净宽度，应按表5-7的规定经计算确定。

表 5-7 体育馆每百人所需最小疏散净宽度 （单位：m）

观众厅座位数档次/座			3000～5000	5001～10000	10001～20000
疏散部位	门和走道	平坡地面	0.43	0.37	0.32
		阶梯地面	0.50	0.43	0.37
	楼梯		0.50	0.43	0.37

4）高层民用建筑的疏散外门、走道和楼梯的各自总宽度，应按每100人不小于1.00m经计算确定。

5）厂房内的疏散楼梯、走道、门的各自总净宽度应根据疏散人数，按表5-8的规定经计算确定。

表 5-8 厂房疏散楼梯、走道和门的总净宽度 （单位：m/百人）

厂房层数	一、二层	三层	≥四层
宽度指标	0.6	0.8	1.0

2. 最小宽度

当建筑物的使用人数不多，其安全出口的宽度经计算数值又很小时，为便于人员疏散，首层疏散外门、楼梯和走道应满足最小宽度的要求。

1）建筑内疏散走道和楼梯的净宽度不应小于1.1m，安全出口和疏散出口的净宽度不应小于0.9m。不超过6层的单元式住宅一侧设有栏杆的疏散楼梯，其最小宽度可不小于1m。高层住宅建筑疏散走道的净宽度不应小于1.20m。

2）人员密集的公共场所，其疏散门的净宽度不应小于1.4m，室外疏散小巷的净宽度不应小于3.0m。

3）高层民用建筑首层疏散外门和走道的净宽不应小于表5-9的要求。

表5-9　高层民用建筑首层疏散外门和走道的净宽　　（单位：m）

高层建筑	每个外门的净宽	走道净宽	
		单面布房	双面布房
医院	1.30	1.40	1.50
居住建筑	1.10	1.20	1.30
其他	1.20	1.30	1.40

4）厂房内疏散出口的最小净宽度不宜小于0.9m；疏散走道的净宽度不宜小于1.4m；疏散楼梯的最小净宽度不宜小于1.1m。

5）剧院、电影院、礼堂、体育馆等人员密集的公共场所的疏散走道、疏散楼梯、疏散出口或安全出口的各自总宽度应根据其通过人数和疏散净宽度指标经计算确定，并应符合下列规定：观众厅内疏散走道的净宽度，应按每百人不小于0.6m的净宽度计算，且不应小于1.0m；边走道的净宽度不宜小于0.8m。

在布置疏散走道时，有以下要求：

1）横走道之间的座位排数不宜超过20排。

2）纵走道之间的座位数，剧院、电影院、礼堂等每排不宜超过22个，体育馆每排不宜超过26个；前后排座椅的排距不小于0.9m时，可增加一倍，但不得超过50个；仅一侧有纵走道时，座位数应减少一半。

第三节　安全疏散距离

安全疏散距离包括两个部分，一是从房间内最远点到房门的疏散距离；二是从房门到疏散楼梯间或外部出口的距离。

一、影响安全疏散距离的各种因素

1）发生火灾时高温烟气对人的影响。据火场实测，人在烟雾中通过的极限距离一般不超过30m，故从房门（或住宅户内）到最近的安全出口距离不宜超过30m。

2）使用建筑物的人员素质情况，如医院病房楼、托儿所、幼儿园等，这类建筑中的多数人独立疏散能力较差，故此类建筑应从严要求。

3）人员密集程度。人员密集的建筑物在发生火灾时容易出现拥挤、混乱等情况，故此类建筑的安全疏散距离不宜过长，以便于疏散。

4）人员对疏散路线的熟悉程度。发生火灾时熟悉疏散路线的人不易受阻；不熟悉疏散路线的人容易惊慌且不易找到出口，从而影响疏散时间。

二、民用建筑的安全疏散距离

1）直通疏散走道的房间疏散门至最近安全出口的最大距离应符合表5-10的规定。

表5-10　直通疏散走道的房间疏散门至最近安全出口的最大距离　（单位：m）

名称		位于两个安全出口之间的疏散门			位于袋形走道两侧或尽端的疏散门		
		耐火等级			耐火等级		
		一、二级	三级	四级	一、二级	三级	四级
托儿所、幼儿园		25	20	15	20	15	12
单层或多层医院、疗养院		35	30	25	20	15	12
高层医院、疗养院	病房部分	24	—	—	12	—	—
	其他部分	30	—	—	15	—	—
单层或多层教学建筑		35	30	—	22	20	—
高层旅馆、展览建筑、教学建筑		30	—	—	15	—	—
其他建筑	单层或多层	40	35	25	22	20	15
	高层	40	—	—	20	—	—

注：建筑中开向敞开式外廊的房间疏散门至安全出口的距离可按本表增加5m。建筑物内全部设置自动喷水灭火系统时，其安全疏散距离可增加25%。

2）直通疏散走道的房间疏散门至最近未封闭的楼梯间的距离，当房间位于两个楼梯间之间时，应按表5-10的规定减少5m；当房间位于袋形走道两侧或尽端时，应按表5-10的规定减少2m。

3）楼梯间的首层应设置直通室外的安全出口，或在首层采用扩大的封闭楼梯间或防烟楼梯间。当层数不超过4层时，可将直通室外的安全出口设置在距楼梯间不大于15m处。

4）住宅建筑直通疏散走道的户门至最近安全出口的距离见表5-11。

表5-11　住宅建筑直通疏散走道的户门至最近安全出口的距离　（单位：m）

名称	位于两个安全出口之间的户门			位于袋形走道两侧或尽端的户门		
	耐火等级			耐火等级		
	一、二级	三级	四级	一、二级	三级	四级
单层或多层	40	35	25	22	20	15
高层	40	—	—	20	—	—

一、二级耐火等级建筑内的疏散门或安全出口不少于两个的观众厅、展览厅、多功能厅、餐厅、营业厅，其室内任一点至最近疏散门或安全出口的直线距离不应大于30m；当该疏散门不能直通室外地面或疏散楼梯间时，应采用长度不大于10m的疏散走道通至最近的安全出口。当该场所设置自动喷水灭火系统时，其安全疏散距离可增加25%。

三、厂房的安全疏散距离

要确定厂房的安全疏散距离，需要考虑楼层的实际情况（如单层、多层、高层）、生产的火灾危险性类别及建筑物的耐火等级，以及厂房的允许疏散时间和人员的疏散速度。厂房内的最大安全疏散距离见表5-12。通过表5-12可知，火灾危险性越大，安全疏散的距离要求就越严格；厂房的耐火等级越低，安全疏散的距离要求就越严格。对于丁、戊类生产，当采用一、二级耐火等级的厂房时，其疏散距离可以不受限制。

表5-12 厂房内的最大安全疏散距离 （单位：m）

生产类别	耐火等级	单层厂房	多层厂房	高层厂房	地下、半地下厂房或厂房的地下室、半地下室
甲	一、二级	30.0	25.0	—	—
乙	一、二级	75.0	50.0	30.0	—
丙	一、二级	80.0	60.0	40.0	30.0
	三级	60.0	40.0	—	—
丁	一、二级	不限	不限	50.0	45.0
	三级	60.0	50.0	—	—
	四级	50.0	—	—	—
戊	一、二级	不限	不限	75.0	60.0
	三级	100.0	75.0	—	—
	四级	60.0	—	—	—

火灾时的环境比较复杂，厂房内物品和设备的布置，以及人员的心理和生理因素都对疏散有直接影响，设计人员应根据不同的生产工艺和环境，充分考虑人员的疏散需要来确定其疏散距离。

四、仓库的安全疏散距离

仓库内的最大安全疏散距离见表5-13。

表5-13 仓库内的最大安全疏散距离 （单位：m）

仓库类别	耐火等级	单层仓库	多层仓库	高层仓库	地下、半地下仓库或仓库的地下室、半地下室
甲	一、二级	30.0	25.0	—	—
乙	一、二级	75.0	50.0	30.0	—
丙	一、二级	80.0	60.0	40.0	30.0
	三级	60.0	40.0	—	—
丁	一、二级	不限	不限	50.0	45.0
	三级	60.0	50.0	—	—
	四级	50.0	—	—	—
戊	一、二级	不限	不限	75.0	60.0
	三级	100.0	75.0	—	—
	四级	60.0	—	—	—

第四节 疏散楼梯和楼梯间

当建筑物发生火灾时，普通电梯没有有效的防火防烟措施，因供电中断，一般会停止运行，上部楼层的人员只有通过楼梯才能疏散到建筑物的外边，因此楼梯成为了最主要的垂直疏散设施，它既是人员避难和疏散的路线，又是消防人员灭火的辅助进发路线。楼梯一般设在楼梯间内，其三面或四面的围护结构对楼梯可以起到一定的保护作用。

一、疏散楼梯间的一般要求

1）楼梯间应能自然采光和自然通风，并宜靠外墙设置。靠外墙设置时，楼梯间及合用前室的窗口与两侧门窗洞口最近边缘之间的水平距离不应小于1.0m。

2）楼梯间内不应设置烧水间、可燃材料储藏室。

3）楼梯间不应设置卷帘。

4）楼梯间内不应有影响疏散的凸出物或其他障碍物。

5）楼梯间内不应敷设或穿越甲、乙、丙类液体的管道。

6）公共建筑的楼梯间内不应敷设或穿越可燃气体管道。

7）居住建筑的楼梯间内不宜敷设或穿越可燃气体管道，不宜设置可燃气体计量表；当必须设置时，应采用金属配管和设置切断气源的装置等保护措施。

8）除通向避难层错位的疏散楼梯外，建筑中的疏散楼梯间在各层的平面位置不应改变。

9）地下室或半地下室与地上层不应共用楼梯间，当必须共用楼梯间时，在首层应采用耐火极限不低于2.00h的不燃烧体隔墙和乙级防火门将地下或半地下部分与地上部分的连通部位完全分隔，并应有明显标志。

二、普通楼梯间

普通楼梯间是低、多层建筑常用的基本形式，也称为开敞式楼梯间。该楼梯间的典型特征是，楼梯与走廊或大厅都敞开在建筑物内，在发生火灾时不能阻挡烟气进入，而且还可能成为烟气向其他楼层蔓延的主要通道。普通楼梯间安全可靠性差，但使用方便、经济，适用于低、多层的居住建筑和公共建筑中。

三、封闭楼梯间

封闭楼梯间是指设有能阻挡烟气的双向弹簧门或乙级防火门的楼梯间，如图5-5所示。封闭楼梯间通过墙和门与走道隔开，比普通楼梯间安全。但因其只设有一道门，在火灾情况下人员进行疏散时难以保证不使烟气进入楼梯间，所以对封闭楼梯间的使用范围应加以限制。

1. 封闭楼梯间的适用范围

下列多层公共建筑的疏散楼梯，除与敞开式外廊直接相连的楼梯间外，均应采用封闭楼梯间，具体要求如下：

1）医疗建筑、旅馆、老年人建筑。

2）设置歌舞娱乐放映游艺场所的建筑。

3）商店、图书馆、展览建筑、会议中心及类似使用功能的建筑。

4）6层及以上的其他建筑。

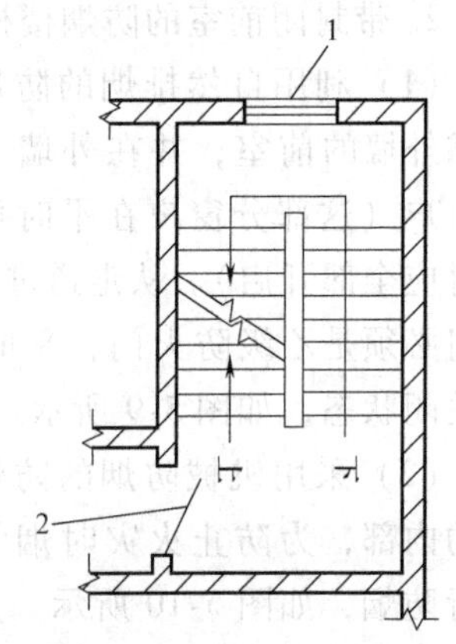

图5-5 封闭楼梯间
1—外窗 2—防火门

高层建筑的裙房；建筑高度不超过 32m 的二类高层建筑；建筑高度大于 21m 且不大于 33m 的住宅建筑，其疏散楼梯间应采用封闭楼梯间，但当住宅建筑的户门为乙级防火门时，可不设置封闭楼梯间。

2. 封闭楼梯间的设置要求

1）封闭楼梯间应靠外墙设置，并设可开启的外窗进行排烟；当不能自然采光和自然通风时，应按防烟楼梯间的要求进行设置。

2）建筑设计中为方便通行，常把首层的楼梯间敞开在大厅中。此时，楼梯间的首层可将走道和门厅等包括在楼梯间内，形成扩大的封闭楼梯间，但应采用乙级防火门等措施与其他走道和房间隔开，如图 5-6 所示。

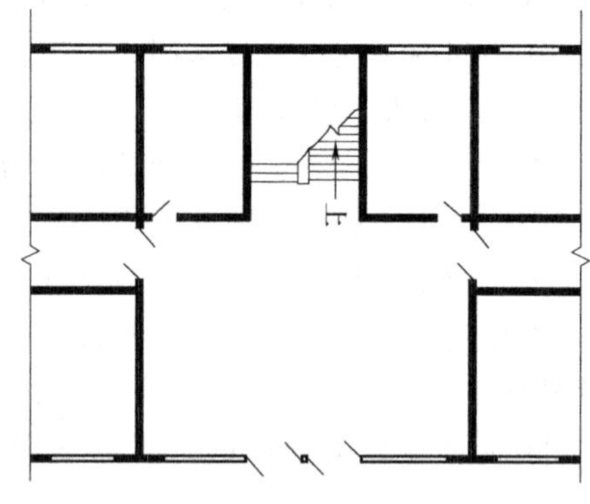

图 5-6　扩大的封闭楼梯间

3）除楼梯间的门外，楼梯间的内墙上不应开设其他门窗洞口。

4）高层厂房（仓库）、人员密集的公共建筑、人员密集的多层丙类厂房设置封闭楼梯间时，通向楼梯间的门应采用乙级防火门，并应向疏散方向开启；其他建筑封闭楼梯间的门可采用双向弹簧门。

四、防烟楼梯间

防烟楼梯间是指在楼梯间的入口处设有前室或可供排烟用的阳台、凹廊，通向前室、阳台、凹廊和楼梯间的门均为乙级防火门的楼梯间。防烟楼梯间设有两道防火门和防、排烟设施，发生火灾时能作为安全疏散通道，是高层建筑中常用的楼梯形式。

（一）防烟楼梯间的类型

1. 带开敞前室的防烟楼梯间

带开敞前室的防烟楼梯间的特点是以阳台或凹廊作为前室，疏散人员须通过开敞的前室和两道防火门才能进入楼梯间内，如图 5-7、图 5-8 所示。

2. 带封闭前室的防烟楼梯间

（1）利用自然排烟的防烟楼梯间。在平面布置时设有靠外墙的前室，并在外墙上设有开启面积不小于 $2m^2$ 的窗户（这部分窗户在平时可以是关闭状态，但发生火灾时应全部开启）。从走道进入前室和从前室进入楼梯间的门必须是乙级防火门，平时及火灾时乙级防火门均处于关闭状态，如图 5-9 所示。

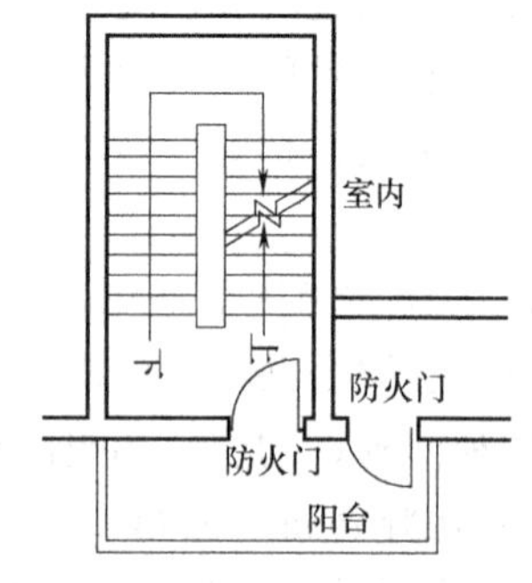

图 5-7　带阳台的防烟楼梯间

（2）采用机械防烟的防烟楼梯间。楼梯间位于建筑物的内部，为防止火灾时烟气侵入，采用机械加压方式进行防烟，如图 5-10 所示。加压方式有仅给楼梯间加压（图 5-10b）、分别对楼梯间和前室加压（图 5-10a）及仅对前室或合用前室加压（图 5-10c）等。

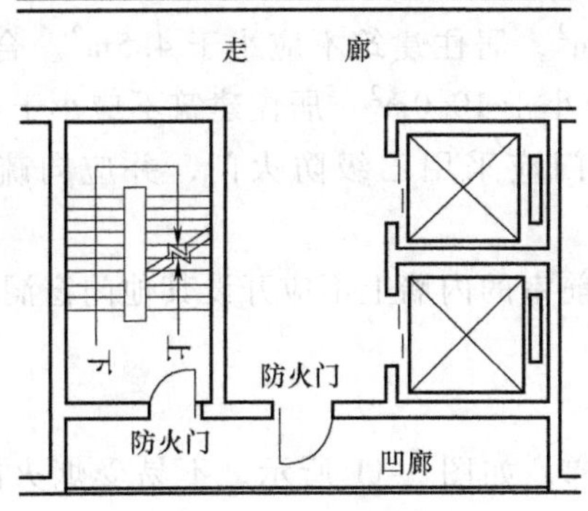

图 5-8 带凹廊的防烟楼梯间

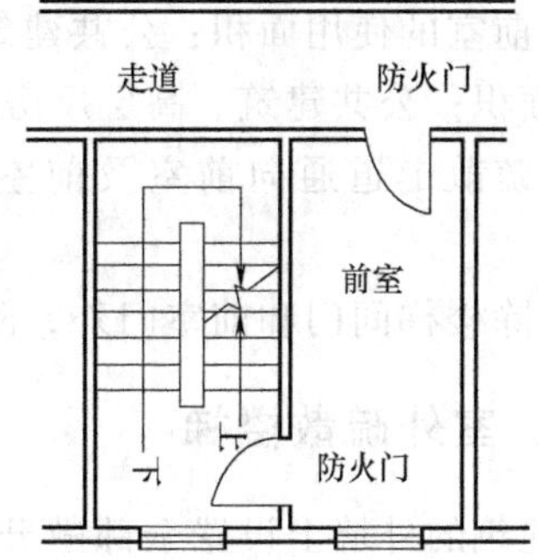

图 5-9 利用自然排烟的防烟楼梯间

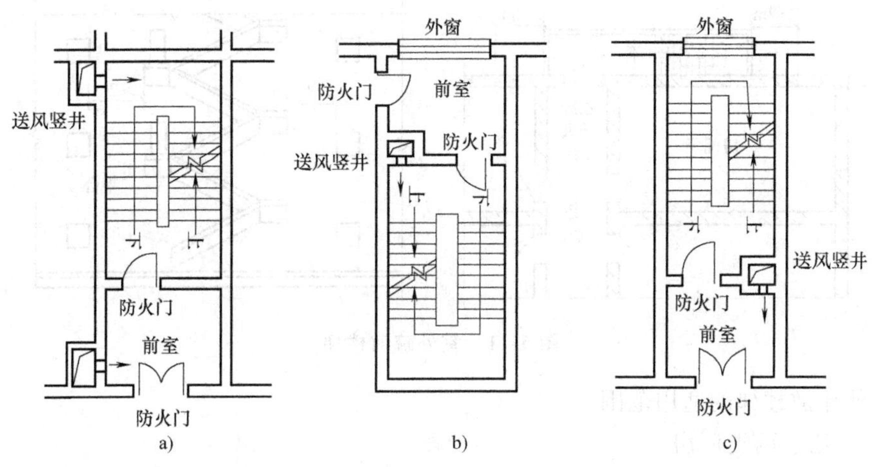

图 5-10 采用机械防烟的防烟楼梯间

（二）防烟楼梯间的适用范围

发生火灾时，防烟楼梯间能够保障所在楼层人员安全疏散，是高层和地下建筑中常用的楼梯间形式。在下列情况下应设置防烟楼梯间：

1）高层塔式住宅。

2）一类高层建筑及建筑高度大于 32m 的二类高层建筑（单元式、通廊式住宅除外）。

3）十九层及十九层以上的单元式住宅。

4）超过十一层的通廊式住宅。

5）建筑高度大于 32m 且任一层人数超过 10 人的乙、丙类高层厂房。

6）地下商店和设有歌舞娱乐放映游艺场所的地下建筑，当地下建筑的层数为 3 层及 3 层以上，以及地下室内地面与室外出入口地坪的高差大于 10m 时。

（三）防烟楼梯间的设置要求

防烟楼梯间除应满足疏散楼梯的设置要求外，还应满足以下要求：

1）当不能自然采光和自然通风时，楼梯间应按规范的规定设置防烟设施，并应设置应急照明设施。

2）在楼梯间的入口处应设置防烟前室、开敞式阳台或凹廊等。前室可与消防电梯间的前室合用。

3）前室的使用面积：公共建筑不应小于 $6.0m^2$，居住建筑不应小于 $4.5m^2$。合用前室的使用面积：公共建筑、高层厂房及高层仓库不应小于 $10.0m^2$；居住建筑不应小于 $6.0m^2$。

4）疏散走道通向前室及前室通向楼梯间的门应采用乙级防火门，并应向疏散方向开启。

5）除楼梯间门和前室门外，防烟楼梯间及其前室的内墙上不应开设其他门窗洞口。

五、室外疏散楼梯

在建筑的外墙上设置全部敞开的室外疏散楼梯，如图 5-11 所示，不易受烟火的威胁，防烟效果和经济性都较好。

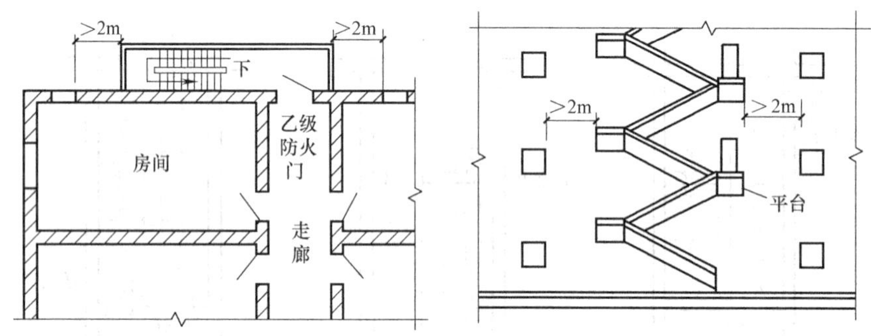

图 5-11　室外疏散楼梯

1. 室外疏散楼梯的适用范围

1）甲、乙、丙类厂房。

2）建筑高度大于 32m 且任一层人数超过 10 人的丁、戊类高层厂房。

3）辅助防烟楼梯。

2. 室外疏散楼梯的构造要求

1）栏杆扶手的高度不应小于 1.1m；楼梯的净宽度不应小于 0.9m。

2）倾斜度不应大于 45°。

3）楼梯和疏散出口的平台均应采用不燃材料制作。平台的耐火极限不应低于 1.00h，楼梯段的耐火极限不应低于 0.25h。

4）通向室外楼梯的门宜采用乙级防火门，并应向室外开启；门开启时，不得减少楼梯平台的有效宽度。

5）除疏散门外，楼梯周围 2.0m 内的墙面上不应设置其他门窗洞口。疏散门不应正对楼梯段。

高度大于 10m 的三级耐火等级建筑应设置通至屋顶的室外消防梯（不应面对“老虎窗”）。室外消防梯的宽度不应小于 0.6m，且宜从距地面 3.0m 高处开始设置。

六、剪刀楼梯

剪刀楼梯又名叠合楼梯或套梯，是在同一个楼梯间内设置一对既相互交叉，又相互隔绝的疏散楼梯。剪刀楼梯在每层楼层之间的梯段一般为单跑梯段，如图 5-12 所示。剪刀楼梯的特点是，同一个楼梯间内设有两部疏散楼梯，并构成两个出口，有利于在较为狭窄的空间内组织双向疏散。

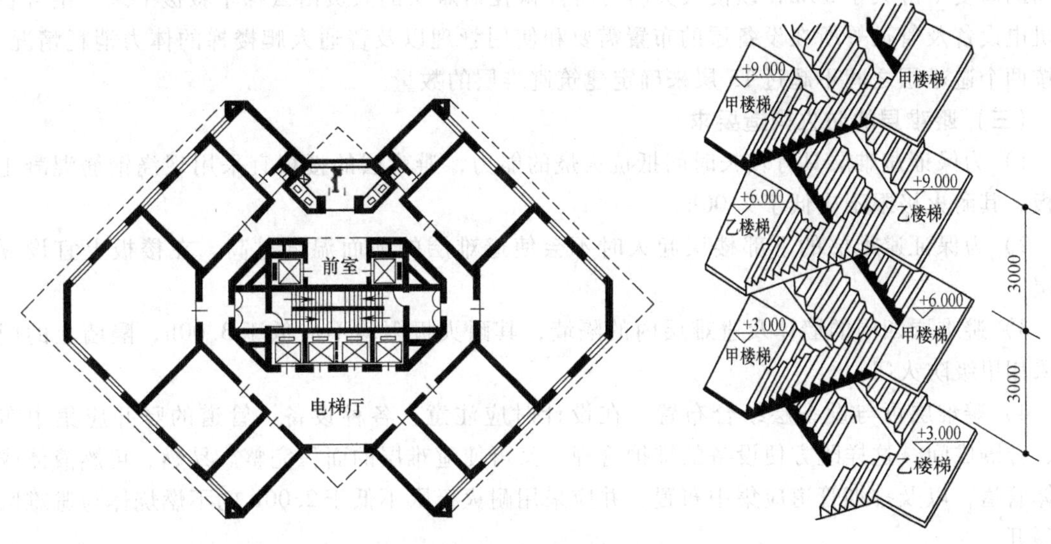

图 5-12　剪刀楼梯示意图

剪刀楼梯的两条疏散通道是处在同一空间内的，只要有一个出口进烟，就会使整个楼梯间充满烟气，影响人员的安全疏散，为防止出现这种情况，应采取下列措施：

1）剪刀楼梯应具有良好的防火、防烟能力，应采用防烟楼梯间，并分别设置前室。

2）为确保剪刀楼梯两条疏散通道的功能，其梯段之间应设置耐火极限不低于 1.00h 的实体墙进行分隔。

3）楼梯间内的加压送风系统不应合用。

第五节　避难层（间）与屋顶直升机停机坪

一、避难层（间）

避难层是超高层建筑中专供发生火灾时人员临时避难使用的楼层。如果作为避难使用的只有几个房间，则这几个房间称为避难间。

封闭式避难层周围设有耐火的围护结构（外墙、楼板），室内设有独立的空调和防、排烟系统，如在外墙上开设窗口时，应采用防火窗。

避难层设有可靠的消防设施，足以防止烟气和火焰的侵害，同时还可以避免外界气候的影响。

（一）避难层的设置条件及避难人员面积指标

1. 设置条件

凡建筑高度超过 100m 的公共建筑，应设置避难层。

2. 面积指标

避难层（间）的净面积应能满足设计避难人数的避难要求，可按 5 人/m^2 计算。

（二）避难层的设置数量

根据目前国内主要配备的50m高云梯车的操作要求，规范规定从首层到第一个避难层之间的高度不应大于50m，以便火灾时可将停留在避难层的人员由云梯车救援下来。结合各种机电设备及管道等所在设备层的布置需要和使用管理以及普通人爬楼梯的体力消耗情况，宜按两个避难层之间不超过15层来确定建筑避难层的数量。

（三）避难层的防火构造要求

1）为保证避难层具有较长时间抵抗火烧的能力，避难层的楼板宜采用现浇钢筋混凝土楼板，其耐火极限不应低于2.00h。

2）为保证避难层的下部楼层起火时不会使避难层的地面温度过高，在楼板上宜设隔热层。

3）避难层四周的墙体及避难层内的隔墙，其耐火极限均不应低于3.00h，隔墙上的门应采用甲级防火门。

4）避难层可与设备层结合布置。在设计时应注意，各种设备、管道的竖井应集中布置、分隔成间，这样既方便设备的维护管理，又可使避难层的面积完整。易燃、可燃液体或气体管道，以及排烟管道应集中布置，并应采用耐火极限不低于2.00h的不燃烧体与避难区分隔开。

（四）避难层的安全疏散

为保证避难层在建筑物起火时能正常发挥作用，避难层应至少有两个不同的疏散方向可供疏散。通向避难层的防烟楼梯间，其上下层应错位或断开布置，这样楼梯间里的人都要经过避难层才能上楼或下楼，为疏散人员提供了继续疏散还是停留避难的选择机会；同时，使上下层楼梯间不能相互贯通，减弱了楼梯间的“烟囱”效应。楼梯间的门宜向避难层开启，在避难层进入楼梯间的入口处应设置明显的指示标志。

为了保障人员安全，消除或减轻人们的恐惧心理，在避难层应设应急照明，其供电时间不应小于1.00h，照度不应低于1.00lx。

在避难层应设置消防电梯出口。消防电梯是供消防人员灭火和救援使用的设施，在避难层必须停靠；而普通电梯因不能阻挡烟气进入，故严禁在避难层开设电梯门。

（五）通风与防、排烟系统

应设置直接对外的可开启窗口或独立的机械防烟设施，外窗应采用乙级防火窗或耐火极限不低于1.00h的C类防火窗。

（六）灭火设施

为了扑救超高层建筑及避难层的火灾，在避难层应配置消火栓和消防软管卷盘。

（七）消防专线电话和应急广播设备

避难层在火灾时停留有为数众多的避难者，为了及时和防灾中心及地面消防部门互通信息，避难层应设有消防专线电话和应急广播。

二、屋顶直升机停机坪

利用直升机营救被困于屋顶的避难者，是十分有效的疏散及灭火救援的辅助设施。屋顶直升机停机坪是发生火灾时供直升机抢救疏散到屋顶平台上的避难人员的停靠设施。

1. 设置场所

建筑高度超过100m，且标准层的建筑面积超过$1000m^2$的公共建筑，宜设置屋顶直升机停机坪或供直升机救助的设施。

2. 设置要求

1）设在屋顶平台上的停机坪，距设备机房、电梯机房、水箱间、共用天线等凸出物的距离不应小于5.00m。

2）出口不应少于两个，每个出口的宽度不宜小于0.90m。

3）在停机坪的适当位置应设置消火栓。

4）停机坪四周应设置航空障碍灯，并应设置应急照明。

第六节 消防电梯

高层建筑一旦发生火灾，要求消防人员必须迅速到达起火部位，并尽快组织扑救。普通电梯因电源没有保障，且不具备消防功能，因此在高层建筑中设置消防电梯是非常必要的。

一、消防电梯的设置范围及设置数量

1. 设置范围

下列建筑应设置消防电梯：

1）一类公共建筑。

2）塔式住宅。

3）十二层及十二层以上的单元式住宅和通廊式住宅。

4）建筑高度大于32m的其他二类公共建筑。

符合下列条件的建筑可不设置消防电梯：

1）建筑高度大于32m且设置电梯，任一层工作平台人数不超过两人的高层塔架。

2）局部建筑高度大于32m，且升起部分的每层建筑面积不大于$50m^2$的丁、戊类厂房。

2. 设置数量

为满足火灾扑救的需要，同时又不浪费设备投资，消防电梯应分别设置在不同的防火分区内。当每层建筑面积不大于$1500m^2$时，应设1台；当大于$1500m^2$但不大于$4500m^2$时，应设两台；当大于4500 m^2时，应设3台。消防电梯可与客梯或工作电梯兼用，但应符合消防电梯的要求。

二、消防电梯的设置要求

消防电梯必须满足下列防火要求：

1）消防电梯应设前室，并符合下列规定：

① 前室宜靠外墙设置，并应在首层直通室外或经过长度不大于30m的通道通向室外。

② 前室的使用面积不应小于$6.0m^2$；与防烟楼梯间合用的前室，应符合规范的规定。

③ 住宅建筑的户门不应开向消防电梯前室。

④ 前室或合用前室的门应采用乙级防火门，不应设置卷帘。

2）消防电梯井、机房与相邻电梯井、机房之间应设置耐火极限不低于2.00h的防火隔墙，隔墙上的门应采用甲级防火门。

3）消防电梯的井底应设置排水设施，排水井的容量不应小于 $2m^3$，排水泵的排水量不应小于 10L/s。消防电梯间前室的门口宜设置挡水设施。

4）消防电梯应能每层停靠，从首层至顶层的运行时间不宜大于 60s。

5）电梯的载重量不应小于 800kg。

6）电梯的动力与控制电缆、电线、控制面板应采取防水措施。

7）在首层的消防电梯入口处应设置供消防队员专用的操作按钮。

8）电梯轿厢的内部装修应采用不燃材料。

9）电梯轿厢的内部应设置专用消防对讲电话。

第七节　应急照明及疏散指示标志

在发生火灾时，为了保证人员的安全疏散及消防人员的正常工作，必须保持一定的电光源，据此设置的照明总称为应急照明。疏散指示标志是用于指示疏散方向和（或）位置，引导人员疏散的标志，一般由疏散通道方向标志、疏散出口标志或两种标志组成。

一、应急照明

1. 设置场所

除单、多层住宅外的民用建筑、厂房和丙类仓库的下列部位，应设置应急照明：

1）封闭楼梯间、防烟楼梯间及其前室、消防电梯间的前室或合用前室和避难层。

2）消防控制室、消防水泵房、自备发电机房、配电室、防烟与排烟风机房，以及发生火灾时仍需正常工作的其他房间。

3）观众厅、展览厅、多功能厅和建筑面积超过 $200m^2$ 的营业厅、餐厅、演播室。

4）建筑面积超过 $100m^2$ 的地下、半地下建筑或地下室、半地下室中的公共活动房间。

5）公共建筑中的疏散走道。

2. 设置要求

1）建筑内应急照明的照度应符合下列规定：

① 疏散走道的地面最低水平照度不应低于 1.0lx。

② 人员密集场所内的地面最低水平照度不应低于 2.0lx。

③ 楼梯间内的地面最低水平照度不应低于 5.0lx。

2）消防应急照明灯具宜设置在墙面的上部、顶棚上或出口的顶部。

二、疏散指示标志

1. 设置场所

1）公共建筑及其他一类高层民用建筑，高层厂房（仓库）及甲、乙、丙类厂房应沿疏散走道和在安全出口、人员密集场所的疏散门的正上方设置灯光疏散指示标志。

2）下列建筑或场所应在其内疏散走道和主要疏散路线的地面上增设能保持视觉连续的灯光疏散指示标志或蓄光疏散指示标志：

① 总建筑面积超过 $8000m^2$ 的展览建筑。

② 总建筑面积超过 $5000m^2$ 的地上商店。

③ 总建筑面积超过 500m^2 的地下、半地下商店。

④ 歌舞娱乐放映游艺场所。

⑤ 座位数超过 1500 个的电影院、剧院，以及座位数超过 3000 个的体育馆、会堂或礼堂。

2. 设置要求

1）安全出口和疏散门的正上方应采用“安全出口”作为指示标志。

2）沿疏散走道设置的灯光疏散指示标志，应设置在疏散走道及其转角处距地面高度 1.0m 以下的墙面上，且灯光疏散指示标志的间距不应大于 20.0m；对于袋形走道，不应大于 10.0m；在走道的转角区，不应大于 1.0m，其指示标志应符合《消防安全标志》（GB 13495—1992）的有关规定。

三、应急照明及疏散指示标志的共同要求

1）建筑内设置的消防疏散指示标志和消防应急照明灯具，应符合《建筑设计防火规范》（GB 50016—2006）、《消防安全标志》（GB 13495—1992）和《消防应急照明和疏散指示系统》（GB 17945—2010）的有关规定。

2）应急照明灯和灯光疏散指示标志，应设玻璃或其他不燃烧材料制作的保护罩。

3）应急照明和疏散指示标志，可采用蓄电池作为备用电源，且连续供电时间不应少于 20min；高度超过 100m 的高层建筑，连续供电时间不应少于 30min。

自 学 指 导

本章学习重点：安全出口的设置要求；疏散楼梯间的形式和设置要求；避难层（间）的设置要求；消防电梯的设置要求。

1. 安全出口的设置要求：安全出口是指供人员疏散用的疏散楼梯间、室外疏散楼梯入口或通向室内外安全区域的门。一般建筑物均应设置两个或两个以上的安全出口，在满足一定条件下可以设一个安全出口。安全出口的宽度应经计算确定，其布置应满足安全疏散距离的要求。

2. 疏散楼梯间的形式和设置要求：疏散楼梯间分为敞开楼梯间、封闭楼梯间和防烟楼梯间，应掌握各种楼梯间的适用范围。室外疏散楼梯和剪刀楼梯在工程中也常有应用，应注意设置要求。

3. 避难层（间）的设置应从设置场所、设置面积、防火、设施等方面进行考虑。

4. 消防电梯的设置主要从设置场所、设置数量及技术等方面进行要求。

本章学习难点：安全出口宽度的计算

可利用百人宽度指标通过计算确定安全出口的宽度。百人宽度指标是指每百人在允许疏散时间内，以单股人流形式疏散所需的疏散宽度。在确定疏散宽度时，应先确定建筑中需要疏散的人数，然后利用公式进行计算。

复习思考题

一、单项选择题（在备选答案中有 1 项是正确的，请将其选出并填入题后括号内）

1. 建筑高度不超过 32m 的二类高层建筑应设（　　）楼梯间。

A. 敞开楼梯间　　B. 封闭楼梯间　　C. 防烟楼梯间　　D. 剪刀楼梯间

2. 设置在地下建筑内的公共娱乐场所，通往地面的安全出口不应少于（　　）个。

A. 1　　B. 2　　C. 3　　D. 4

3. 剧院、电影院、礼堂等人员密集的公共场所容纳人数不超过2000人时，每个安全出口的平均疏散人数不应超过（　　）人。

A. 50　　B. 100　　C. 150　　D. 250

二、简答题

1. 什么是安全出口？
2. 安全出口的设置原则主要有哪些？
3. 消防电梯有哪些技术要求？在哪些场所必须设置？
4. 封闭避难层的消防设置要求有哪些？
5. 室外疏散楼梯有哪些防火设计要求？
6. 什么是封闭楼梯间？哪些建筑需要设置封闭楼梯间？有什么防火设计要求？
7. 什么是防烟楼梯间？哪些建筑需要设置防烟楼梯间？有什么防火设计要求？
8. 设置应急照明和疏散指示标志的部位有哪些？有什么技术要求？

第六章　建筑装修工程防火

学习目标

1. 应了解、知道的内容

建筑装修材料按化学成分如何进行分类；建筑装修材料的燃烧性能分级。

2. 应理解、清楚的内容

可燃装修材料的火灾危险性；针对不同燃烧性能等级进行典型装修材料举例；建筑中某些特殊部位的内装修要求。

3. 应掌握、会用的内容

依据不同类型建筑设计的要求判定装修设计中材料的使用是否符合要求；依据不同类型外保温体系设计的要求判定外保温材料的使用是否符合要求。

4. 应熟练掌握的内容

纸面石膏板等常用装修材料的燃烧性能及其工程中的调整情况。

自学学时　6学时

老师导学

本章围绕建筑内装修工程防火设计的要求展开介绍，对可燃装修的火灾危险性、装修材料的分类与分级、建筑内外部装修的防火设计要求等几个方面进行了分析论述。学习中应首先领会可燃装修的火灾危险性，其次是识记并熟练掌握各类装修材料的燃烧性能分级情况。由于建筑内装修设计的防火要求较为繁多，针对各类建筑的各个装修部位均有不同的规定，故对该部分内容不应死记硬背，而应领会其作出规定的意图。

建筑装饰装修是指采用装饰装修材料或饰物，对建筑物的内外表层及空间所进行的各种处理过程。建筑装饰装修工程通常分为室内和室外两大类，它是建筑主体工程的延伸、深化和完善，对建筑的消防安全也有重要的影响。我国规范通过规定装修材料的燃烧性指标来确保建筑装修设计的消防安全。

第一节　装修材料的分类与燃烧性能分级

一、装修材料的分类

（一）按照化学组成分类

装修材料按其化学组成可分为无机装修材料、有机装修材料和复合装修材料。

常见的无机装修材料包括金属、石膏、水泥、天然石材、玻璃、陶瓷等，无机材料一般不可燃，但通常导热性较强，且在高温下可能破碎、爆裂等。

常见的有机装修材料包括塑料、天然木材、人造板材、人造有机石材、装饰织物等，大多数有机装修材料是可燃的；部分有机装修材料在高温下会分解，释放出大量的可燃气体或有毒气体。

复合装修材料是指由两种或两种以上材料复合而成的装修材料，如铝塑复合板材、泡沫夹心板材等。

（二）按照装修部位分类

1. 顶棚装修材料

顶棚是各楼层底面的部分，也称为天棚、天花板，是建筑物内部的主要装饰部位之一。顶棚在构造上分为直接式和吊顶式两种。

2. 地面装修材料

建筑各层的楼板层地面和地坪层地面，都可简称地面，是供人行走的面层，且直接与家具、设备底部的支座接触。地面除应满足耐磨要求外，通常还需要考虑减少吸热、隔绝噪声、防潮防水等方面的问题。地面装修主要是面层装修，其名称通常以面层的材料和做法来命名，如面层为水磨石时，称为水磨石地面；面层为木材时，称为木地面。

3. 墙面装修材料

墙体是建筑物的主要装修饰面部位，墙体表面的装修有外墙面装修和内墙面装修两大类，常用的装修方法有抹灰、贴面、涂装、裱糊等。柱体表面的装修与墙体表面类似。

在建筑装修工程中，除了墙面装修外，还涉及一些轻质墙体工程，如幕墙工程、轻质隔墙工程等。

4. 隔断装修材料

隔断是建筑中用于分隔内部空间的装饰构件，形式多样，布置灵活。常见的隔断有屏风式隔断、镂空式隔断、玻璃隔断等。根据隔断顶部与楼层顶棚的位置关系，可以将隔断分为到顶隔断和不到顶隔断两类。在《建筑内部装修设计防火规范》（GB 50222—1995）中，将不到顶隔断的装修材料单独分类作出选用规定，而将到顶隔断的装修材料归入墙面材料的类别。

5. 固定家具

固定家具又称为入墙式家具，通常是指房间中与建筑主体（墙面、地面等）紧密贴合的家具。这些家具通常为木质，在装修过程中由工人在现场制作，安装后不能移动。常见的固定家具有固定的壁橱、吊柜、吧台等。

6. 装饰织物

装饰织物是指建筑中供装修使用的窗帘、帷幕、床罩、家具包布等。

7. 其他装饰材料

其他装饰材料包括楼梯扶手、挂镜线、踢脚板、窗帘盒、散热器罩等。

二、装修材料的燃烧性能分级

装修材料燃烧性能等级见表 6-1，常用建筑装修材料燃烧性能等级划分举例见表 6-2。

有些常用的装修材料在工程应用中，其燃烧性能等级会根据构造情况略有调整，如纸面石膏板本身为 B_1 级材料，但鉴于纸面石膏板在建筑装修中用量极大，且目前还没有更好的材料可替代它这一客观情况，《建筑内部装修设计防火规范》（GB 50222—1995）特别规定，安装在钢龙骨上的纸面石膏板，可作为 A 级材料使用。

表 6-1 装修材料燃烧性能等级

燃烧性能等级	燃烧性能	对应 GB 8624—2006 的分级级别
A	不燃性	A_1、A_2
B_1	难燃性	B、C
B_2	可燃性	D、E
B_3	易燃性	F

表 6-2 常用建筑装修材料燃烧性能等级划分举例

材料类别	级别	材料举例
各部位材料	A	花岗石、大理石、水磨石、水泥制品、混凝土制品、石膏板、石灰制品、黏土制品、玻璃、瓷砖、马赛克、钢铁、铝合金、铜合金等
顶棚材料	B_1	纸面石膏板、纤维石膏板、水泥刨花板、矿棉装饰吸声板、玻璃棉装饰吸声板、珍珠岩装饰吸声板、难燃胶合板、难燃中密度纤维板、岩棉装饰板、难燃木材、铝箔复合材料、难燃酚醛胶合板、铝箔玻璃钢复合材料等
墙体材料	B_1	纸面石膏板、纤维石膏板、水泥刨花板、矿棉板、玻璃棉板、珍珠岩板、难燃胶合板、难燃中密度纤维板、防火塑料装饰板、难燃双面刨花板、多彩涂料、难燃壁纸、难燃墙布、难燃仿花岗岩装饰板、氯氧镁水泥装配式墙板、难燃玻璃钢平板、PVC 塑料护墙板、轻质高强复合墙板、阻燃模压木质复合板材、彩色阻燃人造板、难燃玻璃钢等
	B_2	各类天然木材、木制人造板、竹材、纸制装饰板、装饰微薄木贴面板、印刷木纹人造板、塑料贴面装饰板、聚酯装饰板、复塑装饰板、塑纤板、胶合板、塑料壁纸、无纺贴墙布、墙布、复合壁纸、天然材料壁纸、人造革等
地面材料	B_1	硬 PVC 塑料地板、水泥刨花板、水泥木丝板、氯丁橡胶地板等
	B_2	半硬质 PVC 塑料地板、PVC 卷材地板、木地板、氯纶地毯等
装饰织物	B_1	经阻燃处理的各类难燃织物等
	B_2	纯毛装饰布、纯麻装饰布、经阻燃处理的其他织物等
其他装饰材料	B_1	聚氯乙烯塑料、酚醛塑料、聚碳酸酯塑料、聚四氟乙烯塑料、三聚氰胺、脲醛塑料、硅树脂塑料装饰型材、经阻燃处理的各类织物等。另见顶棚材料和墙面材料中的有关材料
	B_2	经阻燃处理的聚乙烯、聚丙烯、聚氨酯、聚苯乙烯、玻璃钢、化纤织物、木制品等

第二节 可燃装修的火灾危险性

装修材料的燃烧性能对建筑的火灾特性有非常重大的影响。大量使用可燃材料进行装修，会显著增加建筑物的火灾危险性。可燃装修的火灾危险性主要表现在如下一些方面：

一、增加建筑的火灾荷载

火灾荷载是指在一个空间里所有物品总的燃烧热。建筑物火灾荷载的大小及分布情况，直接影响到发生火灾时火场的最高温度及火灾持续时间。

随着人们生活水平的提高，建筑装修越来越豪华，为了追求装饰效果，建筑工程中一度大量采用了可燃、易燃的装饰装修材料，如地毯、PVC 壁布、木质护墙板；室内的陈设物品也大多属于可燃物，如壁毯、窗帘、木质家具。这些材料在燃烧过程中能释放出大量的热能，显著提高了火灾荷载的总量，增加了建筑火灾的危险性。随着建设工程消防安全标准的不断提高，可燃、易燃装饰装修材料在建筑中的使用受到了严格的限制，较高标准的建设工程则应优先采用无机材料或各类阻燃材料进行装修。

二、增加火灾发生的概率

当建筑物内意外出现局部着火而尚未蔓延发展成为火灾时，燃烧范围相对较小，高温区域仅局限在起火点附近。如果装修材料尽量做到了非燃化，起火点周围没有太多供燃烧持续进行的可燃物，则起火点部位可燃物逐渐燃尽之后，如果没有其他可燃物存在，燃烧将会自行熄灭，起火房间室内平均温度逐步下降至常温水平，不致蔓延成灾。

相反，如果大量采用可燃装修材料进行建筑室内外装修，建筑中一旦存在局部燃烧情况，装修材料将为其提供充足的可燃物，导致着火范围增大、温度提升，火势不断发展蔓延。在这种条件下，建筑内火势扩大并逐步发展成灾的可能性势必比非燃化装修条件下大大提高，从而提高了火灾发生概率增大了建筑物的火灾风险。

三、促使轰燃提早发生

轰燃是室内火灾发展过程中从局部燃烧向全面燃烧转化的重要现象，也是室内火灾从初起阶段向全面发展阶段转化的标志。在轰燃发生前，起火区域还有可能进行紧急疏散和早期扑救；一旦发生轰燃，该区域通常就丧失了进行上述操作的有利条件。经验表明，使用可燃材料进行装修会促使起火区域内提早发生轰燃，给人员疏散和灭火带来巨大的困难。

四、助长火势迅速蔓延

建筑火灾在发展过程中，火从起火部位向其他区域的蔓延是非常重要的一个过程。通过火势蔓延，原本面积有限的起火范围会逐步扩大，直至蔓延成灾。

建筑室内外的可燃装修为火势的蔓延提供了多种途径：火可以沿着可燃装修材料覆盖的地面、墙（柱）面、顶棚等部位进行表面传播，也可以在地板、隔墙和顶棚的架空层内部隐蔽地燃烧蔓延；火焰可以沿着垂直悬挂的可燃织物（如窗帘、帷幕等）向上蹿烧蔓延，且这种蔓延的速度相当快；可燃的固定家具（如沙发、床、桌椅等）一旦起火，很容易通过热对流或热辐射的方式使与其相邻的可燃物起火燃烧；属于热塑性塑料的装修材料在自身燃烧的过程中还会发生表面熔化流淌的现象，带火的熔滴会四下滴落，造成火灾向建筑物的其他部位蔓延；另外，如果建筑外墙的保温层采用膨胀聚苯乙烯等可燃保温材料时，一旦保温层被引燃，可燃保温材料将发生猛烈燃烧，并迅速沿外墙发展蔓延，导致全楼外墙大面积过火，并引燃各层靠近外墙部位的可燃物，致使火灾在较大的范围内形成立体传播。

五、产生大量的烟气及有毒气体

火灾烟气造成的高温、缺氧、蔽光和有毒环境对火灾区域的人员疏散和火灾扑救都有非常巨大的威胁。可燃物在燃烧过程中释放出的大量毒性气体是人员伤亡的第一要因。大多数可燃装修材料在受热或燃烧的情况下都会产生大量的有毒烟气，严重地威胁到火场人员的生命安全。

第三节　建筑内部装修设计防火要求

建筑内部装修是针对建筑的内部空间及构件所进行的装饰装修活动。建筑内部装修包括在建筑构件表面所进行的覆盖式构造处理，如抹灰、粉刷、包覆等；也包括对室内的各陈设物所进行的装饰和布置。

建筑内部装修设计应遵循《建筑内部装修设计防火规范》（GB 50222—1995）的要求进行。对于不同的建筑类别，不同的建筑物及场所，以及不同的装修部位，应选用燃烧性能等级满足规定要求的材料。

一、单层、多层民用建筑

单层、多层民用建筑内部各部位装修材料的燃烧性能等级不应低于表 6-3 的规定。

表 6-3　单层、多层民用建筑内部各部位装修材料的燃烧性能等级

建筑物及场所	建筑规模、性质	装饰材料燃烧性能等级							
		顶棚	墙面	地面	隔断	固定家具	装饰织物		其他装饰材料
							窗帘	帷幕	
候机楼的候机大厅、商店、餐厅、贵宾候机室、售票厅等	建筑面积 > $10000m^2$ 的候机楼	A	A	B_1	B_1	B_1	B_1		B_1
	建筑面积 ≤ $10000m^2$ 的候机楼	A	B_1	B_1	B_1	B_2	B_2		B_2
汽车站、火车站、轮船客运站的候车（船）室、餐厅、商场等	建筑面积 > $10000m^2$ 的车站、码头	A	A	B_1	B_1	B_2	B_2		B_2
	建筑面积 ≤ $10000m^2$ 的车站、码头	B_1	B_1	B_1	B_2	B_2	B_2		B_2
影院、会堂、礼堂、剧院、音乐厅	> 800 个座位	A	A	B_1	B_1	B_1	B_1	B_1	B_1
	≤ 800 个座位	A	B_1	B_1	B_1	B_2	B_1	B_1	B_2
体育馆	> 3000 个座位	A	A	B_1	B_1	B_1	B_1	B_1	B_2
	≤ 3000 个座位	A	B_1	B_1	B_1	B_2	B_2	B_1	B_2
商场营业厅	每层建筑面积 > $3000m^2$ 或总建筑面积 > $9000m^2$ 的营业厅	A	B_1	A	A	B_1	B_1		B_2
	每层建筑面积为 1000 ~ $3000m^2$ 或总建筑面积为 3000 ~ 9000 m^2 的营业厅	A	B_1	B_1	B_1	B_2	B_1		
	每层建筑面积 < $1000m^2$ 或总建筑面积 < 3000 m^2 的营业厅	B_1	B_1	B_1	B_2	B_2	B_2		
饭店、旅馆的客房及公共活动用房等	设有中央空调系统的饭店、旅馆	A	B_1	B_1	B_1	B_2	B_2		B_2
	其他饭店、旅馆	B_1	B_1	B_2	B_2	B_2	B_2		
歌舞厅、餐馆等娱乐、餐饮建筑	营业面积 > $100m^2$	A	B_1	B_1	B_1	B_2	B_1		B_2
	营业面积 ≤ $100m^2$	B_1	B_1	B_1	B_2	B_2	B_2		B_2
幼儿园、托儿所、医院病房楼、疗养院、养老院		A	B_1	B_2	B_1	B_2	B_1		B_2

（续）

建筑物及场所	建筑规模、性质	装饰材料燃烧性能等级							
		顶棚	墙面	地面	隔断	固定家具	装饰织物		其他装饰材料
							窗帘	帷幕	
纪念馆、展览馆、博物馆、图书馆、档案馆、资料馆等	国家级、省级	A	B_1	B_1	B_1	B_2	B_1		B_2
	省级以下	B_1	B_1	B_2	B_2	B_2	B_2		B_2
办公楼、综合楼	设有中央空调系统的办公楼、综合楼	A	B_1	B_1	B_1	B_2	B_2		B_2
	其他办公楼、综合楼	B_1	B_1	B_2	B_2	B_2			
住宅	高级住宅	B_1	B_1	B_1	B_1	B_2	B_2		B_2
	普通住宅	B_1	B_2	B_2	B_2	B_2			

在应用表 6-3 时，应注意如下几个问题：

1）单层、多层民用建筑内面积小于 $100m^2$ 的房间，当采用防火墙和甲级防火门窗与其他部位分隔开时，其装修材料的燃烧性能等级可在表 6-3 的基础上降低一级。

2）当单层、多层民用建筑需做内部装修的空间内装有自动灭火系统时，除顶棚外，其内部装修材料的燃烧性能等级可在表 6-3 的基础上降低一级。

3）当同时装有火灾自动报警装置和自动灭火系统时，其顶棚装修材料的燃烧性能等级可在表 6-3 的基础上降低一级，其他装修材料的燃烧性能等级可不限制。

二、高层民用建筑

高层民用建筑内部各部位装修材料的燃烧性能等级不应低于表 6-4 的规定。

电视塔等特殊高层建筑的内部装修，装饰织物应不低于 B_1 级，其他均应采用 A 级装修材料。

除 100m 以上的高层民用建筑及大于 800 座位的观众厅、会议厅、顶层餐厅外，当设有火灾自动报警装置和自动灭火系统时，除顶棚外，其内部装修材料的燃烧性能等级可在表 6-3 的基础上降低一级。

高层民用建筑的裙房内面积小于 $500m^2$ 的房间，当设有自动灭火系统，并且采用耐火等级不低于 2h 的隔墙、甲级防火门窗与其他部位进行分隔时，顶棚、墙面、地面的装修材料的燃烧性能等级可在表 6-4 的基础上降低一级。

表 6-4　高层民用建筑内部各部位装修材料的燃烧性能等级

建筑物	建筑规模、性质	装饰材料燃烧性能等级									
		顶棚	墙面	地面	隔断	固定家具	装饰织物				其他装饰材料
							窗帘	帷幕	床罩	家具包布	
高级宾馆	>800 座位的观众厅、会议厅、顶层餐厅	A	B_1	B_1	B_1	B_1	B_1	B_1		B_1	B_1
	≤800 座位的观众厅、会议厅	A	B_1	B_1	B_1	B_2	B_1	B_1		B_2	B_1
	其他部位	A	B_1	B_1	B_2	B_2	B_1	B_2	B_1	B_2	B_1

（续）

建筑物	建筑规模、性质	装饰材料燃烧性能等级									
		顶棚	墙面	地面	隔断	固定家具	装饰织物				其他装饰材料
							窗帘	帷幕	床罩	家具包布	
商业楼、展览楼、综合楼、商住楼、医院病房楼	一类建筑	A	B_1	B_1	B_1	B_2	B_1	B_1		B_2	B_1
	二类建筑	B_1	B_1	B_2	B_2	B_2	B_2	B_2		B_2	B_2
电信楼、财贸金融楼、邮政楼、广播电视楼、电力调度楼、防灾指挥调度楼	一类建筑	A	A	B_1	B_1	B_1	B_1	B_1		B_2	B_1
	二类建筑	B_1	B_1	B_2	B_2	B_2	B_1	B_2		B_2	B_2
教学楼、办公楼、科研楼、档案楼、图书馆	一类建筑	A	B_1	B_1	B_1	B_2	B_1	B_1		B_1	B_1
	二类建筑	B_1	B_1	B_2	B_1	B_2	B_1	B_2		B_2	B_2
住宅、普通旅馆	一类普通旅馆 高级住宅	A	B_1	B_2	B_1	B_2	B_1		B_1	B_2	B_1
	二类普通旅馆 普通住宅	B_1	B_1	B_2	B_2	B_2	B_2		B_2	B_2	B_2

注：1. 顶层餐厅包括设在高处的餐厅、观光厅等。

2. 建筑物的类别、规模、性质应符合《高层民用建筑设计防火规范（2005 版）》（GB 50045—1995）的有关规定。

三、地下民用建筑

地下民用建筑是指单层、多层、高层民用建筑的地下部分，单独建造在地下的民用建筑，以及平战结合的地下人防工程。地下建筑由于在火灾中散热、排烟、疏散等方面的特殊困难，因此比地上建筑更具火灾危险性，故在内部装修材料的选取上更应该从严要求，杜绝使用易燃或高温分解易释放出大量黑烟及有毒气体的材料。

地下民用建筑内部各部位装修材料的燃烧性能等级不应低于表 6-5 的规定。

单独建造的地下民用建筑的地上部分，其门厅、休息厅、办公室等内部装修材料的燃烧性能等级可在表 6-5 的基础上降低一级。

地下商场、地下展览厅的售货柜台、固定货架、展览台等，应采用 A 级装修材料。

表 6-5　地下民用建筑内部各部位装修材料的燃烧性能等级

建筑物及场所	装饰材料燃烧性能等级						
	顶棚	墙面	地面	隔断	固定家具	装饰织物	其他装饰材料
休息室和办公室等，旅馆的客房及公共活动用房等	A	B_1	B_1	B_1	B_1	B_1	B_2
娱乐场所、旱冰场等，舞厅、展览厅等，医院的病房、医疗用房	A	A	B_1	B_1	B_1	B_1	B_2
电影院的观众厅、商场的营业厅	A	A	A	B_1	B_1	B_1	B_2
停车库、人行通道、图书资料库、档案库	A	A	A	A	A		

四、工业建筑

工业厂房内部各部位装修材料的燃烧性能等级不应低于表 6-6 的规定。厂房附设的办公室、休息室等的内部装修材料的燃烧性能等级，应按表 6-6 的规定执行。

当厂房中房间的地面为架空地板时，其地面装修材料的燃烧性能等级不应低于 B_1 级。

装有贵重机器、仪器的厂房或房间，其顶棚和墙面应使用 A 级装修材料；地面和其他部位应采用不低于 B_1 级的装修材料。

表 6-6　工业厂房内部各部位装修材料的燃烧性能等级

工业厂房分类	建筑规模	装饰材料燃烧性能等级			
		顶棚	墙面	地面	隔断
甲、乙类厂房、有明火的丁类厂房		A	A	A	A
丙类厂房	地下厂房	A	A	A	B_1
	高层厂房	A	B_1	B_1	B_2
	高度 >24m 的单层厂房 高度 ≤24m 的单层、多层厂房	B_1	B_1	B_2	B_2
无明火的丁类厂房、戊类厂房	地下厂房	A	A	B_1	B_1
	高层厂房	B_1	B_1	B_2	B_2
	高度 >24m 的单层厂房 高度 ≤24m 的单层、多层厂房	B_1	B_2	B_2	B_2

五、建筑特殊部位的装修防火设计要求

在建筑内部装修防火设计中，有必要对一些特殊的部位或特殊房间的材料选用提出明确的通用性技术要求，具体内容如下：

（一）建筑中的层间连通空间

1. 中庭及其他开敞空间

近年来，在高层和大型公共建筑中较多地出现了中央共享空间的形式。建筑的中央共享空间又称为中庭，它是一种连通全楼或多层共享的大型内部空间，各楼层直接面对中庭或者以开敞的走廊进行围绕。中庭部位空间敞阔，建筑物的各层空间通过中庭的连通形成一个彼此相连的整体，致使建筑物在垂直方向上的防火分隔失去了完整性。

同样的，建筑中贯通全楼设置的开敞式楼梯间、自动扶梯等部位，也是建筑物层间防火分隔的薄弱点。这些部位的空间高度一般较大，有的上下贯通几层甚至十几层，一旦发生火灾，将产生烟囱效应，使火势无阻挡地向上蔓延，很快充满各层建筑空间，给人员疏散造成很大的困难。

《建筑内部装修设计防火规范》（GB 50222—1995）针对建筑物内上下层相连通部位的装修问题作出了具体的规定：建筑物内设有上下层相连通的中庭、走马廊、开敞楼梯、自动扶梯时，其连通部位的顶棚、墙面应采用 A 级装修材料，其他部位应采用不低于 B_1 级的装

修材料。

2. 变形缝

变形缝是上下贯通整个建筑物的构造缝隙，其嵌缝材料具有一定的燃烧性。因为此处涉及的部位不大，通常并未引起注意，但在实际案例中，确实有一些火灾是通过变形缝在建筑各层间蔓延扩大的，它可以导致垂直防火分区失效，因此《建筑内部装修设计防火规范》（GB 50222—1995）规定：建筑内部变形缝（包括沉降缝、伸缩缝、抗震缝等）两侧的基层应采用A级材料，表面装修应采用不低于B_1级的装修材料。

（二）特殊房间

1. 无窗房间

在许多建筑物中因布局的制约，常会出现一些无窗房间。这类房间发生火灾时不易被发觉，当发现起火的时候通常火势已经较大，室内的烟雾和毒气不能及时排出，消防人员进行火情侦察和施救也比较困难，因此《建筑内部装修设计防火规范》（GB 50222—1995）规定：除地下建筑外，其他建筑中所设的无窗房间，其内部装修材料的燃烧性能等级应在该类建筑有关规定的基础上提高一级，原规定已经是A级的仍然采用A级材料。

2. 图书、资料类房间

图书室、资料室、档案室和存放文物的房间，其顶棚、墙面应采用A级装修材料，地面应使用不低于B_1级的装修材料。

图书室、资料室、档案室和存放文物的房间内的图书、资料、档案、文物等本身即为易燃物，一旦发生火灾，火势发展十分迅速；而有些图书、资料、档案、文物的保存价值很高，一旦被焚，不可复得。对这类房间应提高装修防火的要求，把这些部位发生火灾的可能性降到最低。

3. 各类机房

大中型电子计算机房、中央控制室、电话总机房等放置特殊贵重设备的房间，其顶棚和墙面应采用A级装修材料，地面及其他装修应使用不低于B_1级的装修材料。

在各类计算机机房、中央控制室内一般放置有大批的贵重和关键性设备，火灾造成的直接经济损失一般较大；并且由于所具有的中控作用，也会导致十分明显的间接损失。另外，有些设备不仅怕火，也怕高温和水渍，即使火势不大的火灾，也会造成很大的经济损失，因而对这些房间应提出较高的装修防火要求。

4. 设备用房

消防水泵房、排烟风机房、固定灭火系统钢瓶间、配电室、变压器室、通风和空调机房等，其内部所有装修均应采用A级装修材料。

由于功能和安全的需要，在许多大型公共建筑物中不同程度地设有上述设备用房。这些设备在火灾中均应保持正常的运转功能，这对火灾的控制和扑救具有关键作用。这些设备用房绝不能成为起火源，并且也不应由于可燃材料的装修而将其他空间的火引入这些房间中。

5. 建筑内的厨房

厨房属明火工作空间，特点是火源多且作用时间长，因此要求建筑物内厨房的顶棚、墙面、地面均应采用A级装修材料，如瓷砖、马赛克等。

6. 经常使用明火的餐厅和科研实验室

经常使用明火的餐厅和科研实验室，装修材料的燃烧性能等级除A级外，应在《建筑内部装修设计防火规范》（GB 50222—1995）规定的基础上提高一级。

（三）电气设施

1. 配电箱及线路

建筑内部的配电箱不应直接安装在低于 B_1 级的装修材料上。电气线路在顶棚内敷设时，应采用金属管进行保护。

由于室内装修采用的可燃材料越来越多，增加了电气设备引发火灾的危险性。虽然不便对配电箱本身的构造提出具体要求，但为了防止配电箱产生的火花或高温熔珠引燃周围的可燃物和避免箱体传热引燃墙面的装修材料，特规定配电箱不应直接安装在低于 B_1 级的装修材料上。

2. 灯具和灯饰

《建筑内部装修设计防火规范》（GB 50222—1995）规定：照明灯具的高温部位，当靠近非 A 级装修材料时，应采取隔热、散热等防火保护措施。灯饰所用材料的燃烧性能等级不应低于 B_1 级。

《建筑内部装修设计防火规范》（GB 50222—1995）没有具体规定高温部位与非 A 级装修材料之间的距离。因为各种照明灯具在使用时散发出的热量大小，连续工作时间的长短，装修材料的燃烧性能，以及不同防火保护措施的效果都各不相同，难以作出具体的规定。可由设计人员本着“保障安全、经济合理、美观实用”的原则根据具体情况采取措施。由于室内装修逐渐向高档化发展，各种类型的灯具应运而生，灯饰更是花样繁多。制作灯饰的材料包括金属、玻璃等不燃材料，但更多的是硬质塑料、塑料薄膜、棉织品、丝织品、竹木、纸类等可燃材料。灯饰常靠近热源，故对 B_2 级和 B_3 级材料应加以限制。如果由于装饰效果的要求必须使用 B_2、B_3 级材料时，应进行阻燃处理使其达到 B_1 级。

（四）疏散线路

1. 楼梯间

楼梯间是建筑物的垂直交通设施，火灾发生时，建筑内的电梯不能使用，各楼层中的人员大多只能通过楼梯间向外撤离，因此楼梯不应成为最初的火源地；一旦火势进入楼梯后，也不能形成连续燃烧的状态。按照《建筑内部装修设计防火规范》（GB 50222—1995）的规定，无自然采光的楼梯间、封闭楼梯间和防烟楼梯间，其顶棚、墙面和地面均应采用 A 级装修材料。前室的要求与楼梯间相同。

2. 水平通道

楼层的水平通道是水平疏散路线中最重要的一段。它的两端分别连通各个房间和楼梯间。规范中对走廊的防火要求要比楼梯间低，但比其他房间的要求要高一些。具体而言，地上建筑的水平疏散走道和安全出口的门厅，其顶棚装饰材料应采用 A 级装修材料，其他部位应采用不低于 B_1 级的装修材料；地下民用建筑的疏散走道和安全出口的门厅，其顶棚、墙面和地面的装修材料应采用 A 级装修材料。

（五）消防设施

建筑的内部装修不应遮挡消防设施和疏散指示标志及出口，并且不应妨碍消防设施和疏散走道的正常使用。但是，有些单位为了追求装修效果，擅自改变消防设施的位置，任意增加隔墙，改变原有的空间布局。这些做法轻则影响消防设施的原有功效，减小其有效的保护面积；重则完全丧失了它们应有的作用，故此应加以注意。

1. 消火栓门

建筑内设消火栓是防火安全系统的一部分，在扑救火灾中起着非常重要的作用。为了便于使用，建筑内部的消火栓门一般设在比较显眼的位置上，并且颜色也比较醒目（红色）。但有的单位为了单纯追求装修效果，把消火栓转移到隐蔽的地方，甚至将它们罩在木柜子里边。还有的单位将消火栓门装修得几乎和墙面一样，不到近前仔细观察竟无法辨认出来。这些做法给消火栓的及时取用造成了人为的障碍。

因此,《建筑内部装修设计防火规范》（GB 50222—1995）规定：建筑内部消火栓的门不应被装饰物遮掩，消火栓门四周的装修材料颜色应与消火栓门的颜色有明显区别。

2. 安全出口及疏散指示标志

进行室内装修设计时，要保证疏散指示标志和安全出口易于辨认，以免人员在紧急情况下发生疑惑和误解。如有的装修设计方案在建筑物室内的柱子和墙面上镶嵌了大面积的镜面玻璃，在应急疏散的情况下，这种装修容易影响疏散人员对自身位置和行进方向的判断力，有一种误导作用，为此在疏散走道和安全出口附近应避免采用镜面玻璃、壁画等进行装饰。

3. 挡烟垂壁

挡烟垂壁的作用是减慢烟气扩散的速度，提高防烟分区排烟口的吸烟效果。一般的挡烟垂壁可采用结构梁，也可采用专门的产品。为了保证挡烟垂壁在火灾中的作用，应采用 A 级装修材料。

4. 消防电梯

消防电梯是高层建筑设置的供消防人员扑救火灾使用的竖向交通设施，《高层民用建筑设计防火规范（2005 年版）》（GB 50045—1995）规定：消防电梯轿厢的内装修应采用不燃烧材料。

（六）饰物

在公共建筑中，经常将壁挂、雕塑、模型、标本等作为内装修设计的内容之一。这些饰物有很多是易燃的，为此应加以必要的限制。《建筑内部装修设计防火规范》（GB 50222—1995）规定：公共建筑内部不宜设置采用 B_3 级装饰材料制成的壁挂、雕塑、模型、标本，如确需设置，应使它们远离火源和热源。

第四节　建筑外墙饰面及保温体系防火

现代高层建筑及大型公共建筑的外墙面积相当于总建筑面积的 30% ~40%，除了基本的外墙面装饰装修要求外，出于环保节能的考虑，还要设置外墙保温系统来满足围护结构保温隔热方面的要求。建筑外墙饰面及保温系统的防火是建筑装修防火的重要课题。

一、建筑外墙保温体系简介

（一）外墙保温体系的类型

1. 不设保温层的墙体保温系统

传统建筑的外墙保温主要依靠外墙材料自身的保温能力。提高墙体的厚度或选择保温能力较强的材料作为墙体，有助于提高外墙的保温效果，如采用加气混凝土保温墙体等。由于对建筑外部围护构件保温要求的不断提高，附设保温层的外墙保温体系才逐步推广使用。

2. 设置保温层的墙体保温系统

为防止和减少建筑内部的热量（冷量）向环境中散失，在建筑的外墙及屋顶等部位设置有保温层。保温层应采用热导率小、吸湿率低、粘接性能好、收缩率小的产品，如岩棉板、玻璃棉毡及超轻保温浆料等。在有机保温材料中，经过阻燃处理的酚醛树脂板、膨胀型聚苯乙烯板等应用较为普遍。

目前，常用的外墙保温体系可以根据保温层的位置不同分为外墙外保温、外墙内保温和外墙夹芯保温三种构造类型。其中外墙外保温是指外墙的保温构造层位于主体结构的外侧，这种构造形式保温效果好、施工简便，在外墙保温工程特别是保温改造工程中应用十分广泛。

（二）外墙外保温层的基本构造

外墙外保温体系的组成与具体构造随着保温层材料的不同而略有不同。虽然选用不同的保温材料时，外墙外保温体系的施工工艺会有一定的差别，但基本的构造形式通常都是一样的，即保温层被墙体主材和墙体饰面材料夹在中间，如图 6-1 所示。在保温层与基层之间需要进行一定的界面处理，以便保温层能牢固地与基层连接固定。

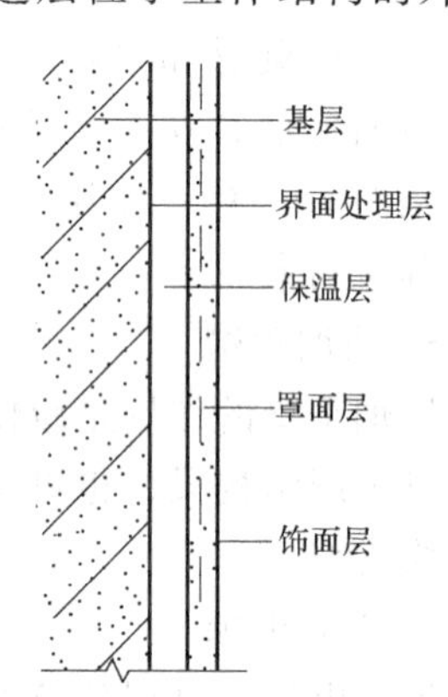

图 6-1　外墙外保温层的基本构造

保温层与墙体基层的连接固定方法有粘接法、钉固法和混合法。粘接法是以各类粘接材料进行点状或带状涂覆粘接。钉固是借助膨胀螺栓或预埋锚固筋等钉固机械件进行连接。混合法则是兼用以上两种做法来共同实现保温层的固定。

无论采用哪种固定方法，保温层与墙体基层、外饰面层之间均有缝隙（在粘接点之间或钉固点之间仍留有一定的构造缝隙）。一旦外墙保温层起火，将成为一个联通多层的蹿火缝隙，造成火势蔓延。

（三）外墙保温材料

外墙保温层所使用的材料品种较多，按材质可分为无机保温材料、有机保温材料和复合保温材料三种。

1）常见的无机保温材料有保温砂浆、岩棉板、玻璃棉板、泡沫水泥板等。无机保温材料均为不燃性材料，在消防安全方面能满足要求，但保温性能通常要比有机保温材料略差。

2）普通有机保温材料的燃烧性能最高可达到 B_1 级，多数未经防火处理的板状、块状有机保温材料的燃烧性能为 B_2 级，还有不少有机保温材料的燃烧性能不能达到 B_2 级的要求。

3）复合保温材料由两种或两种以上的不同材料复合而成。复合保温材料的燃烧性能受到其组成材料的燃烧性能等级、材料的复合方式等因素影响，应以检测机构出具的报告为依据进行判定。

在上述三种保温材料中，目前应用最为广泛的仍然是有机保温材料。常用有机保温材料燃烧性能的分级情况如下：

1）常见的 B_1 级有机保温材料包括酚醛树脂板、胶粉聚苯粒等。

2）常见的 B_2 级有机保温材料包括模塑聚苯板（EPS）、挤塑聚苯板（XPS）、聚氨酯板（PU）、聚乙烯板（PE）等。

3）燃烧性能为 B_3 级的易燃保温材料多以聚苯泡沫为主材，由于这种材料极易燃烧，且燃烧时会释放出大量的黑烟和有毒气体，因此属于已被淘汰的外墙保温材料。

在工程应用中必须注意到，由于有机材料在材质及加工方面的复杂性，即使是相同种类的材料，也会因生产方法的不同造成燃烧性能方面的差异，故有机保温材料的燃烧性能不宜简单地根据材料的名称进行主观判定，而需要参考具体材料的燃烧性能检测报告。

某些有机保温材料进行特殊处理后可达到上一级燃烧性等级的要求，如某些阻燃酚醛树脂板可达到 A 级要求，某些阻燃聚苯板可达到 B_1 级要求。针对这种为了使自身的燃烧性能达到更高等级而进行特殊处理的有机保温材料，其燃烧性能等级应当以国家认可的检测机构出具的检测报告为准。在设计和施工时应特别注意此类材料的技术规定，以免因不当的设计或施工操作破坏阻燃处理效果，降低材料的燃烧性能等级。

二、建筑外墙饰面及保温体系防火要求

在附设保温层的复合外墙保温体系推广应用以前，外墙防火的重点是防范火灾从起火建筑向相邻建筑物的蔓延。传统的外墙采用无机材料砌块或无机板材，基本不参与火灾燃烧，火灾在建筑间的蔓延主要通过窗口热辐射、“飞火”等途径进行，通过设置防火间距可以较为有效地解决这些问题，故规范中对外墙及外墙保温、饰面材料的防火要求没有做进一步明确的规定，仅在涉及建筑耐火等级的条款中对民用建筑的非承重外墙提出燃烧性能及耐火极限的要求（表 6-7）。

表 6-7　民用建筑非承重外墙的燃烧性能及耐火极限要求

建筑类型	非承重外墙的燃烧性能及耐火极限/h			
	一级	二级	三级	四级
低、多层民用建筑	不燃烧体 1.00	不燃烧体 1.00	不燃烧体 0.50	燃烧体
高层建筑	不燃烧体 1.00	不燃烧体 1.00	—	—

对于设置了外保温层的外墙而言，保温材料的燃烧性能在很大程度上将影响外墙在火灾中的表现。以 2011 年沈阳市皇朝万鑫酒店火灾为例，该建筑为幕墙结构，采用铝单板、铝塑板，保温层为可燃的挤塑聚苯板，起火后保温材料迅速燃烧，外墙保温饰面层内存在的 190～400mm 不等的构造空隙进一步促进了火势蔓延，火势沿外墙向四面发展，窜入室内，同时辐射引燃外墙广告牌或相邻建筑外墙保温层，造成多点起火、大面积燃烧的不利状况。

随着外墙保温材料火灾的不断发生，相应的技术规范逐步推出。2009 年公安部、住房和城乡建设部共同印发的《民用建筑外保温系统及外墙装饰防火暂行规定》要求民用

建筑外保温材料的燃烧性能宜为 A 级，且不应低于 B_2 级。并提出了具体工程的防火要求（表 6-8）。

表 6-8 《民用建筑外保温系统及外墙装饰防火暂行规定》的部分要求

<table>
<tr><th colspan="2">建筑分类</th><th>高度 H/m</th><th>保温材料燃烧性能</th><th>防火隔离带</th><th>防护层</th></tr>
<tr><td rowspan="7">非幕墙式建筑</td><td rowspan="4">住宅建筑</td><td>$H \geq 100$</td><td>应为 A 级</td><td></td><td rowspan="7">采用不燃或难燃材料制作防护层。防护层应将保温材料完全覆盖。首层防护层的厚度不应小于 6mm，其他层不应小于 3mm</td></tr>
<tr><td>$100 > H \geq 60$</td><td>不应低于 B_2 级</td><td>当采用 B2 级保温材料时，每层应设置水平防火隔离带</td></tr>
<tr><td>$60 > H \geq 24$</td><td>不应低于 B_2 级</td><td>当采用 B2 级保温材料时，每两层应设置水平防火隔离带</td></tr>
<tr><td>$H < 24$</td><td>不应低于 B_2 级</td><td>当采用 B2 级保温材料时，每三层应设置水平防火隔离带</td></tr>
<tr><td rowspan="3">其他民用建筑</td><td>$H \geq 50$</td><td>应为 A 级</td><td></td></tr>
<tr><td>$50 > H \geq 24$</td><td>应为 A 级或 B_1 级</td><td>当采用 B1 级保温材料时，每两层应设置水平防火隔离带</td></tr>
<tr><td>$H < 24$</td><td>不应低于 B_2 级</td><td>当采用 B2 级保温材料时，每层应设置水平防火隔离带</td></tr>
<tr><td colspan="2" rowspan="2">幕墙式建筑</td><td>$H \geq 24$</td><td>应为 A 级</td><td></td><td rowspan="2">采用不燃材料制作防护层。防护层应将保温材料完全覆盖。防护层的厚度不应小于 3mm</td></tr>
<tr><td>$H < 24$</td><td>应为 A 级或 B_1 级</td><td>采用 B1 级保温材料时，每层应设置水平防火隔离带</td></tr>
<tr><td rowspan="2">屋顶</td><td colspan="2">基层采用耐火极限 ≥1h 的不燃烧体的建筑</td><td>不应低于 B_2 级</td><td rowspan="2">屋顶与外墙的交界处，以及屋顶开口部位四周的保温层，应采用宽度≥500mm 的 A 级保温材料设置水平防火隔离带</td><td rowspan="2">屋顶防水层或可燃保温层应采用不燃材料进行覆盖</td></tr>
<tr><td colspan="2">其他情况</td><td>不应低于 B_1 级</td></tr>
<tr><td colspan="3">金属夹芯复合板材</td><td colspan="3">用于临时性居住建筑的金属夹芯复合板材，其芯材应采用不燃或难燃保温材料</td></tr>
</table>

根据上述规定，在外墙保温材料的燃烧性能低于 A 级的情况下，应在每层保温层内设置水平防火隔离带。设置防火隔离带时，应沿楼板位置设置宽度不小于 300mm 的 A 级保温材料。防火隔离带与墙面应进行全面积粘贴。

建筑外墙的装饰层，除采用涂料外，应采用不燃材料。当建筑外墙采用可燃保温材料时，不宜采用着火后易脱落的瓷砖等材料。

当建筑外墙采用幕墙结构时，如果使用的是金属、石材等非透明幕墙板材，则应在幕墙结构的内侧设置基层墙体，其耐火极限应符合防火规范关于外墙耐火极限的有关规定；玻璃幕墙的窗间墙、窗槛墙、裙墙的耐火极限和防火构造应符合防火规范关于建筑幕墙的有关规定。

另外，户外的电致发光广告牌也是引起火灾的常见原因之一，此类设施不应直接设置在有可燃、难燃材料的墙体上。户外广告牌的设置不应遮挡建筑的外窗，不应影响外部的灭火救援行动。

随着新材料的不断研制生产和防火规范的不断合理调整，外墙保温体系的防火要求逐步成熟稳定了下来。这也充分体现出建设工程的新要求、新构造在不断地推动防火规范继续深入发展。

自学指导

本章学习重点：可燃装修的火灾危险性、装修材料的燃烧性能分级

1. 可燃装修的火灾危险性：增加火灾发生的概率、促使轰燃提早发生、助长火势迅速蔓延、增加建筑的火灾荷载、产生大量的烟气及有毒气体。大量使用可燃材料进行装修，会显著增加建筑物的火灾危险性。

2. 装修材料的燃烧性能分级：不燃性材料（A 级）、难燃性材料（B_1 级）、可燃性材料（B_2 级）和易燃性材料（B_3 级）。

本章学习难点：建筑内部装修设计防火要求、建筑特殊部位的装修防火设计要求、建筑外墙饰面及保温体系防火要求。

1. 建筑内部装修设计应遵循《建筑内部装修设计防火规范》（GB 50222—1995）的要求进行。对于不同的建筑类别，不同的建筑物及场所，以及不同的装修部位，应选用燃烧性能等级满足规定要求的材料。

2. 建筑特殊部位的装修防火设计要求：对下列特殊的部位或特殊房间的材料选用提出明确的通用性技术要求：建筑中的层间连通空间、特殊房间、电气设施、疏散线路、消防设施及饰物。

3. 建筑外墙饰面及保温体系防火要求：建筑外墙保温体系分为不设保温层的墙体保温系统和设有保温层的墙体保温系统。目前，常用的是设置保温层的外墙保温体系，它又可以根据保温层的位置不同分为外墙外保温、外墙内保温和外墙夹芯保温三种构造类型。

《民用建筑外保温系统及外墙装饰防火暂行规定》要求，按照建筑构造类型（有无幕墙、保温层基层形式等）进行分类，并对保温层保温材料、保温层防火隔离带及保护层材料的燃烧性能分别进行规定。对该部分内容，能够做到分清建筑构造类型、对照表格对各类材料的燃烧性能进行核对即可。

复习思考题

一、选择题（在备选答案中有 1 项是正确的，请将其选出并填入题后括号内）

1. 建筑中的（　　）房间，其内部装修无需全部使用 A 级材料。

A. 固定灭火系统钢瓶间　　B. 消防水泵房、排烟风机房、通风和空调机房

C. 配电室、变压器室　　D. 经常使用明火的餐厅、科研实验室

2. 建筑内部如果大量使用可燃材料进行装修，并使用可燃家具，将会（　　）。

A. 使轰燃出现的时间后延　　B. 增加火灾荷载

C. 降低耐火等级　　D. 影响防火间距

二、简答题

1. 建筑装修材料按化学组成及装修部位各分成哪几类？

2. 装修材料按照化学组成分成哪几类？装修材料的燃烧性能等级有哪几级？各级举例

两种典型材料。

3. 建筑外部装修中的外墙保温体系可以根据保温层的位置不同分为哪三类？外墙保温材料的燃烧性能有哪些要求？

三、论述题

试论述可燃建筑装修给建筑消防安全带来的负面影响。

第七章　建筑防烟与排烟设计

学习目标

1. 应了解、知道的内容

防、排烟设计的主要任务；自然排烟口的开关形式。

2. 应理解、清楚的内容

自然排烟口的面积要求；机械加压送风系统设置的基本原理和基本要求；机械排烟系统设置的基本原理和基本要求。

3. 应掌握、会用的内容

自然排烟口的有效面积及设置要求；利用查表法确定机械加压送风量；能够确定不同场所的机械排烟量。

4. 应熟练掌握的内容

防烟、排烟常用的方式；不同场所防烟、排烟方式的选用。

自学学时　6 学时

老师导学

本章首先明确了防、排烟设计的任务，阐述了不同场所应采用的防烟、排烟方式；并对自然排烟口的面积要求、有效面积及设置要求进行了介绍。然后对机械加压送风和机械排烟系统设置的基本原理和要求进行了讲述。自学过程中应首先理解每个系统的设置原理和设置要求，同时学会利用查表法确定机械加压送风量，并能够确定不同场所的机械排烟量。

随着经济建设的不断发展，建筑设计也越来越向着大型化、多功能化、高层化和地下化发展，并且大量应用各种新型建筑材料。当发生火灾时这些建筑材料会产生大量有毒有害气体，对人的生命造成很大危害。因此在建筑中进行防、排烟设计是十分必要的。

第一节　概　　述

建筑防烟与排烟设计主要是为安全疏散创造有利条件，排除有毒烟气，降低烟气温度，改善缺氧环境，保证疏散视距，为受灾人员逃离火场提供基本的活动保障和足够的疏散时间；也为消防扑救创造有利条件，便于直接观察建筑物中起火点的位置及燃烧情况，提高能见度，改善救援人员的活动能力，降低对通信联络设备的干扰；同时，可控制火势蔓延扩大，减少烟气造成的人员伤亡和财产损失；发生火灾时排除大量烟气的同时，还能够排除 70% ~80% 的热量，控制火势蔓延到远离火源的部位。建筑防烟与排烟设计主要有以下内容：对建材和家具进行阻燃、消烟处理；通过喷洒化学消烟剂或水雾等消除烟气中的有毒成分及烟尘粒子，提高能见度；设计自然通风口，利用烟气的热浮力特性进行自然排烟；对建筑进行防烟分隔或建立防烟封闭避难区；设置机械排烟、送风系统，进行机械排烟或正压送风防烟等。

防排烟工程设计的根本任务是最大限度地减少火灾烟气的生成量，迅速排除火灾时产生的烟气，有效地防止烟气从着火区蔓延扩散，防止烟气侵入作为疏散通道的走廊、前室及其楼梯间，确保有一个安全可靠、畅通无阻的疏散通道和足够的安全疏散时间。

一、烟气扩散流动的路线

控制烟气流动应首先了解烟气的扩散路线，在建筑中烟气的扩散路线主要有三条：着火房间→外窗、排烟口→室外；着火房间→管道间隙→相邻上层→外窗、排烟口→室外；着火房间→房门→走廊→前室→楼梯间→上部各楼层→室外。

二、建筑物各部分在防排烟设计中的要求

1. 房间和堂馆

尽可能减少房间和堂馆发生火灾时烟气的生成量，应采用有效的防火隔烟措施防止烟气向非着火区扩散；选择合理的排烟方式，以实现着火房间有效排烟、非着火房间防止烟气侵入的目标。

2. 走廊

及时有效地把从着火房间窜入走廊的烟气加以排除，防止烟气向楼梯间前室继续扩散。

3. 前室

及时有效地把从走廊窜入前室的烟气加以排除，防止烟气向楼梯间或消防电梯间继续扩散。

4. 楼梯间

作为疏散通道的楼梯间应保证不受烟气侵害，因此应考虑如何使着火区域产生的烟气尽可能的少，防止烟气从有烟区扩散到无烟区；同时，将有烟区中的烟气尽快地排放到大气中去。

三、防排烟方式

（一）防烟方式

1. 非燃化防烟

非燃化防烟是指建筑材料、室内家具、装饰及装修材料等尽量采用不燃材料或难燃材料制作，室内的书籍、衣物等也采用钢制橱柜装放，从而把火灾烟气的生成量降低到最低程度。非燃化防烟具体包括两个方面：

1）建筑材料、装饰材料、装修材料、家具材料、管材及其保温绝热材料的非燃化。

2）可燃物品储存方式的非燃化，如采用专门的壁橱、钢制橱柜等。非燃化防烟是从根本上杜绝烟源的一种防烟方式。

2. 密闭防烟

密闭防烟是指用密闭性能好的墙壁和门窗把房间密闭起来，隔绝新鲜空气的供给，从而达到防烟灭火的目的。这种防烟方式效果较好，但使用不方便，适用于对外开口少且面积较小的房间。

3. 阻碍防烟

阻碍防烟是指在烟气扩散的路线上设置各种阻碍，以防止烟气继续扩散。这种防烟方式的初期效果较好，但只能作为一种辅助手段，不能单独使用。常用的阻碍装置有防火门、防烟卷帘或隔烟的防火卷帘、挡烟垂壁、防火阀和空气幕。

4. 机械防烟

机械防烟是指对非着火区进行加压送风，使其保持一定的正压，防止烟气侵入。这种防烟方式能有效防止烟气侵入，效果较好，特别适用于楼梯间、电梯间及前室的防烟。

（二）排烟方式

排烟方式分为自然排烟和机械排烟两种方式。

1. 自然排烟

自然排烟是借助室内外气体温差引起的热压作用和室外风力所造成的风压作用形成的室内烟气和室外空气之间的对流运动的排烟方式。

2. 机械排烟

机械排烟是利用排烟风机把着火区域中所产生的烟气通过排烟口排至安全地点的排烟方式。

四、建筑防烟与排烟设计的基本内容

1. 划分防烟分区

防烟分区是指采用挡烟垂壁、隔墙或从顶板下突出不小于50cm的梁等具有一定耐火性能的不燃烧体来划分的防烟、蓄烟空间。一个防烟分区不宜大于2000m^2，长边不应大于60m。当室内高度超过6m，且具有对流条件时，长边不应大于75m。设置防烟分区时应满足以下几个要求：

1）防烟分区不应跨越防火分区。

2）每个防烟分区的建筑面积不宜超过规范要求。

3）通常应按楼层划分防烟分区。

4）特殊用途的场所应单独划分防烟分区。

划分防烟分区的构件主要有挡烟垂壁、挡烟隔墙、挡烟梁、防火卷帘、防火阀等。

2. 选择防、排烟的方式

防排烟的方式主要有自然排烟、机械防烟、机械排烟三种，在不同的建筑、不同的部位有不同的设置要求，具体见表7-1。

表7-1　防排烟系统设置部位

场　所	防烟系统	排烟系统
疏散楼梯间	应设置	—
前室、合用前室		
避难层（间）		
公共建筑内的中庭及长度大于20m的走道	—	应设置
非高层建筑中经常有人停留或可燃物较多，且建筑面积大于300m^2的地上房间		
高层公共建筑中经常有人停留或可燃物较多，且建筑面积大于100m^2的地上房间		
设置在一、二、三层且房间的建筑面积大于200m^2或设置在四层及四层以上或地下、半地下的歌舞娱乐放映游艺场所		
设有集中式空气调节系统的旅馆的走道		
房间的建筑面积大于50m^2且经常有人停留或可燃物较多的地下、半地下建筑或地下室、半地下室		

（续）

场　　所	防烟系统	排烟系统
建筑面积大于 $2000m^2$ 的汽车库	—	应设置
舞台、演播室		
丙类厂房中建筑面积大于 $300m^2$ 的地上房间；人员、可燃物较多的丙类厂房或高度大于 32m 的高层厂房中长度大于 20m 的内走道；任一层建筑面积大于 $5000m^2$ 的丁类厂房		
占地面积大于 $1000m^2$ 的丙类仓库		

设有中庭的建筑，中庭应设自然排烟或机械排烟系统。无回廊的中庭，其建筑的使用层面宜设置机械排烟系统；设有回廊的中庭，其建筑的使用层面无排烟系统时，其回廊应设机械排烟系统。回廊与中庭之间应设置挡烟垂壁或卷帘。

在下列没有自然排烟的场所也可不设置机械排烟

1）除旅馆外，走道的装修采用不燃材料，且室内设有符合要求的排烟设施或房门到安全出口的距离小于 20m 的走道。

2）当室内或走道设有符合要求的排烟设施时，无可燃物或可燃物容量小于 $1kg/m^2$ 的独立防烟分区的中庭。

3）设有日常通风的机电用房。

4）走道或回廊设有排烟设施，建筑面积小于 $100m^2$ 的地上房间。

第二节　自 然 排 烟

一、概述

建筑物室内外的空气通常存在温差，当室外空气的温度比室内空气的温度低时，在建筑物竖井中的空气就会向上运动，这种现象称为烟囱效应；当室外空气的温度比室内空气的温度高时，在建筑物竖井中的空气就会向下运动，这种现象称为逆烟囱效应。烟囱效应是高层建筑烟气扩散流动和火灾蔓延扩大的重要机理。风压作用下的自然排烟是指自然排烟受到室外风压作用的影响。风压作用是指建筑物周围气流的静压出现升高或降低的现象。

自然排烟不需要专门的排烟设备，不需要外加动力，构造简单、易操作、投资少，运行、维修费用也少，平时可兼作换气用。但自然排烟的效果不稳定，受室外风向、风速，以及环境温度等影响较大；同时，对建筑物的结构有美观、隔声、防雨等特殊要求，还存在火灾通过排烟口蔓延到上层建筑的危险。

门（窗）孔洞的排烟量与孔洞的宽度成正比，与孔洞高度的 3/2 次方成正比。建筑高度小于或等于 50m 的公共建筑、工业建筑和建筑高度小于或等于 100m 的住宅建筑，其防烟楼梯间、消防电梯前室宜采用自然通风方式的防烟系统。

多层民用建筑宜采用自然排烟；对于总建筑面积小于 3000 m^2的单层厂房、仓库的自然排烟，可在顶部设置由可熔材料制成的固定采光带（窗）。

二、自然排烟口的开关形式

可开启外窗的形式有侧开窗和顶开窗。侧开窗有上悬窗、中悬窗、下悬窗、平开窗和侧拉窗等。其中，除了上悬窗外，其他窗都可以作为排烟使用。外窗的开关形式也有多种，不同的形式对外窗的可开启面积有较大影响。

1. 滑板式

滑板式从滑板的运动方向来看，有上、下、左、右之分；从滑板的数目来看，有单滑与双滑之分。这种形式比较适用于矩形开口，如图 7-1 所示。

2. 旋转式

旋转式根据转轴的位置有横轴旋转和纵轴旋转之分。这种形式对圆形或矩形开口都适用，如图 7-2 所示。

图 7-1　滑板式

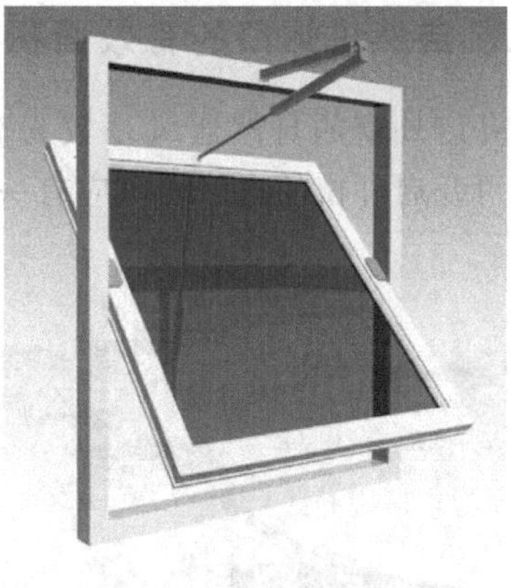

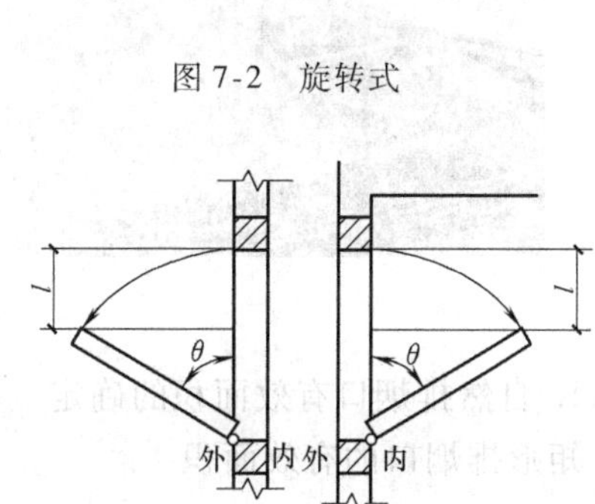

图 7-2　旋转式

3. 翻转式

翻转式按翻转方向有外翻和内翻之分。这种形式比较适用于矩形开口，如图 7-3 所示。

图 7-3　翻转式

a）外翻式　b）内翻式

4. 推转式

推转式根据转轴的位置有纵轴推转式和横轴推转式两种，纵轴推转式又有单推和双推之分，而横轴推转式一般只有单推一种。这种形式比较适用于矩形开口，如图 7-4 所示。

5. 拉转式

拉转式与推转式在形式上一致，只是方向不同。推转式是从内向外推，而拉转式则与其相反。这种形式比较适用于矩形开口，如图 7-5 所示。

图 7-4　推转式

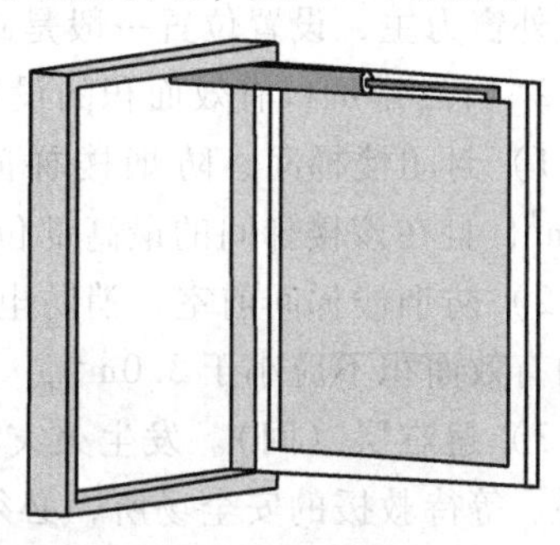

图 7-5　拉转式

6. 推滑式

推滑式是在横轴推转式的基础上改进得来的，这种设计方式缩小了开口与顶棚之间的距离，增加了排烟面积，对排烟十分有利。这种形式只适用于矩形开口，如图7-6所示。

7. 电动排烟窗

电动排烟窗是与火灾自动报警系统联动或可远距离控制的排烟窗，如图7-7所示。

图7-6 推滑式

三、自然排烟口的有效面积

可开启外窗的自然通风是较为简便的排烟方式，但可开启外窗的自然通风应有一定的面积保证，以达到排烟效果，满足人员疏散时的安全需要。

图7-7 电动排烟窗

1. 自然排烟口有效面积的确定

矩形排烟口的有效面积

$$F_{py} = B_{py} h_{py} \tag{7-1}$$

式中 B_{py}——排烟口的有效宽度；

h_{py}——排烟口的有效高度。

根据自然排烟的原理，自然排烟口应设置在房间外墙的上部或顶棚上。将排烟口设置在顶棚上是十分有效的，但这只对单层的房间（如中庭、厂矿车间等）才适用。自然排烟一般以外窗为主，设置位置一般是距顶棚80cm以内。

2. 自然排烟口有效面积的设置要求

1）封闭楼梯间、防烟楼梯间。每5层内的可开启外窗或开口的有效面积不应小于$2.0m^2$，且在该楼梯间的最高部位应设置有效面积不小于$1.0m^2$的可开启外窗或开口。

2）防烟楼梯间前室、消防电梯前室。自然通风的有效面积不应小于$2.0m^2$，对合用前室的有效面积不应小于$3.0m^2$。

3）避难层（间）。发生火灾时，避难层（间）是楼内人员尤其是行动不便者免遭火灾威胁、等待救援的安全场所，必须有较严格的安全要求，因此为了加强其自然通风的效果，迅速将入侵的烟气排除，采用自然通风方式的避难层（间）应设有不同朝向的可开启外窗或百叶窗，其有效面积不应小于该避难层（间）地面面积的2%，且每个朝向的自然通风面积不应小于2.0m^2。

4）厂房、仓库。确定厂房、仓库的可开启外窗面积应符合下列规定：

① 采用自动开启方式时，厂房的排烟面积应为排烟区域建筑面积的2%，仓库的排烟面积应增加一倍。

② 采用手动开启方式时，厂房的排烟面积应为排烟区域建筑面积的3%，仓库的排烟面积应增加一倍。

5）建筑面积≤500m^2 的房间、建筑面积≤2000m^2 的办公室、建筑面积≤1000m^2 的商场和其他公共建筑，应设置不小于室内面积2%的排烟窗。

6）在走道两端（侧）设置排烟窗时，其面积应不小于2m^2，且两侧排烟窗的距离不应小于走道长度的2/3。当设有自动喷水灭火系统时，排烟面积可减半。当建筑的室内净高大于6m时，建筑的室内净高每增加1m，排烟面积可减少5%，但不小于排烟区域建筑面积的1%。

3. 自然排烟口的设置

为保证排烟系统较好地发挥作用，排烟口、排烟窗与最远排烟点的距离是重要的控制指标。如果距离太长，烟气在水平蔓延时将会过早沉降，影响排烟效果，因此在布置自然排烟口时，应注意防烟分区内排烟口或排烟窗至室内或走道的任一点最近的水平距离不应大于30m；当室内高度超过6m，且具有自然对流条件时，其水平距离可增加25%。

1）排烟窗应设置在排烟区域的顶部或外墙，并应符合下列规定：

① 当设置在外墙上时，排烟窗应位于储烟仓内或室内净高度的1/2以上，并应沿火灾的气流方向开启。

② 宜分散布置，除带形排烟窗外，每组排烟窗的长度不宜大于2.5m。

③ 设置在防火墙两侧的排烟窗，它们之间的水平距离应不小于2m。

④ 自动排烟窗附近应同时设置便于操作的手动开启装置。

⑤ 走道设有机械排烟系统的办公楼，当办公室的面积小于300m^2 时，除排烟窗的设置高度及开启方向无限制外，其余仍按上述要求执行。

2）排烟窗的面积应符合下列规定：

① 当开窗角大于70°时，其面积应按窗的面积计算。

② 当开窗角小于70°时，其面积应按窗的水平投影面积计算。

③ 当采用侧拉窗时，其面积应按开启的最大窗口面积计算。

④ 当采用百叶窗时，其面积应按窗的有效开口面积计算。

⑤ 当采用平推窗并设置在顶部时，其面积应按窗的1/2周长与平推距离的乘积计算，且不应大于窗的面积。

⑥ 当采用平推窗并设置在侧墙时，其面积应按窗的1/4周长与平推距离的乘积计算，且不应大于窗的面积。

4. 自然排烟口的启动要求

当火灾被确认后，除采光带外，排烟区域的自动排烟窗、补风设施、自动挡烟垂壁等所有自然排烟系统设备应能在60s内完全处于工作位置，并在75s内自动关闭与排烟无关的通风、空调系统。可开启外窗应方便开启，设置在高处的可开启外窗应设置距地面高度为

1.3～1.5m 的开启装置。

对于室内净空高度大于6m且面积大于500m^{2}的中庭、营业厅、展览厅、观众厅、体育馆、客运站、航站楼及类似公共场所采用自然排烟方式时，应采取下列措施之一：

1）有火灾自动报警系统的应设置自动排烟窗。

2）无火灾自动报警系统的应设置集中控制的手动排烟窗。

3）常开排烟口。

采用自然排烟的厂房、仓库的外窗设置应符合下列规定：

1）侧窗应沿建筑物的两条对边均匀设置。

2）顶窗应在屋面均匀设置且宜采用自动控制。屋面的斜度小于等于12°时，每200m^{2}的建筑面积应设置相应的顶窗；屋面的斜度大于12°时，每400m^{2}的建筑面积应设置相应的顶窗。

固定采光带（窗）应在屋面均匀设置，每400m^{2}的建筑面积应设置一组，且不应跨越防烟分区。

严寒、寒冷地区的采光带应有防积雪和防冻措施。

第三节　机械加压送风防烟

机械加压送风防烟是在疏散通道等需要防烟的部位送入足够的新鲜空气，使其维持高于建筑物其他部位的压力，从而把着火区域所产生的烟气堵截于防烟部位之外，如图7-8所示。

机械加压送风防烟有如下优点：风道截面面积小，占有的有效空间少，比较经济；系统不受高温烟气的威胁，比较安全可靠；可对烟气起到冷却作用，降低火区的温度；便于对既有建筑进行防烟技术改造；污染少，仅需极少量的清洁和维修工作。应注意的是，当加压送风楼梯间的正压值过高时，会使楼梯间通向前室或走廊的门打不开，因此在进行系统设置时，要考虑泄压问题。

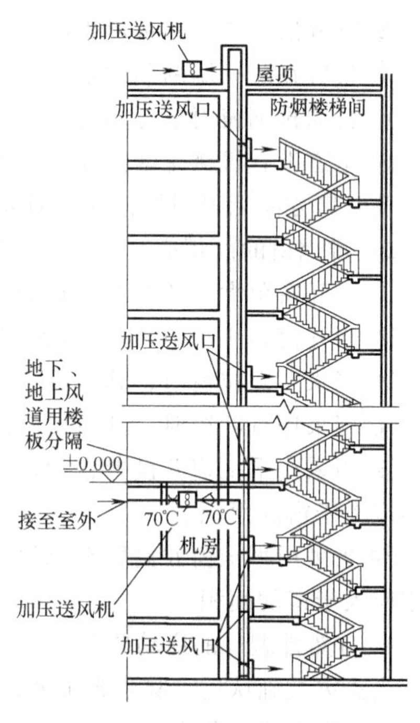

图7-8　机械加压送风示意图

一、机械加压送风系统的设置部位

机械防烟系统的设置部位应符合有关标准、规范的规定。下列部位应设置机械加压送风防烟系统：

1）建筑高度超过50m的公共建筑和工业建筑中的防烟楼梯间及前室、消防电梯前室、合用前室。

2）建筑高度超过100m的住宅建筑，其防烟楼梯间及前室、消防电梯前室、合用前室。

3）建筑的地下部分为3层或3层以上，或当地下底层室内地坪与室外出入口地坪高差大于10m时设置的防烟楼梯间。

4）不能采用自然通风方式的封闭楼梯间。

地下室、半地下室与地上共用楼梯间，且地下室、半地下室的楼梯间不具备自然通风条件时，地下室、半地下室的楼梯间宜设置独立加压送风系统。受条件限制时可与地上楼梯间共用加压送风系统，但其送风量应按规定增加。

当防烟楼梯间的前室或合用前室采用机械加压送风方式时，其楼梯间也应采用机械加压送风方式。

下列楼梯间或前室、合用前室可以不设置防烟系统：

1）利用敞开的阳台、凹廊作为防烟楼梯间的前室、合用前室，或前室、合用前室设有不同朝向可开启外窗的楼梯间。

2）建筑高度低于100m的住宅建筑，前室、合用前室设有符合规范要求的可开启外窗时的楼梯间。

3）消防电梯井设有机械加压送风时的消防电梯前室。

4）消防电梯井和防烟楼梯间均设有机械加压送风时的合用前室。

5）当地下为1～2层，且地下最底层的地坪与室外地坪的高差不大于10m时设置的封闭楼梯间，当其首层有直接开向室外的门或有不小于1.2m^2的可开启外窗时，其楼梯间可不采用机械加压送风方式。

二、机械加压送风量

采用机械加压送风方式时，加压送风机的送风量应按保持加压部位规定的正压值所需的漏风量或门开启时保持门洞处规定的风速所需的送风量计算。

1）前室、合用前室或楼梯间的保持正压的送风量应按式（7-2）计算

$$L_1 = 0.827 A \Delta P^{1/n} 1.25 N_1 \tag{7-2}$$

式中 L_1——保持加压部位一定的正压值所需的漏风量（m^3/s）；

A——每层电梯门或疏散门的有效漏风面积（m^2），疏散门的门缝宽度取0.002～0.004m，电梯门的门缝宽度取0.005～0.006m；

ΔP——压力差（Pa），前室、合用前室、消防电梯前室、封闭避难层（间）与走道之间的压力差应为25～30Pa，防烟楼梯间与走道之间的压力差应为40～50Pa；

n——指数（一般取2）；

1.25——不严密处附加系数；

N_1——漏风门的数量，当采用常开风口时取楼层数，当采用常闭风口时取1。

2）保持开启门洞处风速的风量可按式（7-3）计算

$$L_2 = A_k v N_2 \tag{7-3}$$

式中 L_2——开启着火层疏散门时为保持门洞处风速所需的送风量（m^3/s）；

A_k——每层开启门的总截面面积（m^2）；

v——门洞截面风速（m/s），当楼梯间及合用前室采用机械加压送风时，取0.7m/s；当楼梯间采用机械加压送风、前室不送风时，取1.0m/s；当楼梯间不采用机械加压送风、前室送风时，取1.2m/s；当前室或合用前室采用机械加压送风且楼梯间采用可开启外窗的自然通风时，通向前室或合用前室疏散门的风速不应小于1.2m/s；

N_2——设计层数内疏散门的开启数量。

对于式（7-3）中的 N_2，有以下说明：

楼梯间：采用常开风口，当地上楼梯间为 15 层以下时，设计两层内的疏散门开启，取 $N_2=2$；当地上楼梯间为 15 层及以上时，设计 3 层内的疏散门开启，取 $N_2=3$；当为地下楼梯间时，设计 1 层内的疏散门开启，取 $N_2=1$；当防火分区跨越楼层时，设计跨越楼层内的疏散门开启，取 N_2 = 跨越楼层数，最大值为 3。

前室、合用前室：采用常闭风口，当防火分区不跨越楼层时，取 N_2 = 系统中开向前室门最多的一层门数量；当防火分区跨越楼层时，取 N_2 = 跨越楼层数所对应的疏散门数，最大值为 3。

当系统负担层数大于 6 层时，封闭楼梯间、防烟楼梯间（前室不送风）的加压送风量也可按表 7-2 ~ 表 7-5 选用。

表 7-2　消防电梯前室的加压送风量

系统负担高度 h/m	加压送风量/(m^3/h)
$24 \leqslant h < 50$	13800 ~ 15700
$50 \leqslant h < 100$	16000 ~ 20000

表 7-3　前室、合用前室（楼梯间采用自然通风）的加压送风量

系统负担高度 h/m	加压送风量/(m^3/h)
$24 < h \leqslant 50$	16300 ~ 18100
$50 < h \leqslant 100$	18400 ~ 22000

表 7-4　封闭楼梯间、防烟楼梯间（前室不送风）的加压送风量

系统负担高度 h/m	加压送风量/(m^3/h)
$24 < h \leqslant 50$	25400 ~ 28700
$50 < h \leqslant 100$	40000 ~ 46400

表 7-5　防烟楼梯间及合用前室的分别加压送风量

系统负担高度 h/m	送风部位	加压送风量/(m^3/h)
$24 < h \leqslant 50$	防烟楼梯间	17800 ~ 20200
	合用前室	10200 ~ 12000
$50 < h \leqslant 100$	防烟楼梯间	28200 ~ 32600
	合用前室	12300 ~ 15800

表 7-2 ~ 表 7-5 中的风量是按开启 2.0m × 1.6m 的双扇门确定的。当采用单扇门时，其风量可乘以 0.75 的系数；当设有多个疏散门时，其风量应乘以开启疏散门的数量，最多按 3 扇疏散门开启计算。当防火分区跨越楼层时，应按照本节所给公式进行计算；按本节所给的表查取风量时，注意风量的上、下限选取应按层数、风道材料、防火门漏风量等因素综合比较确定。

对于超过 32 层或建筑高度超过 100m 的高层建筑，其送风系统应分段设计，如图 7-9 所示。剪刀楼梯间可合用一个机械加压送风风道，其风量应按两个楼梯间的风量计算，送风口应分别设置。封闭避难层（间）的机械加压送风量应按避难层（间）的净面积以每平方米不少于 $30m^3/h$ 计算。

三、机械加压送风方式的设置要求

1. 基本要求

为防止漏风，采用机械加压送风的场所不应设置百叶窗，不宜设置可开启外窗。机械加压送风的防烟楼梯间和合用前室，宜分别独立设置送风系统，当必须共用一个系统时，应在通向合用前室的支风管上设置压力差自动调节装置。

当不具备设置加压送风竖井的条件时，楼梯间可采用直灌式加压送风系统。直灌式送风是在建筑的顶层或低层安装送风机，直接通过上下敞通的楼梯间进行送风。由于没有竖井，楼梯间的压力分布均匀性较差，楼层门在靠近送风口处的漏风量较大，因此对于高度超过 32m 的高层建筑，应采用楼梯间多点部位送风的方式。为弥补漏风，直灌式加压送风系统的送风量应比计算值或查表法的送风量增加 20%。

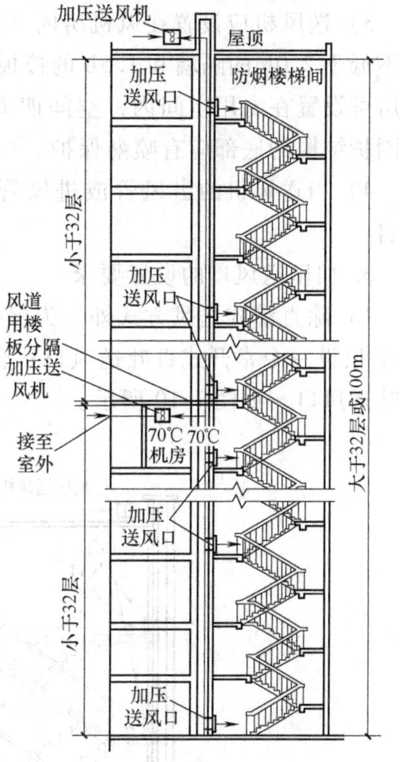

图 7-9　分段设计加压送风系统

加压送风口不宜设在首层，通常是直接将送风机设置在楼梯间的顶部，也可设置在楼梯间附近的设备平台上或其他楼层，送风口直对楼梯间。由于楼梯间通往安全区域的疏散门（包括首层、避难层、屋顶通往安全区域的疏散门）经常开启，故加压送风口应远离这些楼层，避免大量的送风从这些楼层的门洞处泄漏，导致楼梯间的压力分布均匀性较差。

2. 送风机的设置要求

机械加压送风系统是火灾时保证人员快速疏散的必要条件。除了应保证该系统能正常运行外，还必须保证所输送的空气能供人正常呼吸，因此加压送风机的进风必须是室外不受火灾和烟气威胁的空气。一般应将进风口设在排烟口的下方，并保持一定的高度差；当必须设在同一层面时，应保持两风口边缘间的相对距离或设在不同朝向的墙面上，并应将进风口设在该地区主导风向的上风侧。加压送风机的布置位置也很关键，如果将加压送风机布置在顶层屋面上，发生火灾时整个建筑被烟气笼罩，此时加压送风机送往防烟楼梯间、前室的就不是清洁的空气了，而是烟气，这会严重威胁人员疏散的安全。为保证加压送风机在发生火灾时不受火灾威胁，加压送风机的机房应满足一定的耐火极限要求。

机械加压送风的送风机可采用轴流送风机或中低压离心送风机，其安装位置应符合下列规定：

1）送风机的进风口宜直接与室外空气相联通。

2）送风机的进风口不宜与排烟风机的出风口设在同一层面；当必须设在同一层面时，如是上下设置，进风口应在排烟风机出风口的下方，两者边缘的垂直距离不应小于 3m；如是水平设置，两者边缘的水平距离不应小于10m。

3）送风机应设置在风机房内（除排烟风机房外）或室外屋面上。风机房应采用耐火极限不低于2.0h的隔墙和1.5h的楼板及甲级防火门与其他部位隔开。当条件受到限制时，风机房可设置在专用空间内，空间四周的围护结构应采用耐火极限不低于1.0h的不燃烧体，且围护结构的底部应有喷淋保护。

4）当送风机的出风管或进风管上安装有单向风阀或电动风阀时，应保证火灾时阀门开启。

3. 加压送风口的设置要求

1）除直灌式送风方式外，为保持楼梯间全高度范围内的压力均衡一致，楼梯间宜每隔2~3层设一个常开式百叶送风口；合用一个井道的剪刀楼梯应每层分别独立设一个常开式百叶送风口，如图7-10所示。

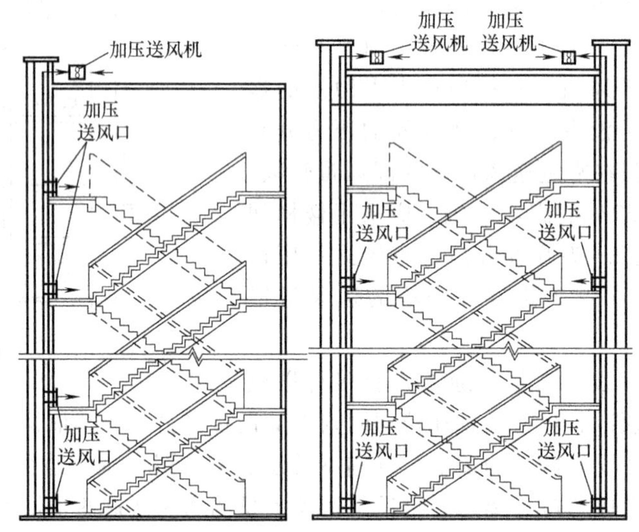

图7-10　剪刀楼梯送风口设置

2）前室、合用前室应每层设一个常闭式加压送风口，火灾时由消防控制中心联动开启火灾层的送风口。当前室采用带启闭信号的常闭防火门时，可设常开式加压送风口。

3）送风口的风速不宜大于7m/s。

4）送风口不宜设置在被门挡住的部位。

4. 送风管道的设置

1）送风管道应采用不燃烧材料制作。由于混凝土等非金属材料风道的漏风现象较严重，易导致机械防烟系统失效，因此应优先采用金属风道。当采用金属风道时，管道内的风速不应大于20m/s；当采用内表面光滑的混凝土等非金属材料风道时，不应大于15m/s。

2）为使整个加压送风系统在火灾时能发挥正常的防烟功能，除了进风口和送风机不能受火焰和烟气的威胁外，保证其风道的完整性和密闭性也是不可忽视的，因此送风管道与排烟管道不宜贴邻设置。当贴邻设置时，送风管道和排烟管道应采用无机材料管道，且均应达到2.0h的耐火极限。

3）设置在独立管井以外的加压送风管，在发生火灾时从管道外部受到火焰和烟气侵袭的概率较高，因此未设置在独立管井内的加压送风管，其耐火极限不应小于1.5h。

4）为了保证加压送风井道在受到火灾威胁时仍能正常工作，加压送风井道应采用耐火极限不小于1.0h的隔墙与相邻部位分隔开；当隔墙上必须设置检修门时，应采用乙级防火门。

当系统的余压超过最大压力差时，应采取设置余压调节阀或采用变速送风机等措施。

第四节　机械排烟设计

机械排烟是利用排烟风机把着火区域中所产生的高温烟气通过排烟口排至室外的排烟方式，如图7-11所示。机械排烟系统由挡烟垂壁、防火阀、排烟口、排烟管道、排烟风机、烟气排出口及电气控制设备等组成。机械排烟方式的优点是排烟效果比较稳定，排烟造成的负压使得烟气不会向其他区域扩散；缺点是初期投资和维修费用较高，排烟设备必须能耐高温，火灾进入全面发展阶段后排烟效果可能显著降低。

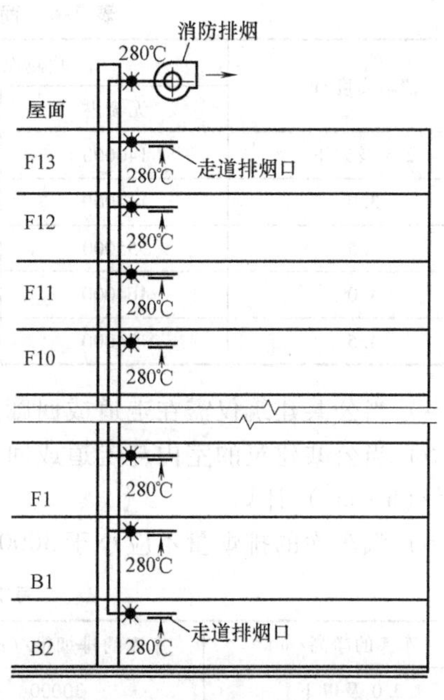

图7-11　机械排烟示意图

一、机械排烟系统基本的设置要求

为提高排烟系统的可靠性、安全性，排烟系统担负的楼层数不应太多或竖向高度不应过高，以利于烟气的及时排除，否则一旦系统出现故障，容易造成大面积的失控，对建筑的整体安全构成威胁。机械排烟系统在横向宜按每个防火分区独立设置，超过32层或建筑高度超过100m的高层建筑，为不使一套排烟系统负担过大，尤其是防止因排烟竖风道的烟囱效应造成的排烟风机超负荷运转，其排烟系统应分段设计。

设置排烟设施的建筑内，敞开楼梯和自动扶梯穿越楼板的开口部位应设置挡烟垂壁或卷帘等设施。应注意防烟分区内排烟口或排烟窗至室内或走道的任一点最近的水平距离不应大于30m；当室内高度超过6m，且具有对流条件时，其水平距离可增加25%。

排烟系统与通风、空气调节系统宜分开设置。当合用时，应符合下列条件：

1）系统的风口、风道、风机等应满足排烟系统的要求。

2）当火灾被确认后，应能在60s内完全开启排烟区域内的排烟阀（口）和排烟风机，并在75s内自动关闭与排烟无关的通风、空调系统。

3）风管的保温材料应采用不燃材料。

二、机械排烟量的确定

当排烟风机担负多个防烟分区时，其风量应按最大一个防烟分区的排烟量、风管（风道）的漏风量及其他未开启排烟阀（口）的漏风量之和计算。一个防烟分区的排烟量应由计算确定，但下列场所可按以下规定确定：

1）建筑面积≤$500m^2$ 的房间，其排烟量应不小于 $60m^3/(h \cdot m^2)$。对建筑面积较小的场所，由于此类区域人员在排烟区域的疏散距离较短，设置排烟主要是为了通过排烟导出热量，降低火灾区域的温度，便于消防人员及时扑救，一般不考虑保证清晰高度，故根据工程实际条件，排烟量的设定采用面积法或体积法。

2）建筑面积大于 $500m^2$ 小于或等于 $2000m^2$ 的办公室，其排烟量可按 8 次/h 计算，且不应小于 $30000m^3/h$。

3）建筑面积大于 $500m^2$ 小于或等于 $1000m^2$ 的商场和其他公共建筑，排烟量应按 12 次/h计算，且不应小于 $30000m^3/h$；当建筑面积大于 $1000m^2$ 时，不应小于表 7-6 中的数值。

表 7-6 商场和其他公共建筑的排烟量

清晰高度/m	商场/(m^3/h)		其他公共场所/(m^3/h)	
	无喷淋	设有喷淋	无喷淋	设有喷淋
2.5 及以下	140000	50000	115000	43000
3.0	147000	55000	121000	48000
3.5	155000	60000	129000	53000
4.0	164000	66000	137000	59000
4.5	174000	73000	147000	65000

4）当公共建筑仅需在走道或回廊设置排烟时，机械排烟量不应小于 $13000m^3/h$。

5）当公共建筑的室内与走道或回廊均需设置排烟时，其走道或回廊的机械排烟量可按 $60m^3/(h \cdot m^2)$ 计算。

6）汽车库的排烟量不应小于 $30000m^3/h$，且不应小于表 7-7 中的数值。

表 7-7 汽车库的排烟量

车库的净高/m	车库的排烟量/(m^3/h)	车库的净高/m	车库的排烟量/(m^3/h)
3.0 及以下	30000	7.0	36000
4.0	31500	8.0	37500
5.0	33000	9.0	39000
6.0	34500	9.0 以上	40500

当公共建筑内中庭的周围场所设有机械排烟时，中庭的排烟量可按周围场所中最大排烟量的两倍数值计算，且不应小于 $107000m^3/h$（或 $25m^2$ 的有效开窗面积）；当公共建筑内中庭的周围场所仅需在回廊设置排烟或均设置自然排烟时，中庭的排烟量应根据热释放量按规定计算确定。其他场所的排烟量或排烟窗面积，应按照烟羽流的类型，根据火源功率、清晰高度、烟羽流质量流量及烟羽流温度等参数经计算确定。

设有机械排烟的场所应考虑设置补风系统，补风量不应小于排烟量的 50%，空气应直接从室外引入。补风系统可采用疏散外门、手动或自动可开启外窗及机械补风等方式。设有机械排烟的走道或小于 $500m^2$ 的房间，可不设补风系统。

三、排烟风机的设置

设置排烟风机应满足以下要求：

1）排烟风机的耐高温要求。排烟风机可采用离心式或轴流式排烟风机，应能满足280℃时连续工作30min的要求。当排烟风道内的烟气温度达到280℃时，烟气中已带火，此时应停止排烟，否则烟火扩散到其他部位会造成新的危害；如仅关闭排烟风机，并不能阻止烟火通过管道蔓延，因此排烟风机的入口处应设置能自动关闭的280℃排烟防火阀，并联锁关闭排烟风机。

2）排烟风机的位置要求。排烟风机应设置在排烟系统的顶部，并设置在专用的风机房内或室外屋面上。为了确保加压送风机和补风机的吸风口不受烟气威胁，满足人员疏散和消防扑救的需要，排烟风机的烟气出口宜朝上，并应高于加压送风机和补风机的进风口，两者的垂直距离或水平距离应符合规范的规定。当系统中任一排烟口或排烟阀开启时，排烟风机应能联动启动。

3）排烟风机房的要求。风机房应采用耐火极限不低于2.0h的隔墙和1.5h的楼板及甲级防火门与其他部位隔开。当条件受到限制时，风机房可设置在专用空间内，空间四周的围护结构应采用耐火极限不低于1.0h的不燃烧体，且围护结构的底部应有喷淋保护，排烟风机两侧应有600mm以上的空间。当排烟风机必须与其他风机合用机房时，应符合下列条件：

① 机房内应设有自动喷水灭火系统。

② 机房内不得设有用于机械加压送风的风机与管道。

③ 排烟风机与排烟管道上不宜设有软接管。当排烟风机及系统中设置有软接头时，该软接头应能在280℃的环境条件下连续工作不少于30min。

四、排烟管道的设置

设置排烟管道应满足以下要求：

1）管道材质的要求。排烟管道是高温气流通过的管道，为防止管道燃烧，必须采用不燃烧材料制作。当采用金属管道时，管道内的风速不应大于20m/s；当采用非金属管道时，不应大于15m/s；当采用土建管道时，不应大于10m/s。排烟管道的厚度应按《通风与空调工程施工质量验收规范》（GB 50243—2002）的有关规定执行。

2）管道隔热的要求。当顶棚内有可燃物时，为了防止排烟管道本身的高温引燃顶棚内的可燃物，顶棚内的排烟管道应采用不燃烧材料进行隔热，并与可燃物保持不小于150mm的距离。

3）管道井的要求。排烟管道的管道应采用耐火极限不小于1h的隔墙与相邻区域分隔开；当隔墙上必须设置检修门时，应使用不低于丙级的防火门。水平排烟管道穿越防火墙时，应设排烟防火阀。当穿越两个及两个以上的防火分区或排烟管道位于走道的顶棚内时，管道的耐火极限不应小于1h。排烟管道不应穿越前室或楼梯间，如果确有困难必须穿越时，其耐火极限不应小于2h，且不得影响火灾时的人员疏散。排烟管道布置示意图如图7-12所示。

五、排烟阀（口）的设置

设置排烟阀（口）应满足以下要求：

1）排烟口的高度。为了将起火区域产生的烟气有效、快速地排出，以利于安全疏散，排烟口应设在储烟仓内。由于走道顶棚的上方常有大量的风道、水管、电缆桥架等，在顶棚上布置排烟口有困难时，可以将排烟口布置在紧贴走道顶棚的侧墙上，高度应在其净空高度的1/2以上；当设置在侧墙时，其最近的边缘与顶棚的距离不应大于0.5m。

2）联动要求。发生火灾时，排烟系统只需对有烟的防烟分区进行排烟。因此火灾时应由火灾自动报警装置联动开启排烟区域的排烟阀（口），且在现场设置手动开启装置。为保证排烟效果，对担负两个及两个以上防烟分区的排烟系统宜采用漏风量小的高气密性排烟阀；非排烟区的排烟阀（口）处于关闭状态，既有利于减少对排烟区的干扰和分流，防止烟气被引入非着火区，又可保证非排烟区的空间气体压力略高于排烟区的压力，更好地防止烟气的蔓延。

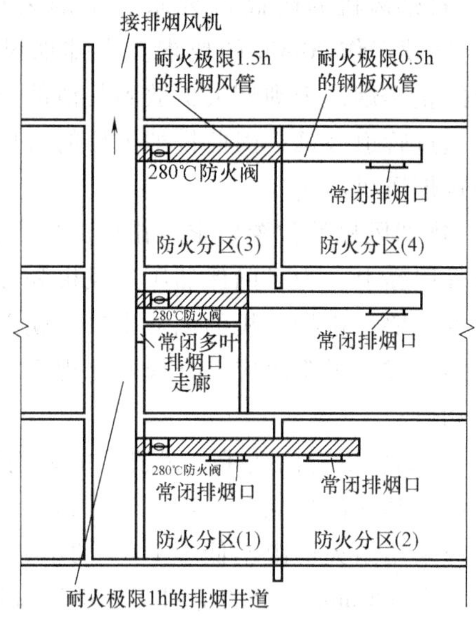

图7-12　排烟管道布置示意图

3）排烟口的水平距离要求。由于烟气不断从起火区蔓延过来，在排烟口的周围始终聚集有大量浓烟，如果排烟口的位置距安全出口过近，那么浓烟将影响疏散人员识别安全出口的位置，不利于人员的安全疏散，因此排烟口与附近安全出口相邻边缘之间的水平距离不应小于1.5m，并使烟流方向与人员的疏散方向相反。

4）排烟口的风速。排烟口的风速过大会过多吸入周围的空气，使排出的烟气中空气所占的比例增大，影响实际的排烟效果，一般要求排烟口的风速不宜大于10m/s。在工程设计中，应注意一个机械排烟系统担负多个防烟分区的排烟时，每个防烟分区的排烟量不宜相差太大，否则排烟量较小的防烟分区的排烟口会出现超速现象。

设置机械排烟设施的地下室，当房间面积小于50m^{2}时，排烟阀（口）可设置在公共走道。当火灾确认后，同一排烟系统中着火防烟分区的排烟阀（口）应呈开启状态，其他防烟分区的排烟阀（口）应呈关闭状态。当排烟阀（口）设在顶棚内，通过顶棚的上部空间进行排烟时，封闭式顶棚上设置的烟气入口，其颈部烟气的速度不宜大于1.5m/s，顶棚应采用不燃烧材料；非封闭式顶棚的顶棚开孔率不应小于顶棚净面积的25%，且应均匀布置。

六、补风系统

根据空气流动的原理，在排出某一区域空气的同时，也需要有另一部分的空气进行补充，因此在设置排烟系统时，为了形成理想的气流组织，迅速排除烟气，有利于人员安全疏散和消防人员进入，宜设置补风系统。补风系统可采用疏散外门、手动或自动可开启外窗等自然进风方式以及机械送风方式。采用机械补风时，补风量不应小于排烟量的50%，空气应直接从室外引入。在同一个防火分区内，可以采用疏散外门、手动或自动可开启外窗进行排烟补风，并保证补风气流不受阻隔，但是不应将防火门、防火窗作为补风途径。

补风口与排烟口设置在同一空间内相邻的防烟分区时，补风口的位置不限。当补风口与排烟口设置在同一防烟分区时，补风口应设在储烟仓的下沿以下，补风口与排烟口的水平距离不应小于 5m。排烟区域所需的补风系统应与排烟系统联动开闭。机械补风口的风速不宜大于 10m/s，人员密集场所补风口的风速不宜大于 5m/s，自然补风口的风速不宜大于 3m/s。补风管道的耐火极限不应低于 0.5h；当补风管道跨越防火分区时，管道的耐火极限不应低于 1.5h。

建筑的地上部分设有机械排烟的走道或小于 $500m^2$ 的房间时，可不设补风系统。

自学指导

本章学习重点：防、排烟方式及选用；自然排烟口的设置要求；机械加压送风系统和机械排烟系统设置的基本原理和基本要求；机械加压送风量和机械排烟量的确定。

1. 防烟方式有：非燃化防烟、密闭防烟、阻碍防烟和机械加压送风防烟四种方式。

2. 排烟方式有：自然排烟、机械排烟两种方式。

3. 自然排烟口在设置时应结合排烟口的形式和开关方式确定排烟口的有效面积，并注意排烟口的安装位置对有效面积的影响。

4. 机械加压送风防烟和机械排烟的设置主要考虑的因素有风量、送（排）风口、管道、阀门、风机等。

本章学习难点：机械排烟量的确定

机械排烟量应根据所需排烟的场所采用不同的指标，分别采用面积法、体积法来确定。

复习思考题

一、判断题（正确的在括号内打√，错误的打 ×）

1. 防烟分区内的排烟口距最远点的水平距离不应超过 50m。(　　)

2. 当按规范可采用自然排烟方式时，防烟楼梯间前室或合用前室利用敞开的阳台进行自然排烟，该楼梯间可不设其他防烟设施。(　　)

3. 层数为 32 层的高层建筑，其送风系统及送风量应分段设计。(　　)

二、简答题

1. 常用的防烟和排烟方式都有哪些？

2. 什么是排烟口的有效面积，它有哪些基本要求？

3. 机械加压送风方式的设置有哪些基本要求？

4. 机械排烟设计中的机械排烟量如何确定？

5. 机械排烟设计中对排烟风机、排烟管道和排烟阀（口）的设置各有哪些要求？

第八章　电气防火

学习目标

1. 应了解、知道的内容

电气火灾的基本概念、负荷分级的划分方法；电气线路敷设的安全要求；防雷建筑物的分类、静电的危害形式。

2. 应理解、清楚的内容

电气火灾的种类和原因；电力系统的组成；电缆的敷设方式及防火要求；雷电的种类及危害、建筑物防雷的基本措施、防静电的基本措施。

3. 应掌握、会用的内容

防雷装置的组成及设计要求。

4. 应熟练掌握的内容

电缆敷设的防火要求。

自学学时　6学时

老师导学

本章主要介绍电气火灾的基本概念和引起电气火灾的主要原因。对电气线路的敷设提出防火要求，并对建筑物防雷的常识进行基本介绍，分析静电的危害，介绍防静电的基本方法。

随着经济的发展，用电量的急增，电气火灾常有发生。如何有效地预防和控制电气火灾，及早监控电气火灾的发生，是大家普遍关心的问题，也是消防工作的重点和难点。由于电气火灾主要是电气线路火灾，因此，本章的主要研究内容为电气火灾形成的机理、电气线路防火及防雷防静电等。

第一节　电气火灾

电气火灾是指由于电气方面的原因（如过负荷、短路、漏电、电火花或电弧等）产生火源而引起的火灾。下面分别介绍电气火灾的种类和原因。

一、过负荷

过负荷是指电气设备或导线的功率或电流超过其额定值。发生过负荷的原因：设计、安装时选型不正确，造成电气设备的额定容量小于实际负荷容量；设备或导线随意装接，过多地接入用电负荷；导线截面选得过细，与负荷电流值不相适应。

电气设备或导线的绝缘材料，大都是可燃的有机绝缘材料，如油、纸、麻、丝和棉花类纺织品、树脂、沥青、漆、塑料、橡胶等；只有少数属于无机材料，如陶瓷、石棉和云母等。过负荷使导体中的电能转变成热能，当导体和绝缘物局部过热并达到一定温度时，就会引起火灾。

二、接触不良

接触不良时，接触电阻过大，会形成局部过热，从而出现电弧、电火花，形成潜在的点火源。接触电阻过大的基本原因是连接质量不好。接触不良主要发生在导线与导线或导线与电气设备的连接处，常见的原因有：电气接头表面污损，导致接触电阻增加；电气接头长期运行，产生导电不良的氧化膜，又未及时清除；电气接头因振动或由于热的作用，使连接处发生松动、氧化；铜、铝的连接处未按规定方法进行处理，发生电化学腐蚀，也会使接触电阻增大；电气接头没有按规定方法连接或连接不牢。

接触不良通常与过负荷的原因共同引起火灾，因为在过负荷的条件下，导体的温度过高，而温度的最高点通常出现在接触不良处，从而由于过负荷原因使接触不良处引发火灾。

三、短路

短路是电气设备最严重的一种故障状态，短路的主要原因是载流部分的绝缘被破坏，有以下情况：

1）电气设备的选用和安装与使用环境不符，致使其绝缘在高温、潮湿、酸碱环境条件下受到破坏。绝缘导线由于拖拉、摩擦、挤压、长期接触尖硬物体等，导致绝缘层出现机械损伤。

2）电气设备使用时间过长，绝缘老化，各种性能下降。

3）使用维护不当，长期带病运行，扩大了故障范围。

4）过电压导致绝缘被击穿。

5）错误操作或把电源投向故障线路。

6）恶劣天气，如大风、暴雨造成线路发生金属性连接。

短路时，由于导电部分发生了金属性连接，此时电流大、温度高、发热时间短，因此导体的温升很快，容易形成火灾；或者在短路点或导线连接松动的电气接头处产生电弧或电火花引起火灾。

四、电弧、电火花

电弧是开关电器等在大气中开断时，只要电源电压超过12V，被开断的电流超过0.25A，在触头间会产生一团温度极高、发出强光，能导电、变形的近似圆柱形的气体。电弧还可能是由于接地装置接触不良或电气设备与接地装置间距过小，过电压时击穿空气引起。电弧的温度很高，可达6000℃以上，不但可引燃它本身的绝缘材料，还可将它附近可燃的材料、蒸气和粉尘引燃。

五、漏电

当电气线路有损伤，或绝缘导线由于高温、潮湿、摩擦、过电压、机械损坏等原因造成绝缘损伤时，漏电电流将会通过设备外壳、保护接零线（保护接地线）、零线（大地）等形成闭合回路，在一定的环境下，对靠近物质（穿线金属管、电气装置的金属外壳、潮湿木材等）会发生漏电，漏电可使局部物质带电，会给人们造成严重或致命的触电危害或产生电火花、电弧、过热、高温等而造成火灾。在电气火灾中，漏电引起的火灾比短路等引起的火灾更具隐蔽性，失火后也难找出真正的原因（被短路等假象所掩盖），因此危害性也就更大。

六、非线性谐波

谐波是由于用电设备的非线性特性造成的，当电网电压施加到非线性用电设备上时，负荷电流与电压的变化并不是线性（正比）关系，电流波形发生畸变，从而形成谐波。正常情况下，民用建筑中配电线路的中线电流比各相电流要小得多，所以设计的中性线导线较细，而大量使用的计算机、空调、电梯等设备产生的大量谐波电流从中线流过时产生的中线电流甚至会超过各相电流。这时就会使导线过负荷、过热，绝缘发生损坏，进而引起短路，导致火灾。

七、烘烤

电气设备在通电状况下会发热。利用其发热原理，人们制造了电熨斗、电吹风、电炉等家用电器，但这些家用电器使用不慎时，容易形成火灾。

八、静电

静电是由于不同物体相互摩擦、接触、分离，以及喷溅、静电感应、人体带电等原因，逐渐累积静电荷形成高电位，在一定条件下将周围的空气介质击穿，对金属放电并产生足够能量的火花放电。当火花放电的能量大于易燃易爆混合物的点火能时，则能形成火灾事故。

九、雷电

雷电是大自然中的一种大气放电现象，其放电电压可达数百万伏甚至数千万伏，放电电流达几十万安培。雷电危害的特点是放电时总要伴随产生机械力、高温、强烈电弧、强烈电火花，使建筑物遭到破坏，输电线或电气设备受到损坏，导致火灾和爆炸事故。

第二节　电气线路防火

一、线路敷设的安全要求

（一）架空线路敷设的防火要求

1. 对路径的防火要求

架空线路不得跨越有爆炸危险和易燃材料的堆场，架空线的路径如果与这些有爆炸燃烧危险的设施较近时，必须保持不小于电杆杆高的1.5倍间距，以防倒杆、发生断线事故时，导线短路产生的电火花、电弧引起爆炸和燃烧。

2. 安全距离

架空线路有高压和低压两种，为确保其安全运行，应保持一定的水平和垂直距离。

（1）垂直距离　垂直距离是指架空线路导线对地面、水面和跨越物的最小允许间隔距离。为防止架空线与树木之间相碰放电引起火灾和危及人身安全，架空线至树木顶部的垂直距离，1kV以下线路一般不应小于1m。

(2) 水平距离　在最大风的情况下，架空线路的边导线与城市中多层建筑物或新建、扩建建筑物的规划线之间的水平距离，1kV 以下线路不应小于1m。在无风的情况下，边导线与城市中既有建筑物之间的净距离不应小于0.5m。

(3) 线间距离　架空配电线路导线与导线之间的距离，1kV 以下线路一般为0.3～0.5m。

(4) 交叉距离　电力线路互相跨越时，一般较高电压线路在上，并不应有导线接头；较低电压线路在下，且应保持一定的允许距离。

(二) 接户线与进户线的防火要求

从架空线路的电杆到用户线第一个支持点之间的引线称为接户线。接户线的挡距，不宜越过25m。距地距离，1kV 以下线路要大于2.5m。

从用户屋外第一个支持点到屋内第一个支持点之间的引线称为进户线。进户线应采用绝缘线穿管进户。进户钢管应设防水弯头，以防电线磨损、雨水倒流，造成短路或产生漏电引起火灾。严禁将电线从腰窗、天窗、老虎窗，或从草、木层的顶面直接引入建筑内。

爆炸物品库的进户线，宜用铠装电缆埋地引入；进户处宜穿管，并将电缆的外皮接地，从电杆引入电缆的长度，一般不小于15m。电杆上设置低压接闪器，以防感应雷电波沿进户线侵入库内，引起爆炸事故。

(三) 室内、室外线路敷设的防火要求

室内线路是指安装在房屋内的线路；室外线路是指安装在遮檐下，或沿建筑物外墙，或外墙之间的配线。室内、室外线路应采用绝缘线。敷设时要防止导线受损，以免绝缘性能下降。导线连接也要避免接触电阻过大造成局部过热。

1. 按环境确定敷设方式

在实际生产、生活中，电气设备所处的环境各异，有的处在潮湿和特别潮湿的环境，有的处于多尘环境，有的处于腐蚀环境，有的处于火灾危险环境及爆炸环境。不同的环境要求使用的导线、电缆类型也不同，安装、敷设方法也要与其相适应，只有这样才能保证导线在各种环境下的安全运行，防止火灾。高温场所应选择耐火及耐热的导线或电缆。

有闷顶的三、四级耐火等级建筑物，闷顶内的电线应采用金属管配线或带有金属保护的绝缘导线。

2. 对室内、室外线路距离的要求

为防止导线绝缘损坏后引起火灾，敷设线路时，要注意线间、导线固定点间，以及线路与建筑物、地面之间必须保持一定的距离。导线固定点间的最大允许距离，随着敷设方式、敷设场所和导线截面的不同而不同。为了保证配线的安全运行，配线与室内外管道、建筑物、地面及导线间应保持一定的距离。具体的要求请参见《民用建筑电气设计规范》(JGJ 16—2008)。

3. 室内导线采用其他敷设方式时的防火要求

(1) 明敷方式时的防火要求　绝缘导线应防止受机械损伤，如导线穿过墙壁或可燃建筑构件时，应采用砌在墙内的绝缘管子，且每只管子只能穿一根导线。从地面向上安装的绝缘导线，距地面2m 高以内的一段应加钢管保护，以防绝缘导线受损造成事故。

(2) 线管配线的防火要求　凡明敷于潮湿场所或埋在地下的线管均应采用水、煤气钢管；明敷或暗敷于干燥场所的线管可采用一般钢管。线管内导线的绝缘强度不应低于交流

500V。用金属管保护的交流线路，当负荷电流大于25A时，为避免产生涡流，应将同一回路的所有导线穿于同一根金属管内。

（3）槽板配线的防火要求　槽板配线就是把导线敷设在槽板线槽内，上面用盖板把导线盖住。槽板有木制的和塑料制的，适用于办公室、生活间等干燥场所。槽板应设在明处，不得直接穿过楼板或墙壁（穿过时应加以瓷套管或钢管保护）。安装槽板时，要防止将导线的绝缘钉破，造成漏电或短路事故。槽板若为木板，应采用干燥、坚硬的木板，并涂有防护漆，以达到防止机械损伤和增强绝缘的目的。木槽板不得在有尘埃或有燃烧、爆炸危险的场所中使用。

4. 对导线连接和封端的技术要求

导线相互连接的连接处或导线与电气设备的连接接头处，是形成过大电阻、产生局部过热的主要部位，是产生火灾的引火源。

（1）对连接的基本要求

1）导线连接的接触处应接触可靠、稳定，接触电阻应不大于同样长度、截面的电阻。

2）连接接头要牢固，其机械强度不得小于同截面导线的80%。

3）接头应耐腐蚀；铝线连接采用焊接时，要防止焊药和焊渣的化学腐蚀；铝线与铜线连接要防止接触面松动、受潮、氧化，以及防止在铜、铝线之间产生电化学腐蚀。

4）接头处包缠的绝缘材料，其绝缘强度应与原导线相同。

（2）对铜（铝）芯导线中间连接和分支连接的要求　铜（铝）芯导线的中间连接和分支连接应采用熔焊、线夹、瓷接头或压接法连接。在实际施工中，截面面积$2.5mm^2$以下的单芯导线多用绞接；截面面积$4mm^2$的单芯铜导线可用缠绕法连接；多芯铜导线多用压接或缠绞连接。铝芯线可用铝管进行压接。铜导线和铝导线连接时，可用铜、铝过渡连接管。

（3）对导线出线端子的装接要求

1）截面面积在$10mm^2$及以下的单股铜芯线和单股铝芯线直接与设备、器具的端子连接。

2）截面面积在$2.5mm^2$及以下的多股铜芯线拧紧、搪锡或接续端子后与设备、器具的端子连接。

3）截面面积大于$2.5mm^2$的多股铜芯线，除设备自带插接式端子外，接续端子后与设备或器具的端子连接；多股铜芯线与插接式端子连接前，端部拧紧、搪锡。

4）多股铝芯线连接端子后与设备、器具的端子连接。

5）每个设备和器具的端子接线不多于两根电线。

（4）对恢复接头外绝缘的要求　绝缘导线的中间和分支接头，绝缘应包缠均匀、严密，处理后的绝缘强度不应低于原有绝缘强度；接线端子的端部与导线绝缘层的空隙处，应用绝缘带包缠严密。

二、电缆的敷设方式及一般要求

（一）电缆敷设的方式

电缆常用的敷设方式有电缆隧道、电缆沟、排管、壕沟（直埋）、竖井、桥架、穿管等，各种敷设方式的特点如下：

1. 电缆隧道和电缆沟

电缆隧道是用来放置电缆的，是一种封闭狭长的构筑物，高1.8m以上，两侧设有数层敷设电缆的支架，可放置很多电缆，人在隧道内能方便地进行电缆的敷设、更换和维修工作。缺点是投资大、耗材多、易积水。适用于有大量电缆的配置处。

电缆沟为有盖板的沟道，宽度与深度均不足1m，敷设和维修电缆时必须揭开水泥盖板，很不方便，且容易积灰、积水；但施工简单、造价低，走向灵活且能容纳较多电缆。电缆沟有屋内、屋外和厂区三种，适用于电缆更换机会少的地方。要避免在易积水、积灰的场所使用。

电缆隧道（沟）在进入建筑物（如变配电所）处，或电缆隧道每隔100m处，应设带门的防火隔墙，以防止电缆发生火灾时烟火向室内蔓延扩大，且可防止小动物进入室内。电缆隧道应尽量采用自然通风，当电缆的热损失超过150W/m时，需考虑机械通风。

2. 排管

电缆敷设在排管中，可以免受机械损伤，并能有效防火；但施工复杂，检修和更换都不方便，散热条件差，需要降低电缆的载流量。排管的孔眼尺寸，对电力电缆应大于100mm，对控制电缆应大于75mm，孔眼的电缆占积率为66%。排管材料的选择，高于地下水位1m以上的可用石棉水泥管或混凝土管；对潮湿地区，为防止电缆铅层受到化学腐蚀，可用PVC管（聚氯乙烯塑料管）。

3. 壕沟（直埋）

将电缆直接埋在地下，既经济、方便，又可防火；但易受机械损伤、化学腐蚀、电腐蚀，故可靠性差，且检修不便，多用于工业企业中电缆根数不多的地方。

电缆的埋深不得小于700mm，壕沟与建筑物基础的间距要大于600mm。电缆引出地面的部分，为防止机械损伤，应用2m长的金属管或保护罩加以保护。电缆不得平行敷设于管道的上方或下方。

4. 竖井

竖井是电缆敷设的垂直通道。竖井多用砖和混凝土砌成，在有大量电缆垂直通过处采用，如发电厂的主控室，高层建筑的层间。竖井在地面或每层的楼板处设有防火门（通常做成封闭式），底部与电缆隧道或电缆沟相连。高层建筑的竖井一般位于电梯井道的两侧和楼梯走道附近。竖井还可做成固定式的钢结构。竖井的截面尺寸根据电缆的数量确定，大型竖井的截面面积为$4 \sim 5m^2$，小的只有$0.45m^2$。

竖井易产生烟囱效应，容易使火势扩大，因此每层楼板都应隔开，穿行管线或电缆孔洞必须用防火材料进行封堵。

5. 桥架

电缆架空敷设在桥架上，优点是无积水问题，避免了与地下管沟的交叉、相碰，成套产品整齐美观，节约空间，封闭桥架有利于防火、防爆、抗干扰；缺点是耗材多，施工、检修和维护困难，易受外界引火源（油、煤粉起火）的影响。

6. 穿管

下列情况需要给予穿管保护：电缆引入和引出建筑物、隧道、沟道、楼板等处；电缆穿过道路、铁路等；电缆引入或引出地面时，距离地面2m至埋入地下$0.1 \sim 0.25m$的一段；电缆与各种管道、沟道的交叉处；电缆可能受到机械损伤的地段。保护管可选用水、煤气管，腐蚀性场所可选用PVC管。保护管的管径要大于电缆外径的1.5倍，且弯曲半径不应小于所穿电缆的最小允许弯曲半径。

（二）电缆敷设的一般要求

1）电缆线路的路径要短，避开场地规划中的施工用地或建设用地，且尽量避免与其他管线（管道、铁路、公路和弱电电缆）交叉。敷设时要顾及既有或拟建房屋的位置，不使电缆接近易燃易爆物及其他热源，尽可能不使电缆受到各种损坏（机械损伤、化学腐蚀、地下流散电流腐蚀、水土锈蚀、蚁鼠害）等。

2）不同用途的电缆（如工作电缆与备用电缆、动力控制电缆等）宜分开敷设，并进行防火分隔。

3）电缆支持点之间的距离、电缆弯曲半径、电缆线路最高点与最低点之间的高差等不得超过规定数值，以防机械损伤。

4）电缆在电缆沟内、隧道内及明敷时，应将麻包外皮剥去，并应采取防火措施。

5）交流回路中的单芯电缆，应采用无钢铠的或非磁性材料护套的电缆。单芯电缆要防止引起附近的金属部件发热。

6）其他要求可参考有关的电气设计手册。

（三）电缆敷设的防火要求

1. 远离热源和火源

电缆应尽可能远离蒸汽管道及一般管道，其最小允许距离见表 8-1。当现场的实际距离小于表 8-1 中的数值时，应在接近蒸汽及油管道处或交叉段前后 1m 处采取措施。可燃气体或可燃液体管沟内不应敷设电缆。若电缆敷设在热力管沟中，应采取隔热措施。在具有爆炸和火灾危险的环境中不应明敷电缆。

表 8-1　电缆与管道最小允许距离　（单位：mm）

名称	电力电缆		控制电缆	
	平行	垂直	平行	垂直
蒸汽管道	1000	500	500	250
一般管道	500	300	500	250

2. 隔离易燃易爆物

在容易受到外界着火影响的电缆区段，架空电缆应采用防火槽盒，涂刷阻燃材料等，以防止火灾蔓延；或埋地、穿管敷设电缆。对处于充油电气设备（如高压电流互感器、高压电压互感器）附近的电缆沟，应密封好。

3. 封堵电缆孔洞

对通向控制室电缆夹层的孔洞、沟道，竖井的所有墙孔，楼板处的电缆穿孔，以及控制柜、控制箱、表盘下部的电缆孔洞等，都必须用耐火材料（如防火堵料、防火包和防火网）进行严密封堵，其中防火包和防火网主要应用于既要求防火又要求通风的地方。决不允许用木板等易燃物品进行承托或封堵，以防止电缆火灾向非火灾区蔓延。

4. 防火分隔

设置防火隔墙、阻火夹层及阻火段，将火灾控制在一定的范围内。在电缆隧道、电缆沟及电缆托架的下列部位应设置防火隔墙或带门的防火隔墙：不同厂房或车间的交界处，进入室内处，不同电压配电装置的交界处，不同机组及主变压器的电缆连接处，电缆隧道与主控室、集控室、网控室的连接处，以及长距离缆道每隔 100m 处等。

防火隔墙由矿渣充填密实而成，其两侧 1.5m 长的电缆涂有防火涂料，一般需涂刷 4 ~ 6 次；隔墙两侧还装有尺寸为 2mm × 800mm 的防火隔板（厚 2mm 的钢板），并用螺栓固定在电缆支架上。电缆沟阻火墙与隧道隔墙的做法相同，且都要考虑排水的问题，但阻火墙两侧无须设置隔板和涂刷防火涂料。在电缆竖井中可用阻火夹层进行分隔，阻火夹层的上下面为耐火板，中间一层为矿棉半硬板。耐火板在穿过电缆处按电缆外径锯成条状孔，铺好后用散装泡沫矿棉充填缝隙；夹层上下 1m 处用防火涂料涂刷电缆及支架 3 次；人孔可用可移动防火板铰链带及活动盖板予以密封。为防止架空电缆着火延燃，沿架空电缆线路可设置阻火段，对电缆的中间接头应设置防火段。

5. 防止电缆因故障自燃

要防止电缆积灰、积水；确保电缆头的工艺质量，对集中的电缆头要用耐火板隔开，并对电缆头附近的电缆刷以防火涂料；高温处应选用耐热电缆，对消防用电缆应进行耐火处理；应加强通风，控制电缆隧道内的温度，明敷电缆不得带麻被层。

6. 设置自动报警与灭火装置

可在电缆夹层、电缆隧道的适当位置设置自动报警与灭火装置。

第三节　防雷防静电

一、防雷

（一）雷电的种类及危害

雷电是自然界的一种大气放电现象。当地面上建筑物和电力系统内的电气设备遭受直接雷击或雷电感应时，其放电电压可达数百万伏甚至数千万伏，电流达几十万安培，这远大于发、供电系统的正常值，因此破坏性极大。雷电不仅能击毙人畜，劈裂树木，击毁电气设备，破坏建筑物及各种工农业设施，还能引起火灾和爆炸事故。

1. 雷电的种类

（1）直击雷　有时雷云较低，周围又没有带异性电荷的云层，而在地面上的突出物（树木或建筑物）感应出异性电荷，雷云就会通过这些物体与大地之间放电，这就是通常所说的雷击。这种直接击在建筑物或其他物体上的雷电称为直击雷。由于受直接雷击，被击物产生很高的电位，从而引起过电压，流过的雷电流又很大，这样极易使设备或建筑物受到损坏，并引起火灾或爆炸事故。当雷击于对地绝缘的架空导线上时，会产生很高的电压，不仅会引起线路的闪络放电，造成线路发生短路事故，而且这种高电压还会以波动的形式迅速地向建筑物内传播，使沿线电气设备的绝缘受到严重威胁，常导致击穿绝缘并起火等严重后果。

（2）感应雷（雷电感应）　感应雷是由于雷电流的强大电场和磁场变化产生的静电感应和电磁感应造成的，它能造成金属部件之间产生火花放电，引起建筑物内的爆炸危险物品爆炸或易燃危险物品燃烧。

1）静电感应。当雷云出现在导体的上空时，由于感应作用，使导体上产生与雷云所带电荷相反的电荷；雷云放电时，在导体上的感应电荷得不到释放，会使导体与大地之间形成很高的电压，这种现象称为静电感应。在电力线路上同样会发生静电感应，而且由静电感应产生的电压还很高，并能形成向线路两端前进的雷电波。

2）电磁感应。由于雷电流的迅速变化（极大的幅值和陡度），在它周围的空间里会产生强大的、变化的电磁场；处于这一电磁场中的导体会感应产生强大的电动势，这种情况称为电磁感应。如果在强磁场中放一开口的金属环，环上感应的电动势足以在间隙处产生火花放电。

电磁感应现象还可以使构成回路的金属物体上产生感应电流，如果回路中有些地方接触不良，就会产生局部发热，这对存放的易燃、易爆物是极其危险的。

（3）雷电波侵入　由于雷电对架空线路或金属导体的作用，所产生的雷电波就可能沿着这些导体侵入屋内危及人身安全或损坏设备。雷电波侵入造成的事故在雷害事故中占有相当大的比重。

（4）球状闪电　关于球状闪电的研究，还没有完整的理论。通常认为它是一个炽热的等离子体，温度极高并发出紫光或红光，直径一般为10～100cm。球状闪电通常沿水平方向以1～2m/s的速度上下滚动，有时距地面0.5～1m，有时距地面2～3m。通常它只会维持数秒，但也有维持了1～2min的纪录。球状闪电常从建筑物的孔洞、烟囱或开着的门窗进入室内，有时也从不接地的门窗钢丝网进入室内。

球状闪电有时自然爆炸，有时遇到金属管线而爆炸。球状闪电遇到易燃物质（如木材、纸张、衣物、被褥等）则造成燃烧，遇到易爆物质则造成爆炸。

2. 雷电的危害

雷电的危害一般分为两类：一是雷直接击在建筑物上发生热效应作用和电动力作用；二是雷电的二次作用，即雷电流产生的静电感应和电磁感应。雷电的具体危害表现如下：

1）雷电流的高压效应会产生高达数万伏甚至数十万伏的冲击电压，如此巨大的电压瞬间冲击电气设备，足以击穿绝缘使设备发生短路，导致燃烧、爆炸等直接灾害。

2）雷电流的高热效应会产生强大的电流，并产生大量的热能。位于雷击点处的热量会很高，可熔化金属，引发火灾和爆炸。

3）雷电流的机械效应主要表现为被雷击物体发生爆炸、扭曲、崩溃、撕裂等现象，导致财产损失和人员伤亡。

4）雷电流的静电感应可使被雷击物体感应出与雷电性质相反的大量电荷，当雷电消失而来不及疏散时，即会产生很高的电压，产生放电现象从而导致火灾。

5）雷电流的电磁感应会在雷击点周围产生强大的交变电磁场，由此感应出的电流可引起电器局部过热从而导致火灾。

（二）建筑物防雷

1. 建筑物年预计雷击次数

建筑物年预计雷击次数应按下式计算

$$N = kN_gA_e \tag{8-1}$$

式中　N——建筑物年预计雷击次数（次/a）；

k——校正系数，在一般情况下取1，在下列情况下取相应数值：位于河边、湖边、山坡下或山地中土壤电阻率较小处，地下水露头处，土山顶部，山谷风口等处的建筑物，以及特别潮湿的建筑物取1.5；金属屋面没有接地的砖木结构建筑物取 1.7；位于山顶上和旷野的孤立建筑物取 2；

N_g——建筑物所处地区雷击大地的年平均密度［次/(km^2·a)］；

A_e——与建筑物截收相同雷击次数的等效面积（km^2）。

（1）雷击大地的年平均密度　雷击大地的年平均密度首先应按当地气象台（站）的资料确定；若无此资料，可按下式计算

$$N_g = 0.1T_d \tag{8-2}$$

式中　T_d——年平均雷暴日（d/a），根据当地气象台（站）的资料确定。

只要一天之中能听见雷声就算一个雷暴日。年平均雷暴日是指一年内的雷暴日数，即年平均雷暴日。我国把年平均雷暴日不超过 20d 的地区叫少雷区，超过 20d 不超过 40d 的叫多雷区，大于 40d，不超过 60d 的叫高雷区，超过 60d 的叫强雷区。年平均雷暴日宜采用当地近 3 年以上仪器测量的年平均值。

（2）建筑物等效面积　建筑物等效面积 A_e 应为其实际平面积向外扩大后的面积，其计算方法应符合下列规定：

1）当建筑物的高度 H 小于 100m 时，其每边的扩大宽度 D 和等效面积 A_e 应按下式计算

$$D = \sqrt{H(200-H)} \tag{8-3}$$

$$A_e = [LW + 2(L+W)\sqrt{H(200-H)} + \pi H(200-H)] \times 10^{-6} \tag{8-4}$$

式中　　D——建筑物每边的扩大宽度（m）；

L、W、H——建筑物的长、宽、高（m）。

2）当建筑物的高度 H 等于或大于 100m 时，其每边的扩大宽度应按等于建筑物的高度 H 计算；建筑物的等效面积应按下式计算

$$A_e = [LW + 2H(L+W) + \pi H^2] \times 10^{-6} \tag{8-5}$$

当建筑物各部位的高度不同时，应沿建筑物周边逐点算出最大扩大宽度，其等效面积 A_e 应按每点最大扩大宽度外端的连接线所包围的面积计算。

2. 建筑物防雷分类

建筑物根据其重要性、使用性质、发生雷电事故的可能性和后果，按防雷要求分为第一类防雷建筑物、第二类防雷建筑物和第三类防雷建筑物三类，具体的分类见《建筑物防雷设计规范》（GB 50057—2010）。

3. 建筑物防雷措施

各类防雷建筑物应设防直击雷的外部防雷装置，并应采取防闪电电涌侵入的措施。

第一类防雷建筑物和《建筑物防雷设计规范》（GB 50057—2010）第 3.0.3 条第 5～7 款所规定的第二类防雷建筑物，还应采取防闪电感应的措施。

各类防雷建筑物应设内部防雷装置，并应符合下列规定：

1）在建筑物的地下室或地面层处，下列物体应与防雷装置做防雷等电位连接：

① 建筑物金属体。

② 金属装置。

③ 建筑物内系统。

④ 进出建筑物的金属管线。

2）除《建筑物防雷设计规范》（GB 50057—2010）第 4.1.2 条第 1 款的措施外，外部

防雷装置与建筑物金属体、金属装置、建筑物内系统之间，还应满足间隔距离的要求。

《建筑物防雷设计规范》（GB 50057—2010）第 3.0.3 条第 2 ~ 4 款所规定的第二类防雷建筑物还应采取防雷击电磁脉冲的措施。其他各类防雷建筑物，当其建筑物内系统所接设备的重要性较高，以及所处雷击磁场环境和加于设备的闪电电涌无法满足要求时，也应采取防雷击电磁脉冲的措施。防雷击电磁脉冲的措施应符合《建筑物防雷设计规范》（GB 50057—2010）第 6 章的规定。

（三）防雷保护装置

接闪杆、接闪线、接闪网和接闪带，都是经常采用的防止直接雷击的防雷装置。

接闪杆主要用来保护露天的发电装置、变配电装置和建筑物；接闪线对电力线路等较长的保护物最为适用；接闪网和接闪带主要用于保护建筑物。接闪器是一种专用的防雷设备，主要用来保护电力设备。

1. 防雷装置

一套完整的防雷装置都是由接闪器、引下线和接地装置三部分组成的。

（1）接闪器　接闪杆、接闪线、接闪网和接闪带实际上都是接闪器。

接闪器就是专门直接接受雷击的金属导体。接闪器利用其高出被保护物的突出位置，把雷电引向自身；然后通过引下线和接地装置，把雷电流泄入大地，以保护被保护物免受雷击。

接闪杆一般用圆钢或焊接钢管制成。接闪线一般采用截面面积不小于 $35mm^2$ 的镀锌钢绞线。接闪网和接闪带可以采用圆钢或扁钢，优先采用圆钢。

除第一类防雷建筑物和突出屋面排放爆炸性危险气体、蒸气或粉尘的放散管、呼吸阀、排风管等管道应符合《建筑物防雷设计规范》（GB 50057—2010）的规定外，屋顶上的永久性金属物，如旗杆、栏杆、装饰物等宜作为接闪器，其各部件之间均应连成电气通路。但不得利用广播电视共用天线杆顶上的接闪器来保护建筑物。

（2）引下线　引下线是连接接闪器与接地装置的金属导体，应满足机械强度、耐腐蚀和热稳定性的要求。

引下线一般采用圆钢或扁钢，其尺寸和防腐蚀要求与接闪网和接闪带相同。如用钢绞线作为引下线，其截面面积不应小于 $25mm^2$。

引下线应沿建（构）筑物的外墙敷设，并经最短途径接地。对建筑外形要求较高的，引下线可暗设，但截面面积应加大一级。建筑物的消防梯、钢柱等金属构件可用作引下线，但所有金属构件之间均应连成电气通路。

互相连接的接闪杆、接闪带、接闪网或金属是屋面的接地引下线，一般不应少于两根。

（3）接地装置　接地装置包括接地线和接地体，是防雷装置的重要组成部分。接地装置向大地均匀地泄放雷电流，使防雷装置的对地电压不至于过高。

人工接地体一般分为两种埋设方式，一种是垂直埋设，称为人工垂直接地体；另一种是水平埋设，称为人工水平接地体。

接地装置可用扁钢、圆钢、角钢、钢管等钢材制成。人工垂直接地体宜采用角钢、钢管或圆钢，人工水平接地体宜采用扁钢或圆钢。

防雷装置的接闪器、引下线、接地装置，所用的金属材料应有足够的截面，因为它们既要承受雷电流，又要有足够的机械强度和耐腐蚀性，还要有足够的热稳定性，以承受雷电流的破坏作用。

2. 接闪器保护范围的确定

在一定高度的接闪杆下面有一个安全区域，在这个区域内的设备和建筑物基本上不遭受雷击，这个安全区域称为接闪器的保护范围。保护范围是根据雷电理论、模拟试验及运行经验确定的。由于雷电放电受很多因素的影响，保护范围不是绝对的。但运行经验证明，处于保护范围内的设备和建筑物受到雷击的可能性很小。

滚球法是一种确定接闪器保护范围的方法。应用滚球法的理论出发点是，雷云形成初期在空间的运动方位是不确定的，当雷云运动到距地面被击目标的距离等于空气的击穿距离时，才受到地面被击目标的影响而开始定位。据此理论，滚球法是以 h_r 为半径的一个球体，沿需要防直击雷的部位滚动，如图 8-1 所示；当球体只触及接闪器（包括作为接闪器的金属物），或只触及接闪器和地面（包括与大地接触并能承受雷击的金属物），而不触及需要保护的部位时，则该部分就得到了接闪器的保护。

滚球半径 h_r 就是地面目标的雷击距离。h_r 可根据建筑物的防雷类别确定不同的值，第一类防雷建筑物的滚球半径为 30m，第二类防雷建筑物的滚球半径为 45m，第三类防雷建筑物的滚球半径为 60m。

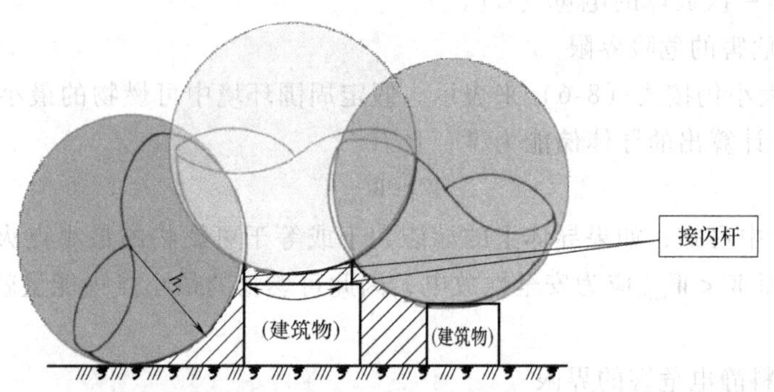

图 8-1 接闪器的保护范围

二、防静电危害

（一）静电火灾及静电火灾发生的条件

静电的危险主要体现在以下几个方面：

一是呈现静电力作用或高压击穿作用，主要是使产品质量下降或造成生产故障；二是呈现高压静电对人体生理机能作用，是所谓“人体电击”；三是静电放电过程是将电场能转换成声、光、热能的形式，热能可作为火源使易燃气体、可燃液体或爆炸性粉尘发生火灾或爆炸事故；四是静电放电过程所产生的电磁场是射频辐射源，对无线电通信是干扰源，对电子计算机会产生误动作。

1. 静电火灾和爆炸事故

在工业生产中，如不安装相应的静电防护设备对产生的静电进行消散，就有可能发生火灾和爆炸。

2. 静电火灾发生的条件

1）周围和空间必须有可燃物存在（即包括可燃气体、易燃液体或可燃粉尘等）。

2）具有产生和累积静电的条件，其中包括物体自身或其周围与它相接触物体的静电起电能力和存在累积静电的环境条件。

3）当静电累积起足够高的静电电位后，必将周围的空气介质击穿而产生放电，构成放电的条件。

4）静电放电的能量，当大于或等于可燃物的最小点火能量时，即成为可燃物的引火源，这是构成静电火灾和爆炸事故的真正原因。

（二）静电危害的危险界限

1. 静电危害的能量界限

静电火花的能量界限，一般是按一次放电的能量来表示的，即

$$W = \frac{1}{2}CU^2 = \frac{1}{2}QU = \frac{Q^2}{2C} \tag{8-6}$$

式中 W——一次放电能量（J）；

C——物体的静电电容（F）；

U——物体放电时的电位与放电后剩余电位之差（V）；

Q——物体一次放电的电量（C）。

2. 导体静电危害的危险界限

导体储能的大小仍按式（8-6）来表示。假定周围环境中可燃物的最小点火能量为 W_{min} 时，用式（8-6）计算出的导体储能为 W，且有

$$W \geqslant W_{min} \tag{8-7}$$

从式（8-7）中可知，如果导体上的储能大于或等于可燃物的最小点火能量，该种放电为危险性放电；而 $W < W_{min}$ 应为安全性放电，因此可燃物的最小点火能量就可看做是静电放电的危险界限。

3. 非导体材料静电危害的界限

1）对于能引燃 0.01mJ 以下的可燃物，带电体的危险电位界限在 1kV 以上。表面电荷密度在 $1 \times 10^{-7}C/m^2$ 以上的带电。

2）对于引燃能量在 0.01～0.1mJ 的可燃物，带电体的危险电位界限在 6～10kV，电荷密度在 $1 \times 10^{-6}C/m^2$ 以上的带电。

3）对引燃能量在 0.1～1mJ 的可燃物，带电体的危险电位界限在 20～30kV。

4）对引燃能量在 1mJ 以上的可燃物，带电体的危险电位界限在 40～60kV 之间。

4. 静电放电形式对静电危害的界限

（1）电晕放电　在带电体上的针状突出体或刀刃状的接地体放电时，只在其尖端附近出现微弱的发光放电并伴随有“嘶嘶”的微弱响声，因为这种放电的能量密度很小，引燃的概率也很小，故只能引燃 10^{-2}mJ 以下点火能量的可燃物。

（2）刷形放电　刷形放电一般为沿面放电形式，可构成明显的放电回路。因为放电呈树枝状，因而放电能量不够集中，放电能量的危险界限最高可达 mJ 级，因此可引燃 mJ 级最小点火能量的可燃物。

（3）堆积粉尘的放电　堆积粉尘放电可构成能量较集中的放电回路，因而引燃概率要比刷形放电更大，故放电能量的危险界限是 10^{-2}～10^2mJ，是很可怕的危害源。

(4) 火花放电 火花放电是指带电体和接地体的形状都比较平滑，且在间隙很小的情况下，间隙间突然放电，像拉成一根线一样，瞬间可释放出较集中的能量，因此引燃的概率较高，可引燃数百毫焦最小点火能量的可燃物。

(5) 人体静电危险界限 人体的电容为150～350pF，假如人体带上数千伏的静电高压，则可产生0.2mJ以上的能量，这足以把饱和烃及其衍生物引燃，故在爆炸危险场合，人体静电是非常可怕的引燃源。

(三) 防静电危害基本措施

1. 减少静电荷的产生

静电荷大量产生并能积累起事故电量，这是静电事故的基础条件，因此就要控制和减少静电荷的产生。

(1) 正确选择材料

1) 选择不容易起静电的材料。

2) 根据带电序列选用不同的材料。

3) 选用吸湿性材料。

(2) 改进工艺

1) 改进工艺中的操作方法，可减少静电的产生；

2) 改变工艺操作的程序，可降低静电的危险性。

3) 湿法生产是防静电的有力措施。

(3) 降低摩擦速度和流速

1) 降低摩擦速度。

2) 降低流速。为了限制在管道中静电荷的产生，必须降低流速，按推荐值执行。

(4) 减少特殊操作中的静电

1) 控制注油和调油的方式。调和方式一般采用泵循环、机械搅拌和管道调和；注油方式以底部进油为宜。

2) 采用密闭装车。密闭装车是将金属鹤管伸到车底，利用金属鹤管保持良好的导电性。选择较好的分装配头，使油流平稳上升，从而减少摩擦和油流在罐体内的翻腾。同时，密封装车可避免油品的蒸发和损耗。

2. 减少静电荷的积累

(1) 静电接地 关于接地对象和接地要求请参考《建筑物防雷设计规范》(GB 50057—2010) 的相关内容。

(2) 增加空气的相对湿度 对于吸湿性材料，可增大空气中的相对湿度，使物体表面形成良好的导电层，将所积累的静电荷从表面泄漏掉。

(3) 使用抗静电添加剂 在绝缘材料中如果加入少量的抗静电添加剂，可增大该种材料的导电性和亲水性，使导电性增加，绝缘性能受到破坏，体表电阻率下降，促使绝缘材料上的静电荷被导走。

(4) 使用静电消除器 静电消除器是利用正、负电荷互相中和的原理来达到消除静电的目的，故静电荷中和需借助于空气电离或电晕放电使带电体上的静电荷被中和。

(5) 其他方法

1) 静电缓和。任何一种绝缘材料自身总有一定的对地泄漏电阻存在，这种将自身的静电荷导走的方法称为静电缓和。在油品中利用这种自身放电所需要的时间称为“静置时间”，为了将不同容量油罐内的静电导走，就需要不同的“静置时间”。

2）屏蔽方法。屏蔽是用接地导体将带电体包围起来，利用屏蔽效应使带电体的静电作用不向外扩散，同时，利用屏蔽效应使参与降低带电电位及放电的面积和体积减小。这样可预防静电。

3. 控制静电场合的危险程度

控制静电场合的危险程度主要通过抑制静电放电和控制放电能量，以及控制或排除放电场合的可燃物来实现，这是防静电灾害的重要措施。

（1）抑制静电放电　静电火灾和爆炸危害是由于静电放电造成的。而产生静电放电的条件是，带电物体与接地导体或其他不接地体之间的电场强度，达到或超过空间的击穿场强。对空气而言其被击穿的均匀场强是33kV/cm。非均匀场强可降至均匀电场的1/3。于是可以采取及时导走静电电荷、控制接触物之间的电位差等措施来抑制静电放电，以预防静电事故的发生。

（2）控制放电能量　如果发生静电火灾或爆炸事故，一是存在放电，二是放电能量必须大于或等于可燃物的最小点火能量。于是可根据第二条引发静电事故的条件，采用控制放电能量的方法，来避免产生静电事故。

（3）控制或排除可燃物　可采取以下措施来降低静电场合的危险程度：采用非可燃物取代易燃物，降低爆炸混合物在空气中的浓度，减少氧含量或采取强制通风措施等。

4. 防止人体静电

（1）人体静电的产生　人体静电产生的主要途径有：鞋子与地面之间的摩擦带电、人体和衣服间的摩擦静电、与带电物之间的感应带电和接触带电、吸附带电等。

（2）人体带电的消除方法　人体带电的消除方法主要有：人体接地、防止穿衣和佩带物带电、回避危险动作、构成一个全面的接地系统等。

（3）防人体静电的基本要求

1）对泄漏电阻的要求。为泄放人体静电，一般选择人体的泄漏电阻在$10^8\Omega$以下，同时考虑特别敏感的爆炸危险场合，避免因人体直接放电造成爆炸，泄漏电阻要选在$10^7\Omega$以上。在低压工频线路的场合还要考虑人身误触电的安全防护，事故泄漏电阻选择在$10^6\Omega$以上为宜。

2）对导电工作服和导电地面等的要求。导电工作服要求在摩擦过程中，其带电电荷密度不得大于$7.0\mu C/m^2$。对于导电地面，一般消电场合的电阻为$10^{10}\Omega$，爆炸危险场所的电阻选择在$10^6\sim10^7\Omega$为宜；导电工作鞋以低于$1.0\times10^8\Omega$为标准。

3）对静电电位的要求。在操作对静电非常敏感的化工产品时，人体电位不能超过10V，因此可根据这个具体要求来控制操作速度和操作方法。

自学指导

本章学习重点：电缆敷设的防火基本要求、防雷防静电的基本措施。

复习思考题

一、填空题

1. 所谓过载，是指电气设备或导线的（　　　　　）或（　　　　　）超过其额定值。

2. 电气火灾的直接原因多种多样，常见的电气火灾原因主要有（　　　　　）、（　　　　　）、（　　　　　）、烘烤、摩擦、雷电和静电等。

3. 雷电感应是由于雷电流的强大电场和磁场变化产生的（　　）和（　　）造成的。

4. 一套完整的防雷装置由（　　　　）、（　　　　）和（　　　　）三部分组成。

5. 接闪器的保护范围是根据（　　　　）、（　　　　）及（　　　　）确定的。

6. 建筑物根据其重要性、使用性质、发生雷电事故的可能性和后果，按防雷要求分为（　　　　）、（　　　　）和（　　　　）。

二、单项选择题（在备选答案中有 1 项是正确的，请将其选出并填入题后括号内）

1. 下列有关接闪器的描述，正确的是（　　）。

A. 接闪器其实就是专门直接接受雷击的金属物体

B. 接闪杆、接闪线、接闪网和接闪带其实都是接闪器

C. 所有的防雷建筑外，均可利用金属屋面作接闪器

D. 接闪器应镀锌或涂装，在腐蚀性较强的场所，应加大截面面积或采取其他防腐措施

2. 下列哪些选项不是对引下线的要求？（　　）

A. 机械强度

B. 耐腐蚀性

C. 热稳定性

D. 柔软性

3. 下列哪项措施是正确的防静电危害措施？（　　）

A. 选择容易起电的材料

B. 选用吸湿性材料

C. 采用顶部注油的方式给油罐加油

D. 提高管道中液体的流速

三、名词解释

1. 电气火灾　　2. 过负荷　　3. 短路　　4. 进户线　　5. 接户线

四、简答题

1. 一套完整的防雷装置应该由哪几部分组成？各有什么基本要求？

2. 对电气线路的敷设都有哪些基本要求？

3. 电缆防火阻燃的措施有哪些？

第九章　火 灾 监 控

学习目标

1. 应了解、知道的内容

火灾现象、火灾探测方法；火灾监控系统的基本设计形式；火灾探测器设置的部位。

2. 应理解、清楚的内容

火灾监控系统的组成及主要设备；不同设计形式的火灾监控系统的设计要求；火灾探测器的选用原则和设置要求；报警区域和探测区域的划分原则；消防控制室的防火要求。

3. 应掌握、会用的内容：

消防联动控制设备的基本要求；

4. 应熟练掌握的内容

报警控制器的基本功能；火灾监控系统电源的设置；火灾探测器、事故广播、消防专用电话、手动报警按钮、消火栓按钮等基本设备的设计要求。

自学学时　8 学时

老师导学

本章主要介绍了火灾探测原理、火灾监控系统的基本组成、设计形式，讲述了火灾监控系统的设计要求。

火灾监控技术是预防和控制初期火灾的一种非常有效的手段。本章在介绍火灾探测原理、系统基本组成及设计形式的基础上，重点讲述了火灾监控系统的设计与安装工程要求。

第一节　火灾探测原理

一、火灾现象及火灾过程分析

物质的燃烧过程是一种伴随有烟、光、热的化学反应过程。在物质燃烧的过程中将会出现下列现象：热（温度）、燃烧气体与烟雾、火焰等。这些现象一般可以作为火灾探测的重要参数。对于普通的可燃物火灾，燃烧的表现形式是：物质受热源的作用首先产生燃烧气体和发生“阴燃”，并产生烟雾，在氧气供应充足的条件下才会逐步地转变成完全燃烧；产生火焰并发出一些可见光与不可见光，同时释放大量的热，使得环境温度升高。

普通可燃物质从火灾初起的“阴燃”阶段开始，到火势渐大，最终酿成火灾。普通可燃物燃烧的特点是：初起和“阴燃”阶段占时较长；火势渐大阶段蔓延迅速；物质全燃阶段产生强烈的火焰辐射。

油品、液化烃等可燃物质的起火过程不同于普通可燃物，起火速度快且迅速达到全燃阶段，形成很少有烟雾遮蔽的明火火灾，因而使用火焰光探测效果较好。此外，当可燃物质是可燃气体或易燃液体的蒸气时，起火燃烧的过程也不同于普通可燃物。在可燃气体或易燃液体蒸气的爆炸浓度范围内由于点火源的作用会引起轰燃或爆炸，故这时对可燃气体或易燃液体蒸气浓度的探测是十分重要的。

二、火灾探测方法

火灾信息探测是以物质燃烧过程中产生的各种火灾现象为依据，以实现早期发现火灾为前提，分析普通可燃物的火灾特点。以其中发生的能量转换和物质转换为基础，利用一定的器材对其附近区域由火灾产生的物理或化学现象进行探测，形成不同的火灾探测方法（有感烟式火灾探测、热（温度）探测、火焰（光）探测、可燃气体探测和复合式火灾探测）。

（一）感烟式火灾探测

感烟式火灾探测是利用一个小型的烟雾传感器来响应悬浮在其周围附近大气中的由燃烧和（或）热解产生的烟雾气溶胶（固态或液态微粒），主要有空气离化探测法和光电感烟探测法。

1. 空气离化探测法

空气离化探测法是利用放射性同位素（一般选择 Am^{241}）释放的 α 射线将空气电离产生正、负离子，使得带电腔室（称为电离室）内的空气具有一定的导电性，在电场作用下形成离子电流；当烟雾气溶胶进入电离室内，比表面积较大的烟雾粒子利用其吸附特性吸附其中的带电离子，从而产生离子电流的变化。这种离子电流的变化与烟浓度有直接的线性关系，并可用电子线路加以检测，从而获得与烟浓度有直接关系的电信号，用于火灾确认和报警。

2. 光电感烟探测法

光电感烟探测法是根据火灾所产生的烟雾颗粒对光线的阻挡或散射作用来实现感烟探测的。根据烟雾颗粒对光线的作用原理，光电感烟探测法分为减光式光电探测和散射光式光电探测两类。

（1）减光式光电探测　减光式光电探测是根据烟雾颗粒对光线（一般采用红外光）的阻挡作用所形成的光通量的减少量来实现对烟雾浓度的有效探测，一般是构成发光与收光部分分离的对射式线状火灾探测。目前，减光式光电探测有点型结构和线型结构两种，点型结构的发光元件和受光元件对应装在检测暗室里；线型结构一般制成主动红外对射式或反射式线型火灾探测器。

减光式光电探测器由发光元件、透射镜、受光元件和电子电路组成，平常从发光元件发出的光通过透射镜射到受光元件上，电路维持正常。如果有烟雾从中阻隔，到达受光元件的光通量就显著减弱，于是受光元件就把光强的变化转化成电信号的变化。光电流相对于初始标定值的变化量的大小反映了烟雾的浓度，据此可通过电子电路对火灾信息进行处理，通过放大电路发出相应的火灾信号。

（2）散射光式光电探测　散射光式光电探测是根据光反射定律，在点状结构的火灾探测器检测暗箱内用发光元件产生一定波长的探测光；当烟雾气溶胶进入检测暗箱时，其中粒径大于探测光波长的着色烟雾颗粒会产生散射光，通过与发光元件呈一定夹角（一般为 90°~135°，夹角越大，灵敏度越高）的受光元件收到的散射光的强度，可以得到与烟浓度成比例关系的信号电流或电压，用于判定火灾。

散射光式光电探测器由检测暗室、发光元件、受光元件和电子电路组成。检测暗室是一个特殊的“迷宫”，外部光线不能到达受光元件，但烟雾粒子却能进入其中。另外，发光元件与受光元件在检测暗室中成一定角度设置，并在其间设置遮光板，使得从发光元件发出的光不能直接到达受光元件上。当烟雾粒子进入光电感烟探测器的检测暗箱，发光元件发出的光线被烟雾粒子散射，其散射光被处于光路一侧的受光元件所感应。受光元件的感应与散射光的强度有关，且由烟雾粒子的浓度所决定。如果探测器感受到的烟雾浓度超过一定的限量时，受光元件接收到的散射光的强度足以激发探测器动作，从而发出火灾报警信号。

红外光束感烟探测器是对警戒范围中某一线路周围的烟雾粒子予以响应的火灾探测器，也属于一种减光式光电探测器，如图 9-1 所示。它的特点是监视范围广，保护面积大。它由发射器和接收器两个独立的部分组成，作为测量用的光路暴露在被保护的空间，且加长了许多倍。如果有烟雾扩散到被保护的空间，由于烟雾粒子对红外光束有吸收和散射的作用，使到达受光元件的光信号减弱；当光信号减弱到一定程度时，探测器就发出火灾报警信号。

传统的光电感烟探测器采用前向散射光采集技术，但其对黑烟的灵敏度较低，对白烟的灵敏度较高；由于大部分火灾在早期发出的烟都是黑烟，这极大地限制了这种探测器的使用范围。

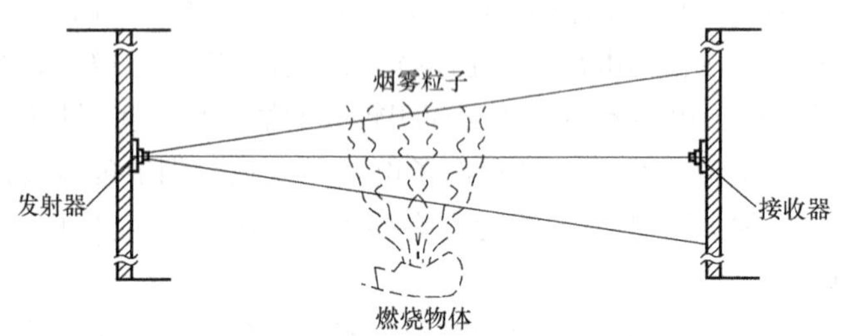

图 9-1　红外光束感烟探测器的工作原理

（二）热（温度）探测

由于热（温度）探测是根据物质燃烧释放出的热量所引起的环境温度升高或其变化率的大小，通过热敏元件与电子线路来探测火灾的，因此热敏元件是最主要的感温元件。目前，常用的热敏元件有电子测温元件（热敏电阻）、双金属片、感温膜盒、热电偶、光纤光栅等。其中，电子测温元件的热滞后性较小，对于普通可燃物可在火灾“阴燃”阶段的中后期实现较为有效的火灾探测，在燃烧阶段和有较大温度变化的火灾危险环境中可实现有效的火灾探测。

热（温度）探测常用的感温火灾探测器，根据其结构造型的不同，可分为点型感温探测器和线型感温探测器两类；根据检测温度参数的特性不同，可分为定温式、差温式、差定温组合式三类。定温式火灾探测器用于感应环境的异常高温；差温式火灾探测器用于感应环境温度异常变化的升温速率；差定温组合式火灾探测器则是以上两种火灾探测器的组合。

光纤光栅感温探测器采用光纤光栅作为测温元件，在石化、电力、冶金等行业都有较广泛的应用，其探测原理是：当宽带光经光纤传输到光栅处时，光栅有选择地反射回一窄带光，在光栅不受外界影响（拉伸、压缩或挤压，环境温度等）时，该窄带光的中心波长为一固定值；而当光栅受到外界影响时，光栅的栅距将发生变化，反射回的窄带光的中心波长将随之发生改变，这样就可以通过检测此变化来测量光栅处的温度变化。

（三）火焰（光）探测

火焰（光）探测是通过受光元件与电子线路来探测物质燃烧所产生的火焰光辐射，广泛使用的有紫外式和红外式两种类型。这类探测方法一般采用被动式光辐射探测原理，用于火灾发展过程中的火焰发展和明火燃烧阶段。其中，紫外式的感光原理多用于油品和电气设备火灾，红外式的感光原理多用于普通可燃物和森林火灾。为了区别非火灾形成的光辐射，火焰（光）探测通常还要考虑可燃物燃烧时火焰光的闪烁频率一般为3～30Hz。

此外还有图像火焰火灾探测系统（双波段火焰火灾探测系统），该系统利用早期火灾烟气的红外辐射特性，结合早期火灾火焰的可见光辐射特征，利用早期火灾的红外视频信号及火灾火焰的可见波段视频信号，同时结合火焰的色谱特性、相对稳定性、纹理特性、蔓延增长特性等，采用趋势算法等智能算法，将火灾探测与图像监控有机结合，实现对高大空间进行早期火灾探测与监控的目的。

（四）可燃气体探测

传统的可燃气体探测是通过气敏元件并利用热催化原理、热敏原理、气敏原理或三端电化学原理，对物质燃烧初期产生的烟气或易燃易爆场所泄漏的可燃气体进行探测。可燃气体探测的原理，按照使用的气敏元件或传感器的不同分为热催化原理、热敏原理、气敏原理和三端电化学原理四种。一般情况下，可燃气体探测在工业环境中应用较多，相应的火灾探测器需采用防爆式结构；随着城市煤气系统的广泛应用，非防爆式家用可燃气体探测器在建筑物中正在不断普及。

主要应用在燃气锅炉房及厨房等场所的点型可燃气体探测器是采用气敏原理的可燃气体探测器，其气体传感器的主要成分是二氧化锡烧结体。在其工作温度下，吸附还原性气体（如液化气、天然气、一氧化碳等）时，因发生还原性气体的吸附与氧化反应，粒子界面存在的势垒降低，形成电子流动，从而使电导率上升；当恢复到清洁空气中时，由于半导体表面吸附氧气，使粒子界面的势垒升高，阻碍电子的流动，从而使电导率下降。传感器就是将这种电导率的变化以输出电压的方式取出，从而检测出气体的浓度。

此外，基于红外吸收原理的气体传感器，可以实现远距离、大面积气体探测，相对于传统点型气体探测器而言，线型红外吸收式气体探测器具有气体选择性强、灵敏度高、探测范围大等优点。红外吸收式气体传感器原理基于Lambert-Beer定律，即若对两个分子以上的气体照射红外光，则分子的动能发生变化，吸收特定波长光，这种特定波长光是由分子结构决定的，由该吸收频谱判别分子种类，由吸收的强弱可测得气体浓度。信号检测部分主要由发射器、探测室和接收器组成，在正常情况下，发射器发送检测气体对应特定吸收波长的脉冲红外光束，经过气体检测室照射到接收器的受光元件上。探测室可做成吸收式以提高传感器的灵敏度并缩短响应时间。当检测气体进入探测室，接收器接收经由检测室气体吸收衰减的红外辐射能量，从而由红外特征波长得知气体的种类，由气体吸收红外光束能量的强弱得知气体的浓度。

（五）复合式火灾探测

出于火灾复杂性的需要，在同一时间段内同时对火灾过程中的烟雾、温度等多个参数进行探测和综合处理的复合式火灾探测也有了比较广泛的应用。复合式火灾探测是建立在单一参数火灾探测的基础上的，是利用火灾发展模型、专用集成电路设计技术和火灾信息处理技术形成的探测方法。复合式火灾探测根据普通可燃物的火灾模型，在同一时间段内同时对火灾过程中的烟雾、温度等多个参数进行探测和综合处理，以兼顾火灾探测的可靠性和及时性为目的，分析、判断火灾，并确认火灾。目前，应用较多的是烟温复合探测器及烟温、一氧化碳复合探测器；光声复合探测技术用于火灾的探测也有一定的进展。

现在研究的还有超声波探测技术和静电探测技术。由于任何燃烧现象中都包含有可闻声、超声波和超低频声波等燃烧声波，因此可将燃烧声波作为探测源进行火灾探测。静电探测技术通过探测燃烧生成的离子的电荷或电荷极性来发现火灾，对无烟火灾和有机溶剂火灾特别灵敏。

第二节　火灾监控系统的基本组成及设计形式

一、火灾监控系统的基本组成

《火灾自动报警系统设计规范》（GB 50116—1998）对火灾自动报警系统的基本组成规定如下：火灾自动报警系统一般由触发器件、火灾报警装置、火灾警报装置和电源四部分组成；复杂系统还包括消防控制设备。

1. 触发器件

在火灾自动报警系统中，自动或手动产生火灾报警信号的器件称为触发器件，它主要包括火灾探测器和手动火灾报警按钮。火灾探测器是能对火灾参数（如烟、温度、光、火焰辐射、气体浓度等）进行感应，并自动产生火灾报警信号的器件。不同类型的火灾探测器适用于不同类型的火灾和不同的场所，在实际应用中，应当按照现行标准的规定进行合理选择。火灾探测器是火灾自动报警系统中应用量最大、应用面最广、最基本的触发器件。

手动火灾报警按钮是用手动方式产生火灾报警信号、启动火灾自动报警系统的器件，也是火灾自动报警系统中不可缺少的组成部分之一。确认火灾发生后，敲碎有机玻璃片并按下按钮，向消防控制室发出火灾报警信号。按规范要求，报警区域内的每个防火分区应至少设置一个手动火灾报警按钮，且从一个防火分区内的任何位置到邻近的一个手动火灾报警按钮的步行距离不应大于30m。当发生火灾时，为了便于及时报警，手动火灾报警按钮应设置在明显和便于操作的部位，如各楼层的电梯间、电梯前室、主要通道等经常有人通过的地方；大厅、过厅、主要公共活动场所的出入口；餐厅、多功能厅等处的主要出入口。

与手动火灾报警按钮相类似的还有消火栓报警按钮，它通常安装在消火栓箱内或近旁，表面装有一块有机玻璃片，使用消火栓箱灭火时，先敲碎有机玻璃片，此时按钮的红色指示灯亮，发出火灾信号；同时，按钮内的继电器发生吸合，控制消防泵启动，并接收消防泵的状态反馈信号。按钮的火警灯和消防泵运行反馈灯点亮，报警控制器发出火警声光信号并显示报警地址。消火栓报警按钮上的泵运行指示灯既可由控制器点亮，也可由从泵控制箱引来的指示泵运行状态的开关信号点亮。

此外，现代消防设施中的重要部件，如自动喷水灭火系统中的压力开关、水流指示器、供水阀门等，它们所处的状态直接反映出系统的当前状态，关系到灭火行动的成败，因此在很多工程实践中已将此类与火灾有关的信号通过转换装置传送至火灾报警控制器。

2. 火灾报警装置

在火灾自动报警系统中，用以接收、显示和传递火灾报警信号，并能发出控制信号和具有其他辅助功能的控制指示设备称为火灾报警装置，它是火灾自动报警系统中的核心组成部分。

在火灾报警装置中，还有一些如编码中继器、区域显示器、火灾显示盘等功能不完整的报警装置，它们可视为火灾报警控制器的演变或补充。它们在特定的条件下应用，与火灾报警控制器同属于火灾报警装置。

编码中继器是连接无编码探测器与控制器的接口模块，一般最多可带15个无编码火灾触发装置，如火灾探测器、手动火灾报警按钮等。

火灾显示盘是显示报警区域内各种报警设备的火警及故障信息的设备，火灾显示盘的信号来自报警控制器，一般采用四线制连接，适用于各防火分区或楼层。当火警及故障信息送入时，将发出两种不同的报警声（火警为变调声响，故障信息为长声响）。当用一台报警控制器同时监控数个楼层或防火分区时，可在每个楼层或防火分区设置火灾显示盘以取代区域报警控制器。

火灾报警控制器的基本功能主要有：主电源、备用电源自动转换；备用电源充电；电源故障检测；电源工作状态指示；为探测器回路供电；控制器或系统故障声光报警；火灾声光报警；火灾报警记忆；时钟单元；火灾报警优先故障报警；声报警、音响消声及再次声响报警、自动巡检和自动打印、部位的开放及关闭、显示被关闭的部位及联动控制功能等。

3. 火灾警报装置

在火灾自动报警系统中，用以发出区别于环境声、光的火灾警报信号的装置称为火灾警报装置。声光警报器就是一种最基本的火灾警报装置，通常与火灾报警控制器（如区域显示器、火灾显示盘、集中火灾报警控制器）组合在一起，以声、光的方式向报警区域发出火灾警报信号，以提醒人们展开安全疏散、灭火救灾等行动。声光警报器能同时发出声和光信号，它内嵌微处理器，通过微处理器用两条总线实现与控制器的通信。当通过外控触点直接点亮声光信号时，定时振荡电路控制蜂鸣器通断产生报警声，控制超高亮发光二极管发出闪亮的光信号。

当发生火灾时，控制器按逻辑要求向火灾警报装置发出命令起启声光警报器，由24V联动电源提供能源将命令转换为声光警报信号，并通过控制定时振荡电路的参数来改变警报声的通断及闪光的频率，以提醒人员疏散。警铃、讯响器也是一种火灾警报装置。火灾时，它们接收由火灾警报装置通过控制模块、中继器发出的控制信号，发出有别于环境声音的声响，它们大多安装于建筑物的公共空间部分，如走廊、大厅。

4. 电源

火灾自动报警系统属于消防用电设备，其主电源应当采用消防电源，备用电源一般采用蓄电池组。火灾自动报警系统的电源除为火灾报警控制器供电外，还为与火灾自动报警系统相关的消防控制设备等供电。

5. 火灾报警系统常用模块

模块是由集成电路、分立元器件或微型继电器组成的电路，是能完成某种功能的整体电路装置。模块不仅具有中继器的作用，而且整体性强、体积小，工作稳定可靠，具有较强的抗干扰能力。它可以接收信号、放大信号，具有扩展功能和带负荷的能力。

模块的种类通常有以下几种：总线隔离模块、单输入模块、单输入/单输出模块、双输入/双输出模块、隔离模块、切换模块、声光报警驱动模块、输出模块、多路输出模块等。其中，常用的是总线隔离模块。

为避免某一局部出现短路造成整个报警系统及联动系统无法正常工作，须装设总线隔离模块。总线隔离模块又称为短路隔离器，它可以将发生故障的总线部分与整个系统隔离开，以保证其他系统的正常工作，便于确定发生故障的部位；当故障排除后，总线隔离模块自行恢复工作，将被隔离的部分纳入系统。总线隔离模块可直接串联在总线上，下接部件（手动开关、模块）地址码的数量一般不多于30个；下接探测器的数量小于等于40个；下接中继器不超过1个。其适用场所主要是一条总线的各防火分区、一条总线的不同楼层、总线的不同分支处等。

6. 消防控制设备

在火灾自动报警系统中，当接收到来自触发器件的火灾报警信号后，能自动或手动启动相关消防设备并显示其状态的设备，称为消防控制设备。消防控制设备主要包括火灾报警联动一体机，自动灭火系统的控制装置，室内消火栓系统的控制装置，防烟排烟系统及空调通风系统的控制装置，常开防火门、防火卷帘的控制装置，电梯迫降控制装置，以及火灾应急广播、火灾警报装置、消防通信设备、火灾应急照明与疏散指示标志的控制装置等。消防控制设备一般设置在消防控制中心，以便于集中统一控制。也有将消防控制设备设置在被控消防设备现场，但其动作信号必须返回消防控制室，实行集中与分散相结合的控制方式。

二、火灾监控系统的基本设计形式

随着电子技术的迅速发展和计算机软件技术在现代消防技术中的大量应用，火灾自动报警系统的结构、形式越来越灵活多样，很难精确划分成几种固定的模式。火灾自动报警技术的发展趋向于智能化系统，这种系统可组合成任何形式的火灾自动报警网络结构，它既可以是区域自动报警系统，也可以是集中报警系统和控制中心报警系统的形式。它们无绝对明显的区别，设计人员可任意组合自己需要的系统形式。根据火灾自动报警系统联动功能的复杂程度及报警系统的保护范围，可将火灾自动报警系统分为区域火灾报警系统、集中火灾报警系统和控制中心报警系统三种基本形式。

1. 区域火灾报警系统

区域火灾报警系统通常由火灾探测器、手动火灾报警按钮、区域火灾报警控制器或通用火灾报警控制器、火灾警报装置及电源等构成。区域火灾报警系统主要用于完成火灾探测和报警任务，适用于小型建筑或防火探测点较少的对象。一般情况下，使用这类系统的火灾探测和报警区域内最多不得超过3台区域火灾报警控制器或用作区域报警的小型通用火灾报警控制器（一般每台探测点的数量 <256 点）；若多于3台，应考虑使用集中火灾报警系统形式。

区域火灾报警系统比较简单，但使用面很广，它既可单独用在工矿企业的计算机房等重要部位和民用建筑的塔楼公寓、写字楼等处，也可作为集中报警系统和控制中心系统的最基本的组成设备。公寓塔楼火灾自动报警系统的构成如图9-2所示。现在区域报警系统多数由环状网络构成（图9-2右边部分），也可能是由支状线路构成（图9-2左边部分），但必须加设楼层报警确认灯。

其中的区域火灾报警控制器按照一定的时间周期顺序对每个火灾探测器进行检测，检测内容包括火灾探测器的工作情况是否正常、火灾探测器监测区域内是否存在火警情况等。火灾探测器将监测到的烟、温度、火焰光等火灾信号转变成电流信号输出给火灾报警控制器，

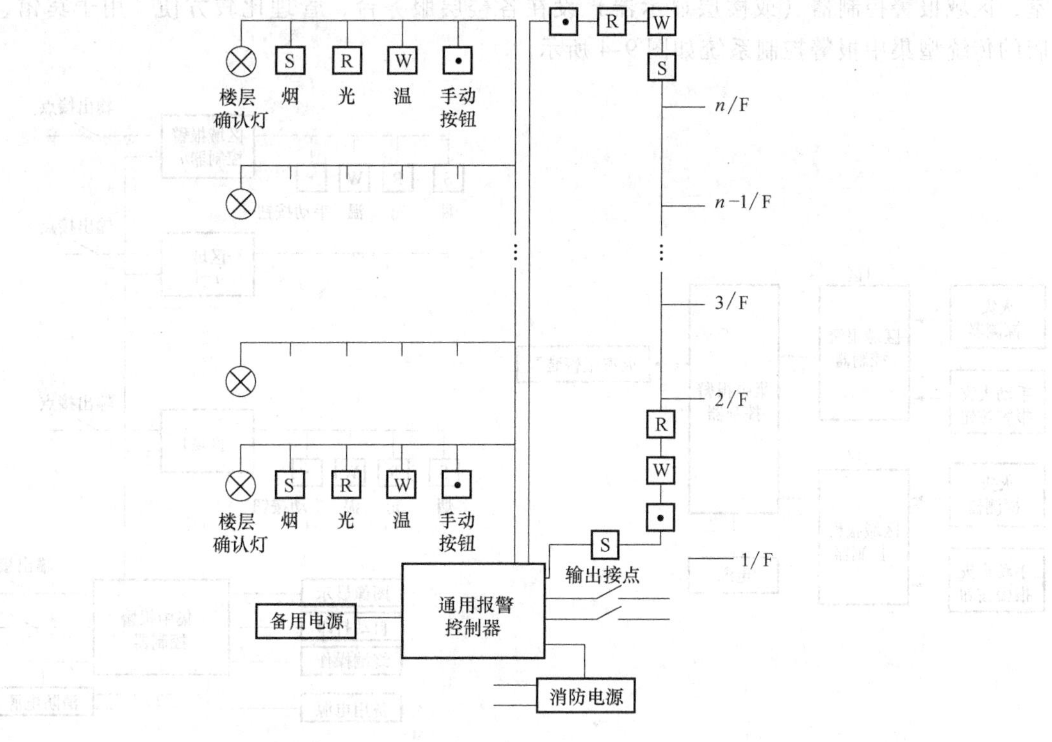

图 9-2 公寓塔楼火灾自动报警系统的构成

对于由微处理机控制的火灾报警控制器来说，火灾报警控制器将这些信息存储在储存器中；经中央处理机分析、运算和判断后，确认火警或故障信号，启动显示、报警声光控制电路，显示相应的火灾报警发生时间、火灾探测器编码，点亮相应的报警指示灯并同步发出相应的报警声响，同时由打印机输出火警发生的时间和地点。对某些带有联动控制功能的区域火灾报警控制器，在确认发现火情、发出火灾报警信号后，可启动联动系统。

2. 集中火灾报警系统

集中火灾报警系统由火灾探测器、手动火灾报警按钮、区域火灾报警控制器或用作区域报警的小型通用火灾报警控制器、集中火灾报警控制器、火灾警报装置及电源等组成。其中，集中火灾报警控制器按一定的时间周期对系统中的每一台区域火灾报警控制器进行巡检，区域火灾报警控制器随时把自身的状态信息和报警信息进行存储并等待集中火灾报警控制器查询。集中火灾报警控制器一旦确认了报警信息，则发出相应的联动控制指令，使消防联动控制设备按顺序投入火势控制与火灾扑救工作。

(1) 传统型集中报警控制系统　传统型集中报警控制系统是由集中报警控制器、区域报警控制器和火灾探测器等组成的，如图 9-3 所示。《火灾自动报警系统设计规范》（GB 50116—1998）规定，传统型集中报警控制系统应设有一台集中报警控制器（或通用报警控制器）和两台以上的区域报警控制器（或楼层显示器）。图 9-3 中，对于消防泵、喷淋泵、风机等联动控制部分没有画出。传统型集中报警控制系统中的联动控制信号取自集中报警控制器，并且通过消防联动控制台对消防设备进行直接控制。

传统型集中报警控制系统在中档宾馆、饭店应用较多，集中报警控制器设在消防控制室，区域报警控制器（或楼层显示器）设在各楼层服务台，管理比较方便。用于宾馆、饭店的传统型集中报警控制系统如图 9-4 所示。

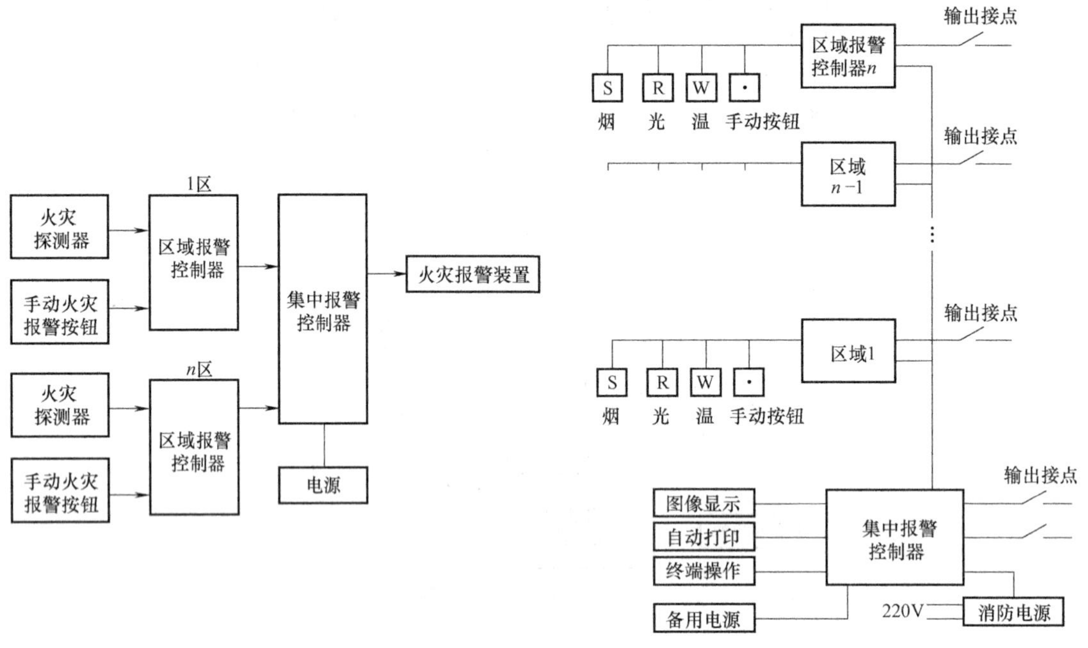

图 9-3　传统型集中报警控制系统　　图 9-4　用于宾馆、饭店的传统型集中报警控制系统

（2）总线制编码传输型集中报警系统　近几年来，火灾报警采用总线制编码传输技术，使集中报警系统成为与传统型集中报警控制系统完全不同的新型系统。这种新型的集中报警系统是由火灾报警控制器、区域报警显示器（称为楼层显示器）、声光警报装置及火灾探测器（带地址模块）、控制模块（控制消防联控设备）等组成的总线制编码传输型集中报警系统，如图 9-5 所示。

在带有报警总线和联动总线的大型通用火灾报警控制器，以及由各种火灾探测器和功能模块构成的总线制编码传输型集中报警系统中，消防泵、喷淋泵等消防主设备的联动控制仍然采用联动控制台进行直接硬线控制，但对于空调系统、电梯、正压送风阀、防火阀、排烟阀、防火卷帘、灭火装置等则采用模块控制或模块传输信号控制，提高了消防设备控制的可靠性（因模块被中心控制器监测）和灵活性，并且使得火灾报警控制器可对绝大多数消防设备进行有效监测。此外，系统采用区域报警显示器（亦称楼层显示器）监测和故障显示不同火灾报警分区，用环状布线或支状布线来提高火灾报警回路和控制回路的工作可靠性，提高了系统的工程适用性；系统还采用通用接口方式兼容了不同类型的火灾探测器，为系统设计带来了便利。这类系统形式适用于功能较为复杂的高级宾馆和写字楼，以及高层建筑及综合楼等。

3. 控制中心报警系统

控制中心报警系统是由设置在消防控制中心（或消防控制室）的消防联动控制设备、集中火灾报警控制器、区域火灾报警控制器和各种火灾探测器等组成，或由消防联动控制设备、环状布置的多台通用火灾报警控制器和各种火灾探测器及功能模块等组成。集中火灾报

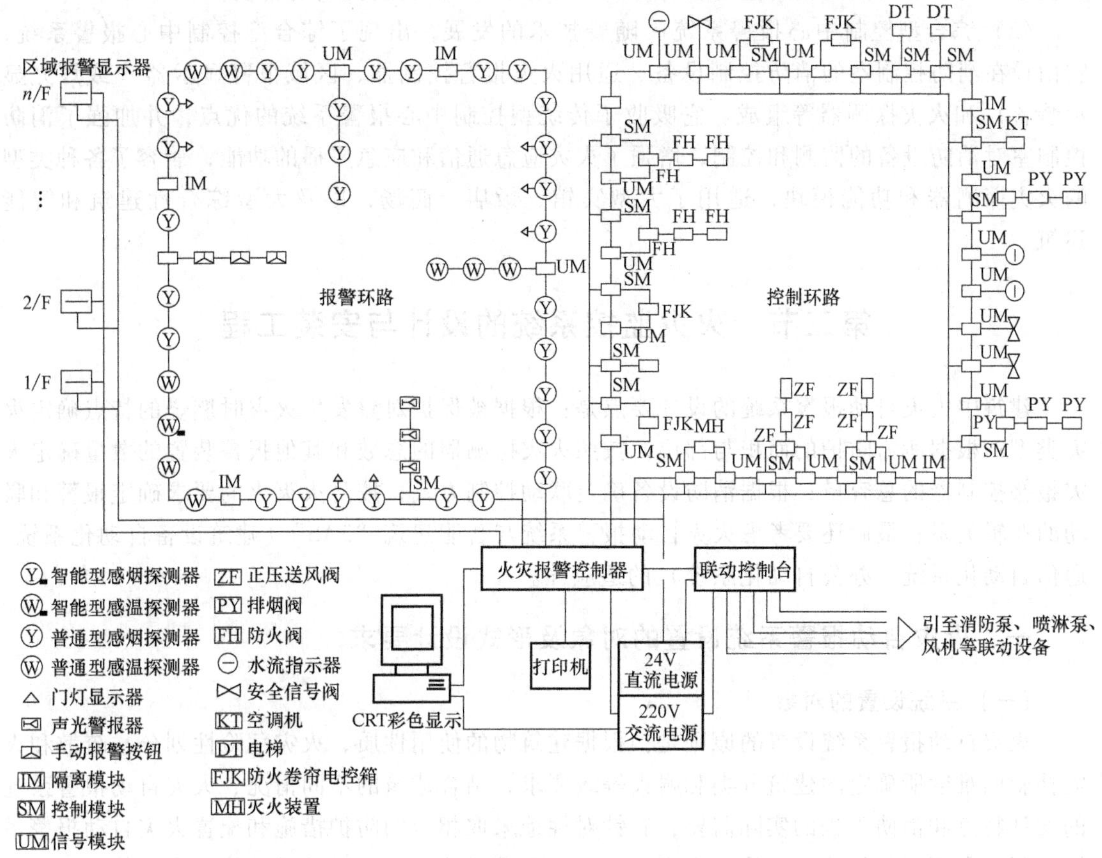

图 9-5 总线制编码传输型集中报警系统

警控制器设在消防控制室内，其他消防设备及联动控制设备可采用分散控制和集中遥控两种方式。各消防设备工作状态的反馈信号，必须集中显示在消防控制室的总控制台上，以便对建筑物内的防火安全设施进行全面的控制与管理。控制中心报警系统的探测区域可达上千个。一般情况下，控制中心报警系统是高层建筑及智能建筑中自动消防系统的主要类型，是楼宇自动化系统的重要组成部分，其典型的系统结构有以下两种形式：

(1) 传统型控制中心报警系统

传统型控制中心报警系统由区域火灾报警控制器、集中火灾报警控制器、各种火灾探测器、功能模块和消防控制设备等构成（图 9-6）。这里所指的消防控制设备主要是火灾警报装置、火警电话、火灾事故广播、火灾事故照明、联动控制装置及固定灭火系统控制装置。它进一步加强了对消防设备的监测和控制，适用于大型综合商场、宾馆、公寓综合楼等，可以对各

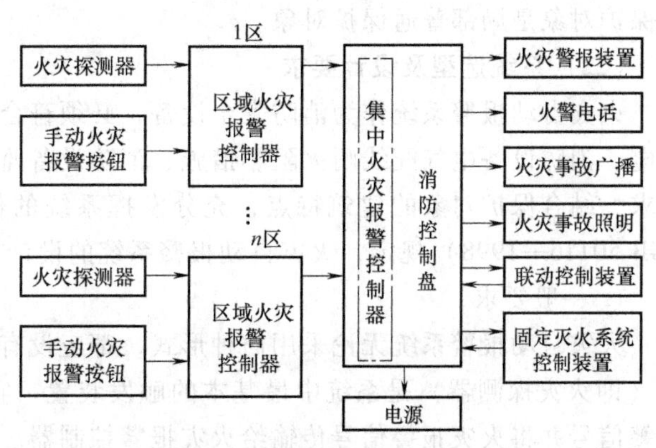

图 9-6 传统型控制中心报警系统

类设置在建筑中的消防设备进行联动控制，并实现手动/自动控制的转换。

（2）综合型控制中心报警系统　随着技术的发展，出现了综合型控制中心报警系统，它由设在消防控制室的消防控制设备、通用火灾报警控制器、区域报警显示器（或灯光显示装置）和火灾探测器等组成。它吸收了传统型控制中心报警系统的优点，并加强了消防控制室对消防设备的监测和控制，增强了火灾应急通信和应急广播的功能，兼容了各种类型的火灾探测器和功能模块，适用于大型宾馆、饭店、商场，以及大型综合性建筑和智能建筑。

第三节　火灾监控系统的设计与安装工程

建筑中火灾自动报警系统的设计要点是：根据被保护对象发生火灾时燃烧的特点确定火灾类型；根据所需防护的面积与部位，按照火灾探测器的总数和其他报警装置的数量确定火灾报警控制器的总容量；根据消防设备确定联动控制方式；按防火灭火的要求确定报警和联动的逻辑关系；最后还要考虑火灾自动报警系统与智能建筑“3AS”（建筑设备自动化系统、通信自动化系统、办公自动化系统）的适应性。

一、火灾自动报警系统设置的对象及形式设计要求

（一）系统设置的对象

火灾自动报警系统设置的原则是：根据建筑物的使用性质、火灾危险性划分、疏散和火灾扑救的难度所确定的建筑分类和耐火等级要求，结合建筑的不同情况、火灾自动报警系统的设计特点和消防工程的实际需要，有针对性地采取相应的防护措施和配置火灾自动报警系统，因此在不同的规范中，均规定了火灾自动报警系统设置的对象及部位。常见的规范主要有《建筑设计防火规范》（GB 50016—2006）、《火灾自动报警系统设计规范》（GB 50116—1998）、《人民防空工程设计防火规范》（GB 50098—2009）、《汽车库、修车库、停车场设计防火规范》（GB 50067—1997）等。

此外，《火灾自动报警系统设计规范》（GB 50116—1998）明确规定，火灾自动报警系统的保护对象应根据其使用性质、火灾危险性、疏散和扑救的难度等分为特级、一级和二级。总的来说，特级保护对象是全面重点保护对象，一级保护对象是局部重点保护对象，二级保护对象是局部普通保护对象。

（二）系统选型及设计要求

火灾自动报警系统作为消防安全设备，必须符合公共消防安全标准，并满足消防电源供配电、消防设备电气配线耐火阻燃措施、消防设备监控、火灾监控数据信息网络通信等基本要求，结合保护对象的建筑特点，充分发挥系统的作用。《火灾自动报警系统设计规范》（GB 50116—1998）规定，火灾自动报警系统的设计首先要从选型上符合要求。

1. 一般要求

火灾自动报警系统无论采用何种形式，都应设有自动和手动两种触发装置。自动触发装置（即火灾探测器）是系统中最基本的触发装置，它能够自动探测火灾，产生和发出火灾报警信号并将火灾报警信号传输给火灾报警控制器。手动触发装置（即手动火灾报警按钮）是系统中必不可少的组成部分。手动火灾报警按钮与火灾探测器相辅相成，有利于提高火灾

自动报警系统报警的可靠性。

火灾自动报警系统中，火灾报警控制器的容量，每一总线回路所连接的火灾探测器及控制模块（或信号模块）的地址编码总数，在设计时均宜留有一定的余量。也就是说，在设计火灾自动报警系统时，所选用的火灾报警控制器的额定容量（即可以接收和显示的探测部位地址编码总数）应当大于系统保护对象实际需要的探测部位地址编码总数。并且，火灾报警控制器每一总线回路所连接的火灾探测器及控制模块（或信号模块）的地址编码总数的额定值，应当大于该总线回路中实际需要的地址编码总数。所留余量的大小应根据保护对象的具体情况（如工程规模、重要程度等）合理掌握，一般可按火灾报警控制器额定容量或总线回路地址编码总数额定值的80% ~85%来选择。

2. 系统形式的选择及要求

根据规范规定的建筑保护等级，火灾自动报警系统设计形式的选择原则是：区域报警系统宜用于二级保护对象；集中报警系统宜用于一级、二级保护对象；控制中心报警系统宜用于特级、一级保护对象。在具体的工程设计中，对某一特定的保护对象，要根据保护对象的具体情况（如工程规模、使用性质、报警区域的划分及消防管理的组织体制等因素）来合理确定系统的形式。对大型综合性建筑及智能化建筑而言，其建筑结构、投资规模、系统及设备配置、综合性能要求等决定了其保护等级要求较高，一般应达到特级或一级保护等级要求。

(1) 区域报警系统的设计要求　区域报警系统是一种简单的火灾报警系统，其保护对象一般是规模较小，对联动控制功能要求简单，或没有联动控制功能的场所。区域报警系统的设计应符合下列规定：

1) 一个火灾报警区域宜设置一台区域火灾报警控制器（火灾报警控制器），系统中的区域火灾报警控制器（火灾报警控制器）不应超过两台，以方便用户管理。

2) 区域火灾报警控制器（火灾报警控制器）应设置在有人值班的房间或场所。当火灾报警系统中设有两台区域火灾报警控制器（火灾报警控制器）且分设在两处时，应当以一处为主值班室，并将另一台区域火灾报警控制器（火灾报警控制器）的信号送到主值班室。

3) 区域报警系统按照用户的需要可设置简单的消防联动控制设备。

4) 当用一台区域火灾报警控制器（火灾报警控制器）警戒多个楼层时，应在每个楼层的楼梯口或消防电梯前室等明显部位，设置识别着火楼层的灯光显示装置，以便火灾时，能及时、正确地引导消防、保卫人员组织疏散、扑救。

5) 区域火灾报警控制器（火灾报警控制器）安装在墙上时，其底边距离地面高度宜为1.3 ~1.5m，其靠近门轴的侧面距墙不应小于0.5m，正面操作距离不应小于1.2m。

采用区域报警系统进行消防工程设计时，火灾自动报警系统中设置的区域火灾报警控制器（火灾报警控制器）的数量不能多于3台。区域火灾报警控制器（火灾报警控制器）的安装高度通常参照有关电力、通信等规范中各种电气装置仪表盘或通信设备的安装高度确定。

(2) 集中报警系统的设计要求　集中报警系统是一种较复杂的火灾报警系统，其保护对象一般规模较大，对联动控制功能要求较复杂。集中报警系统的设计应符合下列规定：

1) 集中报警系统中应设置一台集中火灾报警控制器和两台及以上的区域火灾报警控制器，或设置一台火灾报警控制器和两台及以上的区域报警显示器（或灯光显示装置）。

2）集中报警系统中应设置消防联动控制设备。

3）集中火灾报警控制器（火灾报警控制器）应能显示火灾报警的部位信号和控制信号，也可进行消防设备联动控制。

4）集中火灾报警控制器（火灾报警控制器）、消防联动控制设备等在消防控制室（或值班室）内的布置应符合《火灾自动报警系统设计规范》（GB 50116—1998）第6.2.5条的规定。

（3）控制中心报警系统的设计要求　控制中心报警系统是一种复杂的火灾报警系统，其保护对象一般规模很大，对联动控制功能要求很复杂。控制中心报警系统的设计应符合下列规定：

1）控制中心报警系统中至少应设置一台集中火灾报警控制器、一台专用消防联动控制设备和两台及以上的区域火灾报警控制器，或至少设置一台通用火灾报警控制器、一台消防联动控制设备和两台及以上的区域报警显示器（或灯光显示装置）。

2）控制中心报警系统应能集中显示火灾报警的部位信号和联动控制状态信号。

3）控制中心报警系统中设置的集中火灾报警控制器（或通用火灾报警控制器）和消防联动控制设备在消防控制室内的布置与集中报警控制系统相同。

（三）报警区域和探测区域的划分

在进行火灾探测系统工程设计之初，应该根据保护对象的建筑结构、火灾探测系统的形式等进行火灾报警单元和火灾探测单元的划分，即划分报警区域和探测区域。

1. 报警区域的划分

为了便于火灾自动报警系统早期发现并通报火灾和进行系统的日常管理与维护，火灾自动报警系统设计一般都要将其保护对象的整个保护范围划分成若干个分区，即火灾报警区域。只有按照保护对象的保护等级、耐火等级合理正确地划分报警区域，才能在火灾初期及早地发现火灾发生的部位，尽快扑灭火灾。

在《火灾自动报警系统设计规范》（GB 50116—1998）中明确规定："报警区域应根据防火分区或楼层划分"。在报警区域的划分中，既可以将一个防火分区划分为一个报警区域，也可将同层的几个防火分区划分为一个报警区域，同时每个火灾报警区域应设置一台区域火灾报警控制器或区域报警显示器，但在这种情况下，除了高层公寓和塔式住宅外，一套区域报警系统的警戒区域一般不得跨越楼层。

2. 探测区域的划分

探测区域是将报警区域按照探测火灾的部位划分的探测单元。探测区域是由一个或多个火灾探测器并联组成的一个有效探测报警单元，每一个探测区域对应在火灾报警控制器或楼层显示器上显示一个部位号。探测区域是火灾监控系统的最小单位，代表了火灾报警的具体部位。这种划分的根本目的是为了在火灾时，能够迅速、准确地确定着火部位，及时采取有效措施。探测区域的划分主要取决于被监控现场的建筑构造情况，一般要符合下列规定：

1）平面顶棚，没有梁等的房间，探测区域应按独立房（套）间划分。一个探测区域的面积不宜超过500m^2；从主要入口能看清其内部，且面积不超过1000m^2的房间，也可划为一个探测区域。

2）对于有梁的场合，每个被凸出0.4m以上（针对感温火灾探测器）或凸出0.6m以上（针对感烟火灾探测器）的梁等围起来的部分，可划分为一个探测区域。

3）红外光束线型感烟火灾探测器的探测区域长度不宜超过100m，缆式感温火灾探测器的探测区域长度不宜超过200m；空气管差温火灾探测器的探测区域长度宜在20～100m之间。

在上述规定中，红外光束线型感烟火灾探测器的探测区域长度，是根据《线型光束感烟火灾探测器》（GB 14003—2005）中的该探测器的相对部件间的光路长度为1～100m确定的。缆式感温火灾探测器的探测区域长度是参考《电力工程电缆设计规范》（GB 50217—2007）第7.0.2条中关于“长距离沟道中相隔约200m或通风区段处”宜设置防火墙的规定，并结合工程实践经验确定的。空气管差温火灾探测器的探测区域长度是参照日本规范，并根据该产品的特性确定的。由于产品的特性要求，其暴露长度在20～100m之间才能充分发挥作用。

符合下列条件之一的二级保护对象，可以将几个房间划为一个探测区域：

1）相邻房间不超过5间，总面积不超过400m^2，并在门口设有灯光显示装置。

2）相邻房间不超过10间，总面积不超过1000m^2，在每个房间的门口均能看清其内部，并在门口设有灯光显示装置。

为了保证发生火灾时能使人员安全疏散，就必须确保一些比较特殊或比较重要的公共部位能够及早而准确地发现火灾，并尽快扑灭，在这些部位应该分别单独划分探测区域，如敞开或封闭楼梯间，防烟楼梯间前室、消防电梯前室、消防电梯与防烟楼梯间合用前室、走道、坡道、管道井、电缆隧道，建筑物闷顶、夹层。

（四）火灾探测器设置的部位

在火灾自动报警系统的设计过程中，火灾探测器的选择和设置十分重要，决定着火灾自动报警系统的整体性能。根据火灾探测器的选用原则和建筑对象的保护等级划分，火灾探测器的设置部位应当与保护对象的分级相适应。不同级别的保护对象，火灾探测器的设置部位及保护方式应有所区别。总的来说，特级保护对象，是全面重点保护对象，火灾探测器基本上是全面设置；一级保护对象，是局部重点保护对象，火灾探测器在大部分位置设置；二级保护对象，是局部普通保护对象，火灾探测器在部分位置设置。各级保护对象的火灾探测器的设置位置应符合规范的规定。

二、火灾探测器的选择及设置

（一）火灾探测器的选择

火灾探测器的选择要根据火灾探测区域内可能发生的初期火灾的形成和发展特征、房间高度、环境条件及可能引起误报的原因等因素来决定。由于不同火灾探测器的性能指标不同，因此应针对不同火灾的需要选择不同类型的火灾探测器。

（1）按火灾发展的规律选择

1）对火灾初期有“阴燃”阶段，产生大量的烟和少量的热，很少或没有火焰辐射的场所，应选择感烟探测器。探测器的感烟方式和灵敏度级别应该根据具体的使用场所来确定。感烟探测器的工作方式应根据反应速度与可靠性来确定，一般对于只是用作报警目的的探测器，可选用非延时工作方式，并应该考虑与其他种类的火灾探测器配合使用。离子感烟和光电感烟火灾探测器的适用场所是根据离子和光电感烟方式的特点确定的。对于那些使感烟探测器变得不灵敏或总是误报，使离子感烟探测器在短期内受到严重污染的场所，感烟探测器并不适用。

2）对火灾发展迅速，可产生大量热、烟和火焰辐射的场所，可选择感温探测器、感烟探测器、火焰探测器或它们的组合。感温探测器的使用一般考虑其定温、差温和差定温方式的选择，其对使用环境的条件要求不高，一般在感烟探测器不能使用的场所均可使用。但是，在感烟探测器可以使用的场所尽管也可以使用感温探测器，但其探测速度却显著低于感烟方式，因此在感烟探测器和感温探测器均可使用的场所应优先选用感烟探测器，在有联动控制要求时则采用感烟和感温组合式或复合式。此外，点型电子感温探测器受油雾等污染会影响其外露热敏元件的特性，因此应考虑环境污染问题。

3）对火灾发展迅速，有强烈的火焰辐射和少量的烟、热的场所，应选择火焰探测器。火焰探测器通常采用紫外式或紫外与红外复合式，一般为点型结构，其有效性取决于探测器的光学灵敏度（用4.5m焰高的标准烛光距探测器0.5m或1.0m时，探测器有额定输出）、视锥角（即视角，通常为70°~120°）、响应时间（1s）和安装定位。

4）对火灾的形成特征不可预料的场所，可根据模拟试验的结果选择探测器。

5）对使用、生产或聚集可燃气体或可燃液体蒸气的场所，应选择可燃气体探测器。

（2）按火灾探测器的安装高度选择

火灾探测器的安装高度是指探测器的安装位置（点）距该保护区域（层）地面的高度。火灾探测器的安装高度与火灾探测器的类型有关，不同类型的火灾探测器的安装高度应符合设计的规定，如紫外火焰探测器的最大安装高度为20m，感烟探测器的安装高度不超过12m，一级灵敏度感温探测器的安装高度不超过8m，二级灵敏度感温探测器的安装高度不超过6m，三级灵敏度感温探测器的安装高度不超过4m。当房间太高时，烟气流动到顶部的时间太长，并且烟气会滞留在一定的高度，所以不适合采用点型感烟探测器；而是应该根据烟气流动的规律，在热烟气的屏障层处设置光束型红外对射或红外反射火灾探测器。

（3）选择火灾探测器时需要考虑环境的影响

1）环境温度：一般情况下感烟与火焰探测器的使用温度<50℃；定温探测器的使用温度为10~35℃；在0℃以下时，火灾探测器安全工作的条件是其本身不允许结冰，多数采用感烟探测器或火焰光探测器。

2）气流速度：试验研究结果表明，当气流速度过大时，对感烟探测器的灵敏度有较大影响，《火灾自动报警系统设计规范》（GB 50116—1998）中规定，感烟探测器要求气流速度<5m/s。

3）振动：环境中有限的正常振动对点型火灾探测器的影响较小，对分离式光电感烟探测器的影响较大，要求定期调校。

4）空气湿度：空气湿度<95%时，影响很小；但当有雾化烟雾或凝露存在时，对感烟和光辐射探测器的灵敏度有影响。

5）光干扰：环境中的光干扰对感烟和感温探测器基本无影响；对火焰光探测器无论是直接还是间接，都有较大影响。

6）烟源粒径等：环境中存在烟、灰及类似气溶胶时，会直接影响感烟探测器的使用。离子感烟探测器对粒径在0.3μm以下的烟雾响应灵敏，光电感烟探测器对粒径在1μm以上的烟雾响应灵敏。对于感温和火焰光探测器，应该避免湿灰尘。

（二）火灾探测器和手动报警按钮的设置

点型火灾探测器的设置与火灾探测器本身的特性参数（如保护面积、保护半径、安装间距等）和保护对象的特性参数（如保护等级、房间面积、高度、屋顶坡度、有无隔梁、有无遮挡物等）等多种因素有关。关于火灾探测器的设置位置，可以按照下列三项基本原则确定：

1）设置位置应该是火灾发生时烟、热最易到达之处，并且能够在短时间内聚积的地方。

2）消防管理人员易于检查、维修，而一般人员应不易触及火灾探测器。

3）火灾探测器不易受环境干扰，布线方便，安装美观。

1. 点型火灾探测器的设置数量

探测区域内的每个房间至少应设置一只火灾探测器。一个探测区域内所需设置的探测器数量，不应小于下式的计算值

$$N \geqslant \frac{S}{KA} \tag{9-1}$$

式中 N——探测器数量（只），N 应取整数；

S——该探测区域面积（m^2）；

A——探测器的保护面积（m^2），具体数值见表 9-1；

K——修正系数，特级保护对象宜取 0.7～0.8，一级保护对象宜取 0.8～0.9，二级保护对象宜取 0.9～1.0。

表 9-1 探测器的保护面积和保护半径

火灾探测器的种类	地面面积 S /m^2	房间高度 h /m	一只探测器的保护面积 A 和保护半径 R					
			屋顶坡度 θ					
			$\theta \leqslant 15°$		$15° < \theta \leqslant 30°$		$\theta > 30°$	
			A/m^2	R/m	A/m^2	R/m	A/m^2	R/m
感烟探测器	$S \leqslant 80$	$h \leqslant 12$	80	6.7	80	7.2	80	8.0
	$S > 80$	$6 < h \leqslant 12$	80	6.7	100	8.0	120	9.9
		$h \leqslant 6$	60	5.8	80	7.2	100	9.0
感温探测器	$S \leqslant 30$	$h \leqslant 8$	30	4.4	30	4.9	30	5.5
	$S > 30$	$h \leqslant 8$	20	3.6	30	4.9	40	6.3

2. 点型火灾探测器的安装间距

点型火灾探测器的安装间距定义为两只相邻的火灾探测器中心连线的长度。当探测区域（面积）为矩形时，则 a 为横向安装间距，b 为纵向安装间距，如图 9-7 所示。

从图 9-7 可以看出安装间距 a、b 的实际意义，以图中 1#探测器为例，安装间距是指 1#探测器与 2#～5#相邻探测器之间的距离，而不是 1#探测器与 6#～9#探测器之间的距离。显然，只有当探测区域内的探测器按正方形布置时，才有 $a=b$。从图 9-7 还可以看出探测器的保护面积 A、保护半径 R 与安装间距 a、b 具有下列近似关系

$$(R')^2 = \left(\frac{a}{2}\right)^2 + \left(\frac{b}{2}\right)^2 \leqslant R \quad D_i = 2R' \quad A = ab \tag{9-2}$$

应该指出，在设计中为了尽快确定出某个探测区域内火灾探测器的安装间距 a 和 b，经常利用安装间距 a 和 b 的极限曲线（图 9-8）。该曲线根据式（9-2）绘出，应用这一曲线，可以按照选定的火灾探测器的保护面积 A 和保护半径 R 确定出安装间距 a 和 b。有时也将安装间距 a 和 b 的极限曲线称为 D_i-极限曲线，D_i 有时称为保护直径。

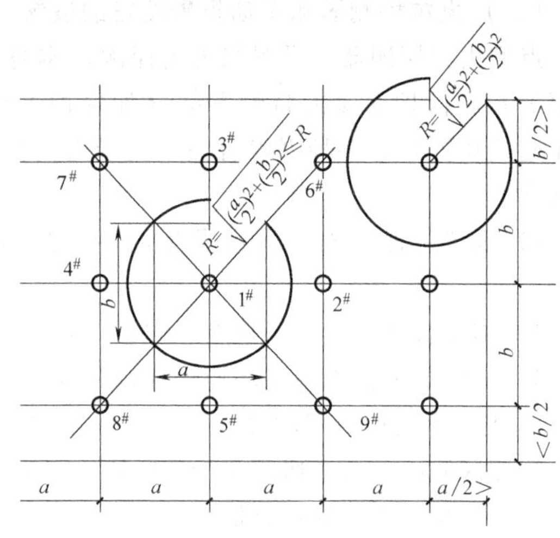

图 9-7　点型火灾探测器安装间距说明图例

3. 点型火灾探测器的安装规则

在消防工程的设计、施工中，针对不同的建筑构造，对火灾探测器的安装要求是不相同的。

1）在房间顶棚有梁的情况下，由于梁对烟的蔓延会产生阻碍，因而使火灾探测器的保护面积受到影响。如果梁间区域的面积较小，梁对热气流（或烟气流）形成障碍，并吸收一部分热量，则火灾探测器的保护面积必然下降。为补偿这一影响，工程中是按梁的高度情况加以考虑的。《火灾自动报警系统设计规范》（GB 50116—1998）中规定了在房间顶棚有梁的情况下安装点型火灾探测器应符合的规定：

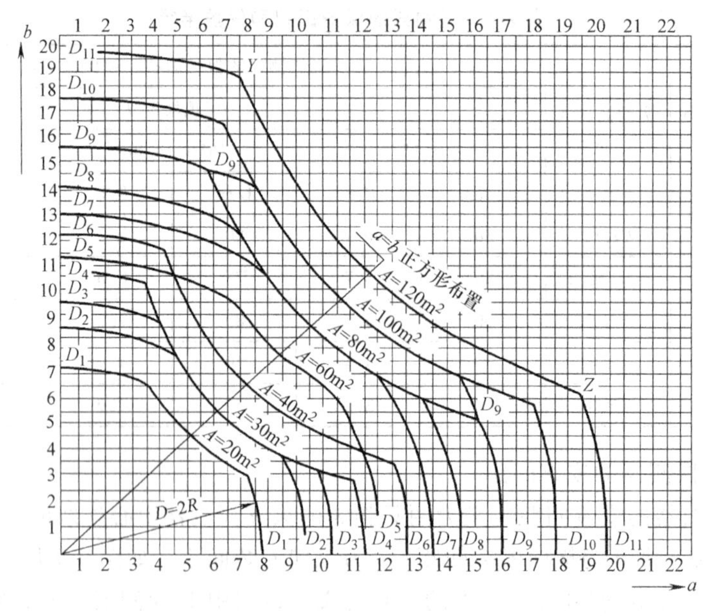

图 9-8　安装间距 a，b 的极限曲线

① 当梁突出顶棚的高度小于 200mm 时，在顶棚上设置感烟、感温火灾探测器，可以忽略梁对火灾探测器保护面积的影响。

② 当梁突出顶棚的高度在 200～600mm 时，设置的感烟、感温火灾探测器应按《火灾

自动报警系统设计规范》（GB 50116—1998）附录B、附录C确定梁的影响和一只火灾探测器能够保护的梁间区域的个数（梁间区域指的是高度在200～600mm之间的梁所包围的区域）。

③ 当梁突出顶棚的高度超过600mm时，则被其隔开的部分需单独划为一个探测区域。

④ 当梁间净距小于1m时，可视为平顶棚，可不计梁对探测器保护面积的影响。

⑤ 当被梁隔断的区域面积超过一只探测器的保护面积时，被隔断的区域应按规定计算探测器的设置数量。

2）探测器至墙壁、梁边的水平距离，不应小于0.5m。

3）探测器周围0.5m内，不应有遮挡物。

4）探测器至空调送风口边的水平距离不应小于1.5m，并宜接近回风口安装；探测器至多孔送风顶棚孔口的水平距离不应小于0.5m。

5）当屋顶有热屏障时，感烟探测器下表面至顶棚或屋顶的距离应符合《火灾自动报警系统设计规范》（GB 50116—1998）的规定。应注意的是，感温火灾探测器通常受这种热屏障的影响极小，所以总是直接安装在顶棚上。

6）探测器宜水平安装。当倾斜安装时，倾斜角不应大于45°。

7）在顶棚低矮的居室（高度在2.5m以下）或狭窄的居室（面积小于$40m^2$）内，感烟火灾探测器应安装在入口附近。

8）在宽度小于3m的内走道顶棚上设置探测器时，宜居中布置。感温探测器的安装间距不应超过10m，感烟探测器的安装间距不应超过15m。探测器至端墙的距离，不应大于探测器安装间距的一半。

9）在电梯井、升降机井设置探测器时，其位置宜在井道上方的机房顶棚上。

10）在楼梯间或斜坡式走道中，可按垂直距离每15m高处安装一个探测器。

11）无吊顶的大型桁架结构仓库中，应采用管架将火灾探测器悬挂安装，其下垂高度按实际需要确定；当采用感烟火灾探测器时，还应加装集烟罩。

12）房间被书架、设备或隔断等分隔，其顶部至顶棚或梁的距离小于房间净高的5%时，每个被隔开的部分至少应安装一只探测器。

13）火灾探测器的底座应固定牢固，其导线连接必须可靠压接或焊接。当采用焊接时，不得使用带腐蚀性的助焊剂。

14）火灾探测器的“+”线应为红色，“-”线应为蓝色，其余线应根据不同的用途采用其他颜色进行区分，但同一工程中相同用途的导线颜色应一致。

15）火灾探测器底座的外接导线，应留有不小于15cm的余量，入端处应有明显标志。

16）火灾探测器底座的穿线孔宜封堵，安装完毕后的探测器底座应采取保护措施。

17）火灾探测器的确认灯，应面向便于人员观察的主要入口方向。

18）火灾探测器在即将调试时方可安装；在安装前应妥善保管，并应采取防尘、防潮、防腐蚀措施。

4. 线型火灾探测器的安装规则

1）红外光束感烟探测器的光束轴线至顶棚的垂直距离宜为0.3～1.0m，距地高度不宜超过20m。

2）相邻两组红外光束感烟探测器的水平距离不应大于14m。探测器至侧墙的水平距离不应大于7m，且不应小于0.5m。探测器的发射器和接收器之间的距离不宜超过100m。

3）缆式线型定温探测器在电缆桥架或支架上设置时，宜采用接触式布置；在各种带式输送装置上设置时，宜设置在装置的过热点附近。

4）设置在顶棚下方的空气管式线型差温探测器，至顶棚的距离宜为0.1m。相邻管路之间的水平距离不宜大于5m；管路至墙壁的距离宜为1~1.5m。

5. 手动报警按钮的设置

1）每个防火分区至少应设置一个手动火灾报警按钮。从一个防火分区内的任何位置到最邻近的一个手动火灾报警按钮的距离不应大于30m。手动火灾报警按钮宜设置在公共活动场所的出入口处。

2）手动火灾报警按钮可兼容消火栓启泵按钮的功能。

3）手动火灾报警按钮应设置在明显的和便于操作的部位；当安装在墙上时，其底边距地面高度宜为1.3~1.5m，且应有明显的标志。

三、消防控制室及其联动设备的设计要求

消防控制室是火灾自动报警系统的控制和信息中心，也是火灾时灭火的指挥和信息中心，具有十分重要的地位和作用。《建筑设计防火规范》（GB 50016—2006）等对消防控制室的设置范围、位置、耐火性能都作了明确的规定，并对其主要功能提出了原则上的要求。在《火灾自动报警系统设计规范》（GB 50116—1998）中，进一步对消防控制室的设备组成、安全要求、设备功能、设备布置、控制要求等作了具体规定。规范规定，建筑物尤其是智能建筑中的火灾自动报警系统，应具备对室内消火栓系统、自动喷水灭火系统、防排烟系统、卤代烷灭火系统、防火卷帘、火灾警报装置和火灾应急照明等的联动控制功能，并且联动控制的要求一般按照实际消防工程的需要来确定。对消防设备的联动控制操作及运行监测是在消防控制室中实现的。

（一）消防控制室的构成及布置要求

根据火灾自动报警系统的设计形式及功能要求，消防控制室作为核心部分，其设备组成必须满足火灾自动报警系统的设计和控制要求。并且，消防控制设备应根据建筑的形式、工程规模、管理体制及功能要求综合确定其控制方式。一般来讲，单体建筑宜集中控制，即在消防控制室集中接收、显示报警信号，控制有关消防设备、设施，并接收、显示其反馈信号；大型建筑群宜采用分散与集中相结合控制，即可以集中控制的应尽量由消防控制室控制，不宜集中控制的则采取分散控制方式，但其操作信号应反馈到消防控制室。不论采用哪种控制形式，消防控制室内设备的构成应具有一致性。

1. 消防控制设备的组成

消防控制室中的消防控制设备应由下列部分或全部控制装置组成：火灾报警控制器、自动灭火系统的控制装置、室内消火栓系统的控制装置、防烟、排烟系统及空调通风系统的控制装置、常开防火门、防火卷帘的控制装置、电梯回降控制装置、火灾应急广播控制装置、火灾警报装置的控制装置、火灾应急照明与疏散指示标志的控制装置。

2. 消防控制室内设备的布置要求

消防控制室是值班人员长期工作的场所，设备布置非常重要，同时为保证火灾自动报警系统设备正常、可靠工作，消防控制室内设备的布置应符合下列规定：设备面盘前的操作距

离，单列布置时不应小于1.5m，双列布置时不应小于2m；在值班人员经常工作的一面，设备面盘至墙的距离不应小于3m；设备面盘后的维修距离不宜小于1m；设备面盘的排列长度大于4m时，其两端应设置宽度不小于1m的通道；集中火灾报警控制器（火灾报警控制器）安装在墙上时，其底边距地面的高度宜为1.3～1.5m，其靠近门轴的侧面距墙不应小于0.5m，正面操作距离不应小于1.2m。

（1）火灾报警控制器的安装要求

1）火灾报警控制器（以下简称控制器）在墙上安装时，其底边距地（楼）面的高度不应小于1.5m；落地安装时，其底面宜高出地坪0.1～0.2m。

2）控制器应安装牢固，不得倾斜。安装在轻质墙上时，应采取加固措施。

3）引入控制器的电缆或导线，应符合下列规定：配线应整齐，避免交叉，并应固定牢靠；电缆芯线和所配导线的端部，均应标明编号，并与图样一致，字迹应清晰不易退色；端子板的每个接线端，接线不得超过两根；电缆芯和导线，应留有不少于20cm的余量；导线应绑扎成束；导线引入线穿线后，在进线管处应封堵。

4）控制器的主电源引入线，应直接与消防电源连接，严禁使用电源插头。主电源应有明显标志。

5）控制器的接地应牢固，并有明显标志。

（2）消防控制设备的安装要求

1）消防控制设备在安装前，应进行功能检查，不合格的不得安装。

2）消防控制设备的外接导线，当采用金属软管作为套管时，其长度不宜大于2m，且应采用管卡固定，其固定点间距不应大于0.5m。金属软管与消防控制设备和接线盒（箱）应采用锁母固定，并应根据配管的规定接地。

3）消防控制设备外接导线的端部，应有明显标志。

4）消防控制设备盘（柜）内不同电压等级、不同电流类别的端子应分开，并有明显标志。

3. 消防控制室建筑防火要求

由于消防控制室既是火灾自动报警系统的控制和信息中心，也是火灾时灭火的指挥与信息中心，因此消防控制室本身的防火安全尤为重要。在设计时，为保证其自身安全，消防控制室应符合下列规定：

1）消防控制室的门应向疏散方向开启，且入口处应设置明显的标志。

2）消防控制室的送、回风管在其穿墙处应设防火阀。

3）消防控制室内严禁有与其无关的电气线路及管路穿过。

4）消防控制室周围不应布置电磁场干扰较强及其他影响消防控制设备工作的设备用房。

（二）消防控制室的联动控制要求

1. 基本要求

消防控制室的控制功能由《火灾自动报警系统设计规范》（GB 50116—1998）规定。通常，消防控制室的控制设备应符合下列基本规定：

1）控制消防设备的启停，并显示其工作状态。这包括各种进入消防联动控制盘上的控制装置，其中最主要的是消火栓泵、自动喷水灭火及气体固定灭火等系统的启停控制和显示装置。

2）除自动控制外，应能手动直接控制消防水泵，防烟、排烟风机的启停。这是自动消防系统的基本要求。按照自动消防系统设计的要求，对消防水泵等固定灭火设备和防烟、排烟风机必须设置人工手动控制装置，由工作人员直接控制水泵和风机的启停；为保证启停安全可靠，其控制线路应单独敷设，不宜与报警模块设在同一个回路上。

3）可显示火灾报警、故障报警的部位。

4）应有显示被保护建筑的重点部位、疏散通道及消防设备所在位置的平面图或模拟图。

5）可显示系统供电电源的工作状态。

2. 室内消火栓系统的控制、显示功能

室内消火栓系统是建筑内最基本的消防设备，其控制、显示应符合《火灾自动报警系统设计规范》（GB 50116—1998）中对消火栓的控制规定。按照规范规定，消防控制室对室内消火栓系统应有下列控制、显示功能：控制消防水泵的启停；显示启泵按钮的位置；显示消防水泵的工作、故障状态。

3. 自动喷水灭火系统的控制、显示功能

自动喷水灭火系统的自动控制要符合国家规范的规定，做到安全可靠。根据工作需要和规范要求，自动喷水灭火系统及水喷雾灭火系统在消防控制室的消防控制设备上应有下列控制、显示功能：控制系统的启停；显示消防水泵的工作、故障状态；显示水流指示器、报警阀、安全信号阀的工作状态。

4. 管网气体灭火系统的控制、显示功能

按照规范要求，卤代烷、二氧化碳等管网气体灭火系统在消防控制室的消防控制设备上应有下列控制、显示功能：显示系统的手动、自动工作状态；在报警、喷射的各阶段，控制室应有相应的声光警报信号，并能手动切除声响信号；在延时阶段，应自动关闭防火门窗，停止通风空调系统，关闭有关部位的防火阀；显示气体灭火系统防护区的报警、喷射，以及防火门（帘）、通风空调等设备的状态。

5. 泡沫灭火系统的控制、显示功能

根据规范要求，泡沫灭火系统在消防控制室的消防控制设备上应有控制泡沫泵及消防水泵的启停和显示系统的工作状态的功能。

6. 干粉灭火系统的控制、显示功能

根据规范要求，干粉灭火系统在消防控制室的消防控制设备上应有控制系统的启停和显示系统的工作状态的功能。

7. 常开防火门的控制功能

根据规范要求，消防控制设备对常开防火门的控制应符合下列规定：防火门任一侧的火灾探测器报警后，防火门应自动关闭；防火门的关闭信号应送到消防控制室。

8. 防火卷帘的控制功能

根据规范要求，消防控制设备对防火卷帘的控制应符合下列规定：

1）疏散通道上的防火卷帘两侧应设置火灾探测器组及其报警装置，且两侧应设置手动控制按钮。

2）疏散通道上的防火卷帘应按下列程序自动控制下降：

① 感烟火灾探测器动作后，卷帘下降距地（楼）面1.8m；

② 感温火灾探测器动作后，卷帘下降到底。

3）用作防火分隔的防火卷帘，火灾探测器动作后，卷帘应下降到底。

4）感烟、感温火灾探测器的报警信号及防火卷帘的关闭信号应送至消防控制室。

9. 防烟、排烟设施的控制、显示功能

根据规范要求，防烟、排烟设施在消防控制室的消防控制设备上应有下列控制、显示功能：停止有关部位的空调送风，关闭电动防火阀，并接收其反馈信号；启动有关部位的防烟、排烟风机，以及排烟阀等，并接收其反馈信号；控制挡烟垂壁等防烟设施。

四、火灾监控系统的其他设计要求

火灾监控系统作为重要的消防设施，除进行上述工程设计之外，还应进行供电设计、火灾应急广播警报装置设计、消防专用电话等设计。

（一）火灾监控系统供电设计

1. 电源设计

火灾监控系统是建筑物中的消防安全设备，其工作特点是连续、不间断。为了保证其供电的可靠性，主电源应采用消防专用电源，其负荷等级应按照有关防火规范划分，并按电力系统设计规范规定的负荷级别要求供电。一般情况下，火灾监控报警系统宜按一级或二级负荷来考虑。因为安装火灾监控系统的场所均为重要的建筑或场所，火灾报警装置如能及时、正确报警，可以使人们的生命、财产安全得到保障，所以其主电源应有很高的可靠性，有两个或两个以上的电源供电，并在消防控制室自动切换。同时，规范要求火灾自动报警系统在主电源采用消防电源的前提下，必须配备直流备用电源，直流备用电源宜采用火灾报警控制器专用的蓄电池或集中设置的蓄电池。当直流备用电源采用集中设置的蓄电池时，火灾报警控制器应采用单独的供电回路，并应保证在消防系统处于最大负荷状态下不影响控制器的正常工作，确保发生火灾时火灾报警设备能发挥功能，将损失降低到最低程度。

2. 布线设计要求

1）火灾自动报警系统的传输线路和50V以下供电的控制线路，应采用电压等级不低于交流250V的铜芯绝缘导线或铜芯电缆。采用交流220/380V的供电和控制线路应采用电压等级不低于交流500V的铜芯绝缘导线或铜芯电缆。

2）火灾自动报警系统传输线路的线芯截面选择，除应满足自动报警装置技术条件的要求外，还应满足机械强度的要求，以及规范中对最小截面面积的要求。

3）火灾自动报警系统的屋内布线要求

① 火灾自动报警系统的传输线路应采用穿金属管、经阻燃处理的硬质塑料管或封闭式线槽保护方式进行布线。

② 消防控制、通信和警报线路采用暗敷设时，宜采用金属管或经阻燃处理的硬质塑料管进行保护，并应敷设在不燃烧的结构层内，且保护层的厚度不宜小于30mm。当采用明敷设时，应采用金属管或金属线槽进行保护，并应在金属管或金属线槽上采取防火保护措施。采用经阻燃处理的电缆时，可不穿金属管，但应敷设在电缆竖井或顶棚内有防火保护措施的封闭式线槽内。

③ 火灾自动报警系统用的电缆竖井，宜与电力、照明用的低压配电线路电缆竖井分别

设置。如受条件限制必须合用时，两种电缆应分别布置在竖井两侧。

④ 从接线盒、线槽等处引到探测器底座盒、扬声器箱的线路均应加金属软管进行保护。

⑤ 火灾探测器的传输线路，宜选择不同颜色的绝缘导线或电缆。正极“+”线应为红色，负极“-”线应为蓝色。同一工程中相同用途导线的颜色应一致，接线端子应有标志。

⑥ 接线端子箱内的端子宜选择压接或带锡焊接点的端子板，其接线端子上应有相应标志。

⑦ 火灾自动报警系统的传输网络不应与其他系统的传输网络合用。

⑧ 建筑物内横向敷设的火灾自动报警系统传输线路，如果采用穿管布线时，不同防火分区的线路不宜穿入同一根管内。

⑨ 不同系统、不同电压等级、不同电流类别的线路，不应穿在同一管内或线槽的同一槽孔内。

⑩ 穿管绝缘导线或电缆的总截面面积不宜超过管内截面面积的 40%；敷设于封闭式线槽内的绝缘导线或电缆的总截面面积不应超过线槽净截面面积的 60%。

⑪ 配线使用的非金属管材、线槽及其附件，应采用不燃或非延燃性材料制造。

4）布线的连接及固定要求

① 在管内或线槽内的穿线，应在建筑抹灰及地面工程结束后进行。在穿线前，应将管内或线槽内的积水及杂物清除干净。

② 导线在管内或线槽内不应有接头或扭结。导线的接头，应在接线盒内焊接或用端子连接。

③ 敷设在多尘或潮湿场所的管路，其管口和管子的连接处均应进行密封处理。

④ 管路超过下列长度时，应在便于接线处装设接线盒：管子长度每超过 45m，无弯曲时；管子长度每超过 30m，有 1 个弯曲时；管子长度每超过 20m，有两个弯曲时；管子长度每超过 12m，有 3 个弯曲时。

⑤ 管子入盒时，盒的外侧应套锁母，盒的内侧应装护口。在顶棚内敷设时，盒的内外侧均应套锁母。

⑥ 在顶棚内敷设各类管路和线槽时，宜采用单独的卡具或支撑物进行吊装或固定。

⑦ 线槽的直线段应每隔 1.0～1.5m 设置吊点或支点，在下列部位也应设置吊点或支点：线槽的接头处，距接线盒 0.2m 处，线槽走向的改变或转角处。

⑧ 吊装线槽的吊杆直径，不应小于 6mm。

⑨ 管线经过建筑物的变形缝（包括沉降缝、伸缩缝、抗震缝等）处，应采取补偿措施；导线跨越变形缝的两侧应固定，并留有适当余量。

⑩ 火灾自动报警系统的导线敷设后，应对每回路的导线用 500V 的绝缘电阻表测量绝缘电阻，其对地的绝缘电阻值不应小于 20MΩ。

5）配线的防火措施

① 敷设有线路的电缆井、管道井，以及排烟道、排气道、垃圾道等竖向管道间，其井壁应为耐火极限不低于 1h 的非燃烧体，井壁上的检查门应采用丙级防火门。

② 为满足防火耐热要求，对金属管的端头接线应留有一定的余量；配管中途的接线盒不应埋设在易于燃烧的部位，且盒盖应加套石棉布等耐热材料。

③ 线管穿越墙体、地板时，应使用非燃烧体材料进行填充。

3. 接地要求

一般情况下，火灾自动报警系统的工作接地电阻值应小于4Ω。有些智能建筑或高层建筑中，建筑物四周已被防雷保护接地体所封闭，或建筑物已采用了利用建筑物基础的钢筋作为防雷保护的接地方式，则火灾自动报警系统也可以利用该防雷保护接地方式进行接地，即联合接地。联合接地时，接地电阻应小于1Ω。

特别要强调的是，为保护设备、装置及人员安全而设置的保护接地，可以采用“接零干线保护方式”（即单相三线制，三相五线制）。凡是在火灾自动报警系统中引入交流供电的设备、装置的金属外壳，都应采用专用的接零干线作为保护接地，并且接地线应满足下列要求：

1）工作接地线应采用钢芯绝缘导线或电缆，不得使用镀锌扁铁或金属软管。

2）从消防控制室引至接地体的工作接地线，在通过墙壁时，应穿入钢管或其他坚固的保护管。

3）工作接地线与保护接地线必须分开，保护接地的导体不得使用金属软管。

4）接地装置施工完毕后，应及时进行隐蔽工程验收，验收内容包括测量接地电阻并进行记录，查验应提交的技术文件和检查施工质量。

（二）火灾应急广播与警报装置设计

火灾应急广播是火灾或意外事故时指挥现场人员进行疏散的设备。火灾警报装置（包括警铃、警笛、警灯等）是发生火灾或意外事故时向人们发出警告的装置。虽然两者在设置范围上有些差异，使用目的统一，即为了及时向人们通报火灾，指导人们安全、迅速地疏散。

1. 火灾应急广播

(1) 火灾应急广播的设置范围

火灾发生时，为了便于组织人员的安全疏散和通知有关的救灾事项，《火灾自动报警系统设计规范》（GB 50116—1998）规定：控制中心报警系统应设置火灾应急广播，集中报警系统宜设置火灾应急广播。

在智能建筑和高层建筑内或已装有广播扬声器的建筑内设置火灾应急广播时，要求原有广播音响系统具备火灾应急广播功能，即当发生火灾时，无论扬声器当时处于何种工作状态，都应能紧急切换到火灾事故广播线路上。火灾应急广播的扩音机需专用，但可放置在其他广播机房内，在消防控制室应能对它进行遥控自动开启，并能在消防控制室直接用话筒播音。

一般情况下，火灾应急广播的线路需单独敷设，并应有耐热保护措施，当某一路的扬声器或配线发生短路时，应仅使该路广播中断而不影响其他各路广播。火灾广播系统可与建筑物内的背景音乐或其他功能的大型广播音响系统合用扬声器，但应满足规范提出的技术要求。

(2) 火灾应急广播的技术要求

《火灾自动报警系统设计规范》（GB 50116—1998）规定，火灾应急广播扬声器的设置应符合以下规定：

1）火灾应急广播的扬声器宜按照防火分区进行设置，民用建筑内的扬声器应设置在走道和大厅等公共场所，每个扬声器的额定功率不小于3W，其间距应保证从一个防火分区的任何部位到最近一个扬声器的距离不大于25m，走道内最后一个扬声器至走道末端的距离不应大于12.5m。

2）在环境噪声大于60dB（A）的工业场所，设置的扬声器在其播放范围内最远点的声压级应高于背景噪声15dB（A）。

3）客房独立设置的扬声器，其功率一般不小于1W。

当火灾应急广播与其他广播（包括背景音乐等）合用时，应满足下列技术要求：

1）火灾时，应能在消防控制室将火灾疏散层的扬声器和公共广播扩音机强制转入火灾应急广播状态。

2）消防控制室应能监控用于火灾应急广播时的扩音机的工作状态，并能开启扩音机进行广播。

3）床头控制柜设有扬声器时，应有强制切换到火灾应急广播的功能。

4）火灾应急广播应设置备用扩音机，其容量不应小于火灾应急广播扬声器最大容量总和的1.5倍。

（3）火灾应急广播控制方式

发生火灾时，为了便于疏散和减少不必要的混乱，火灾应急广播发出警报时不能将整个建筑物的火灾应急广播系统全部开启，而应该仅向着火楼层及与其相关楼层进行广播。广播顺序为：

1）当着火层在二层以上时，仅向着火层及其上下各一层或着火层的下一层上二层发出火灾警报。

2）当着火层在首层时，需要向首层、二层及全部地下层进行紧急广播。

3）当着火层在地下任一层时，需要向全部地下层和首层紧急广播。

火灾时，将公共广播系统的扩音机强制转入火灾事故广播状态的控制切换方式一般有以下两种：

1）火灾应急广播系统仅利用公共广播系统的扬声器和传输线路，其扩音机等装置却是专用时，当发生火灾，应由消防控制室切换输出线路，使公共广播系统投入火灾紧急广播。

2）火灾应急广播系统完全利用公共广播系统的扩音机、扬声器和传输线路等装置时，消防控制室应设有紧急播放盒（内含话筒放大器和电源、线路输出遥控按键等），用于火灾时遥控公共广播系统紧急开启进行火灾紧急广播。

以上两种控制方式，都应该注意使扬声器不管处于关闭或播放状态时，都应能紧急开启火灾应急广播。特别应注意在扬声器设有开关或音量调节器的公共广播系统中的紧急广播方式，应将扬声器用继电器强制切换到火灾应急广播线路上。

2. 火灾警报装置

火灾警铃是一种安装于走道、楼梯等公共场所的火灾警报装置。建筑中设置的火灾警铃通常按照防火分区设置，报警方式采用分区报警。设有火灾应急广播系统后，可不再设火灾警铃。在装设有手动报警开关处需装设火灾警铃或讯响器，一旦发现火灾，操作手动报警开关就可向本地区报警。一般，火灾警铃或讯响器工作电压为DC24V，多采用嵌入墙壁安装。

对于火灾警铃等火灾报警装置，规范规定的设置范围和技术要求是：设置区域报警系统的建筑，应设置火灾警报装置，设置集中报警系统和控制中心报警系统的建筑，宜装置火灾警报装置。同时还规定：在火灾报警区域内，每个防火分区至少安装一个火灾警报装置。其安装位置，宜设在各楼层走道靠近楼梯出口处。

为了保证安全，火灾警报装置应在火灾确认后，由消防控制室按疏散顺序统一向有关区域发出警报。在环境噪声大于60dB（A）的场所设置火灾警报装置时，其声压级应高于背景噪声15dB（A）。

（三）消防专用电话设计

消防专用电话是与普通电话分开的独立系统，一般采用集中式对讲电话，主机设在消防控制室，分机分设在其他各个部位。《火灾自动报警系统设计规范》（GB 50116—1998）明确规定，消防专用电话网络应为独立的消防通信系统；消防控制室、消防值班室或企业消防站等处，应装设可直接报警的外线电话。消防控制室应设消防专用电话的总机，民用建筑的下列部位应设有消防专用电话的分机和塞孔：消防水泵房、变配电室、排烟机房、电梯机房、自备发电机房等与消防联动有关的值班室应设分机；灭火控制系统操作装置处或控制室应设分机；民用建筑中手动报警按钮及消火栓启泵按钮等处宜设消防电话塞孔；特级保护对象建筑中的各避难层应设置消防电话分机或电话塞孔。

工业建筑中的下列部位应设置消防专用电话分机：总变配电站及车间变配电所；企业消防站，总调度室；保卫部门总值班室；消防泵房、取水泵房（处）、电梯机房；车间送、排风及空调机房等处。

工业建筑中手动报警按钮、消火栓启泵按钮等处宜设消防电话塞孔。

自学指导

学习重点：火灾监控系统的组成、火灾监控系统的工作原理和消防联动控制系统的基本要求。

学习难点：火灾探测器的选用和安装要求。

复习思考题

一、填空题

1. 光电探测法是根据火灾所产生的烟雾颗粒对光线的（　　　）或（　）作用来实现感烟式火灾探测的方法。根据烟雾颗粒对光线的作用原理，光电感烟探测法可分为（　　　）式和（　　　）式两类。

2. 根据不同的火灾探测方法可构成相应的火灾探测器，按照不同的火灾待测参数，火灾探测器可以划分为（　　　）、（　　　）、（　　　）和（　　　），以及烟温、烟光、烟温光等复合式火灾探测器和多信号输出式火灾探测器。

3. 火灾监控系统的基本组成部件有（　　　）、（　　　）、（　　　）和（　　　）四部分，复杂系统还包括（　　　）。

4. 在火灾自动报警系统中，自动或手动产生火灾报警信号的器件称为触发器件，它主要包括（　　　）和（　　　）。

5. 感温火灾探测器按其作用原理可分为（　　　）、（　　　）和（　　　）三类。

6. 根据火灾监控对象的特点和火灾报警控制器的分类，以及消防设备联动控制要求的不同，火灾监控系统的基本设计形式有（　　　）报警系统、（　　　）报警系统和

（　　　　）报警系统。

7. 火灾自动报警系统的保护对象应根据其使用性质、火灾危险性、疏散和扑救难度等分为（　　　　）、（　　　　）和（　　　　）。

8. 火灾探测区域应按（　　　　）来划分，一个探测区域的面积不宜超过（　　　）；从主要入口能看清其内部且面积不超过（　　　　）的房间，也可以划分为一个火灾探测区域。

9. 红外光束线型感烟火灾探测器的探测区域长度不宜超过（　　　　），缆式感温火灾探测器的探测区域长度不宜超过（　　　　），空气管差温火灾探测器的有效探测区域长度应在（　　　　）。

10. 火灾初期有"阴燃"阶段，产生大量的烟和少量的热，很少或没有火焰辐射的场所，应该选用（　　　　）火灾探测器；火灾发展迅速，有强烈的火焰辐射和少量的烟、热的场所，应该选用（　　　　）探测器。

11. 火灾探测器的保护面积主要受（　　　　）、（　　　　）和（　　　　）等因素的影响。

12. 在宽度小于3m的走道顶棚安装火灾探测器时，宜（　　　　）布置，感温火灾探测器的安装间距不应超过（　　　　），感烟火灾探测器的安装间距不应超过（　　　　）。

13. 火灾发生后，值班人员应按疏散顺序和规定程序进行操作，当二层及二层以上楼房发生火灾，应先接通（　　　　）及（　　　　）；当首层发生火灾时，应先接通（　　　　）、（　　　　）及（　　　　）；当地下室发生火灾时，应先接通（　　　　）及（　　　　）。

二、单项选择题（在备选答案中有1项是正确的，请将其选出并填入题后括号内）

1. 下列哪些场所比较适合安装感烟火灾探测器？（　　）

A. 教学楼

B. 影视放映室

C. 变电所

D. 锅炉房

2. 下列哪些场所比较不适合安装感烟火灾探测器？（　　）

A. 吸烟室

B. 集体宿舍

C. 开水间

D. 图书馆

3. 已知被保护对象为重点文物，保护系数为0.8，被保护对象的探测面积为$90m^2$，在5m高度装有感烟火灾探测器，该探测器的保护面积为$60m^2$，则该保护区域内应该至少设（　　）探测器。

A. 3个

B. 4个

C. 1个

D. 2个

4. 点型火灾探测器的安装位置，正确的是（　　）。

A. 探测器至墙壁、梁边的水平距离，不应小于0.5m

B. 探测器周围1m内，不应有遮挡物

C. 在宽度小于3m的内走道顶棚上设置探测器时，宜分散布置

D. 探测器宜水平安装，当必须倾斜安装时，倾斜角不应大于15°

5. 下列对于火灾探测器的安装规则的叙述，正确的是（　　）。

A. 当梁凸出顶棚的高度小于200mm时，在顶棚上设置感烟、感温火灾探测器可以忽略梁对火灾探测器保护面积的影响

B. 当梁凸出顶棚的高度超过600mm时，则被其隔开的部分需单独划为一个探测区域

C. 在顶棚低矮的居室，感烟火灾探测器应安装在入口附近

D. 在楼梯间或斜坡式走道中，可按垂直距离每15m高处安装一个探测器

三、名词解释

1. 光电探测法　　2. 火焰光探测法　　3. 探测区域　　4. 报警区域　　5. 探测面积

6. 火灾报警装置　　7. 火灾警报装置

四、简答题

1. 火灾报警区域和火灾探测区域的划分依据是什么？有哪些相关规定？

2. 火灾探测器选用的原则有哪些？

3. 手动报警按钮设置时应满足哪些要求？

4. 为保证消防控制室自身的消防安全，在设计时有哪些具体要求？

5. 火灾监控系统中，各个消防设备应该具有哪些控制和显示功能？

6. 火灾发生时，火灾应急广播系统对扬声器有哪些要求？

7. 火灾监控系统中，火灾应急广播与其他广播合用时有哪些要求？

8. 民用建筑的哪些部位应设置消防专用电话分机和塞孔？

9. 工业建筑中的哪些部位应设置消防专用电话分机？

第十章　工业防火防爆

学习目标

1. 应了解、知道的内容

工业火灾爆炸事故的特点和原因构成。

2. 应理解、清楚的内容

工业防火防爆的基本原理；工业防火防爆安全装置的原理和适用特点；电气设备防爆的基本措施和途径，防爆电气设备的类型及其工作原理。

3. 应掌握、会用的内容

爆炸和火灾危险环境划分和爆炸性混合物的分类、分级和分组；防爆电气设备的选择原则和方法；掌握爆炸危险性工业建筑的布置和构造要求。

4. 应熟练掌握的内容

工业火灾爆炸事故原因的类型；点火源的种类；工业防火防爆安全装置的类型。

自学学时　6 学时

老师导学

本章从工业火灾爆炸事故的特点、原因构成和类型入手，以工业防火防爆的基本原理为基础，从防止易燃易爆危险体系的形成、点火源的控制、动火作业的安全管理、防火防爆安全装置的设置以及防爆电气设备的选择五个方面阐述了工业防火防爆的技术措施。同时，又从工业建筑的防火防爆技术措施、爆炸危险性厂房（库房）平面布置和构造方面介绍了火灾爆炸事故的预防和限制思路与方法。学习本章内容，要在深刻理解工业火灾爆炸事故特点和原因的基础上，以防火防爆的基本原理贯穿后续的技术措施及工业建筑的防爆设计。

工业火灾爆炸事故具有破坏威力大、影响范围广的特点。为了防范此类事故的发生，本章从分析工业火灾爆炸事故的特点及原因入手，在工业防火防爆基本原理的基础上，介绍了防止易燃易爆危险体系的形成、点火源的控制等防火防爆技术措施，并重点关注了防火防爆安全装置、动火作业安全管理和火灾爆炸危险环境电气设备的选择三方面内容。最后从建筑设计角度介绍了工业建筑的防爆措施。

第一节　工业火灾爆炸的原因

一、工业火灾爆炸事故的特点

由于工业生产的特殊性，尤其是石油化工企业复杂的生产工艺，包含高温、高压、负压等具有潜在危险性的生产环节。同时，生产过程中大量存在易燃易爆、腐蚀毒害危险的物质，使得工业火灾爆炸事故具有爆炸危险大、火灾威胁大、事故损失大、点火源众多和扑救处置难的突出特点。

（一）爆炸危险大

由于存在高压、高温、负压等工艺环节和大量易燃易爆的物质，使得工业生产易发生爆炸事故。爆炸引起火灾或火灾中产生爆炸是工业火灾的一个显著特点。

存在高温高压生产的工艺设施一旦失去对温度和压力的控制，随着能量的聚集就可能会发生爆炸；负压设备的密封装置发生问题，吸入的空气与设备内部的可燃气体或蒸气混合形成爆炸性混合物，在高温条件下或遇到火源会发生爆炸；火灾情况下，工业生产中的压力容器受到火焰直接烘烤或热辐射的作用，达到耐受极限也会发生物理爆炸，甚至继而引起化学爆炸。

工业生产中存在着大量的易燃易爆物质，在发生泄漏的时候，可燃气体、挥发性的可燃液体和可燃粉尘等会与空气混合形成爆炸性混合物。

（二）火灾威胁大

工业生产中大量的原料、中间产物和成品属于易燃易爆物质，物料燃烧热值大、沸点低、挥发性强。在火灾中会形成猛烈的燃烧，燃烧速度快，火焰可高达数十米，对临近的设备、管道等产生强烈的热辐射。

由于液体的流动性和气体的扩散性，会加剧火灾蔓延，特别是容量较大的设备，当遭受严重破坏时，其内部流体会急速涌出，造成大面积火灾。架空管道纵横交错，生产设备密集林立，还会促成立体火灾。重质油品的“热波特性”，在发生火灾后可能出现沸溢、喷溅现象。

（三）事故损失大

由于石化火灾的突发性和猛烈性，易造成人员的伤亡，尤其是事故发生之后泄漏出来的有毒有害物质和燃烧产物，会对企业及其周边的人员产生伤害。工业企业的装置设备造价高，在事故中一旦损毁，经济损失大。工业火灾除造成直接经济损失外，还会带来停产、修复所致的间接损失。

工业生产中使用的原料，生产的产品、中间体、副产品及其中的杂质很多都具有化学危害性，一旦泄漏到大气中或排放到江河中，易造成大气、水资源污染，后期处置又很困难，有时还需要长时间的生态还原。

（四）点火源众多

工业企业当中存在着众多引发火灾的点火源，比如高温、高压生产工艺和多种形式的明火火源。

另外一方面还存在着电焊火花、熔渣、冲击摩擦火花等点火源，对于可燃气体、液体、蒸气、粉尘等物质的场所，由于可燃物所需点火能量低，有可能引起火灾与爆炸事故。除此之外，静电火花作为一种隐性火源，难以预测其出现的时间与地点，再加上多数易燃液体都是电介质，在灌注、输送过程中能够产生静电，一旦防范设施不到位、故障或人为思想麻痹，就可能引起事故。

（五）扑救处置难

工业火灾与爆炸的特殊性给事故的处置与扑救带来了很多的困难。工业火灾事故现场温度高，很多情况下又有潜在爆炸危险，加上可燃物质本身和燃烧产物的毒害性和腐蚀性，会严重威胁到扑救人员的安全。事故处置中，禁忌物料的处置不当还会造成火情发生变化，甚至是增大火势。

二、工业火灾爆炸事故的原因构成

由于工业火灾爆炸事故具有突出的危险性，因此，掌握工业火灾预防与控制的原理与对策，防止或减少火灾爆炸事故的发生，不仅能够保护经济财产和人民生命的安全，同时对于社会经济的良性发展都具有十分积极的作用。

控制工业火灾爆炸事故的发生，首先要从源头上分析事故发生的原因，根据工业火灾自身发生发展的规律，有针对性地采取措施来防止事故的发生。由正常工作状态发展到火灾爆炸，存在着基础原因、间接原因和直接原因向事故状态，乃至灾害状态的发展过程。

（一）基础原因

基础原因可认为是产生事故，并导致灾害的最原始最基本的原因，可归纳为管理的原因、基础教育的原因、社会的原因和历史的原因。基础原因由国家、社会和上级主管部门所负有的责任构成。

（二）间接原因

间接原因可认为是由基础原因诱发出来的原因，是第二个原因层次，是工业火灾爆炸事故的先导性基础原因，可归纳为技术的原因、管理的原因、教育的原因、员工身体精神的原因和生活环境原因。间接原因主要由工业企业单位和个人所负有的责任构成。

（三）直接原因

直接原因是在间接原因的基础上发展起来的，是事故发生或灾害形成的直接诱发原因，可归纳为物的原因、人的原因以及其他原因。其中，其他原因主要是指人为破坏、战争以及自然灾害等。直接原因应由肇事者承担责任。

（四）事故扩大的原因

基础原因、间接原因和直接原因引起的初期火灾和爆炸事故，如果发现不及时、控制不得当、处置不得力、防火防爆措施失灵和消防设施出现故障，便会发展扩大成为灾害。

（五）灾害形成原因

如果事故扩大的因素得不到有效控制，火灾爆炸事故就会达到灾害的程度。

火灾爆炸事故的发生是直接原因造成的，直接原因又是间接原因导致的必然结果，而间接原因又与基础原因紧密相关。这些原因背后隐藏着包括人、机器设备、物质材料、环境等各个方面要素。在工业生产中，应从整体上系统地分析造成火灾爆炸事故的各种原因，从中找到相应的防火技术措施和管理措施，防止事故的发生与扩大。

三、工业火灾爆炸事故原因的类型

工业企业火灾爆炸事故是多种多样的，每一起事故都有其自身独特的特点，但在一定程度上存在着共性。为了便于制定相应的防火防爆技术对策，在充分考虑事故个性和共性的基础上，可以将火灾爆炸事故分类进行讨论。

按照工业火灾爆炸的起因不同，可将工业火灾爆炸事故分为两大类型：一是事故的发生需要火源，称为火源型火灾爆炸事故；二是事故的发生不需要点火源，而是由于过程中热量的蓄积或潜在热量的释放所引起，称为无需火源型火灾爆炸事故，而无需火源型火灾爆炸事故又分为蓄热型火灾与爆炸和潜热型蒸气爆炸。工业火灾爆炸事故原因类型见表10-1。

表 10-1　工业火灾爆炸事故原因类型

<table>
<tr><th colspan="2">类　型</th><th>种　类</th></tr>
<tr><td colspan="2" rowspan="2">火源型火灾爆炸事故</td><td>燃烧类火灾与爆炸</td></tr>
<tr><td>泄漏类火灾与爆炸</td></tr>
<tr><td rowspan="4">无需火源型火灾爆炸事故</td><td rowspan="2">蓄热型火灾与爆炸</td><td>自燃类火灾与爆炸</td></tr>
<tr><td>反应失控类爆炸</td></tr>
<tr><td rowspan="2">潜热型蒸气爆炸</td><td>传热类蒸气爆炸</td></tr>
<tr><td>平衡破坏类蒸气爆炸</td></tr>
</table>

火源型火灾爆炸事故、蓄热型火灾与爆炸的特点是发生了燃烧、分解等化学反应过程，潜热型蒸气爆炸是发生了液相向气相的急剧相变，而使压力急剧升高的物理变化过程，也就是发生了物理性爆炸。发生潜热型蒸气爆炸的物质若不燃，爆炸后一般不会进一步造成火灾；若可燃，爆炸后则可能被点火源点燃，从而发生化学爆炸或造成大范围的火灾。

（一）燃烧类火灾与爆炸

燃烧类火灾与爆炸是指工业生产过程中存在的可燃物质在某种火源作用下，发生燃烧、分解等化学反应，而导致的火灾和化学性爆炸。

在敞开式或半敞开式空间中，一般的可燃物质燃烧后产生的气体和压力能够向大气中释放，所以不会发生爆炸，而形成稳定的燃烧状态。如果火灾发生在密闭容器中，燃烧或分解等反应所产生的大量气体和热量，不能及时从系统中释放出去，会使容器内的压力迅速升高而形成爆炸。在相对密闭的建筑物内，如充满可燃气体、蒸气或悬浮着可燃粉尘、雾滴，若达到其爆炸极限范围，遇点火源也会发生化学爆炸。自身能够进行持续的放热分解反应的气体，不需要助燃气体就能发生气体爆炸，如乙炔、乙烯、环氧乙烷等。爆炸品接受外界点火源能量后，也会发生化学爆炸。如果将氧化性和还原性的物质混合接触，遇到点火源也会形成爆炸现象。在生产工艺过程中存在高浓度的氧气时，原先在空气中不会发生燃烧的设备材料会在高浓度的氧气中发生燃烧。

预防燃烧类火灾与爆炸事故主要围绕燃烧发生的三个必要条件展开，控制其中的一个条件，燃烧与爆炸就不会发生。具体措施包括严格控制点火源、防止形成爆炸性混合物等。

（二）泄漏类火灾与爆炸

泄漏类火灾与爆炸是指处理、储存或输送可燃物质的容器、管道或其他设备，因某种原因破裂而使可燃气体、蒸气、粉尘或雾滴泄漏到大气中或外界空气吸入负压设备内，遇点火源所发生的火灾和化学爆炸事故。工业企业生产过程中广泛存在着泄漏事故，厂房或装置内的各种设备、储存区的各种钢瓶和储罐以及遍布厂区的各种管线都可能发生泄漏，尤其是容器管道的焊缝、接口、密封处、阀门和法兰，更容易出现泄漏情况。同时，操作过程中的人为过错与失误也可能促成此类事故的发生。

预防泄漏类火灾与爆炸事故的关键是防止泄漏的发生，可以通过进行防腐处理、提高设备强度、加强检修和维护等措施尽可能避免由于工艺设施、设备管道自身原因造成的泄漏；还可以通过加强监测预报，设置在线可燃物质浓度的监测、报警系统；同时，加强制度建设、操作管理和员工安全教育也能够有助于此类事故的防范。

（三）自燃类火灾与爆炸

自燃类火灾与爆炸事故是指某些物质由于自身的物理、化学或生物作用产生热量，在一定蓄热条件下不断升温达到自燃点自行燃烧而导致的火灾与爆炸事故。

自燃类火灾与爆炸事故发生的基本条件是物质在正常的条件下存在自发的放热反应，产热速度大于体系的散热速度。自燃类火灾与爆炸的形式主要包括：黄磷、煤粉、含油脂物品的氧化放热自燃；硝化棉、硝化纤维胶片等的分解放热自燃；还原铁、活性炭等的吸附放热自燃；稻草、原棉、锯木屑等在潮湿条件下发生的发酵放热自燃；金属钠、氢化钠、电石、镁铝粉、放射性物质铀等，遇水或在潮湿空气中发生的水解放热自燃；可燃物与强氧化剂发生的混合接触氧化放热自燃等。

预防自燃类火灾与爆炸事故的主要措施是破坏体系热量的积聚。通过正确判定物质是否容易发生自燃和发生自燃的机理，有针对性地选择方法来防止此类事故的发生。

（四）反应失控类爆炸

反应失控类爆炸是指因化学反应放热，当反应热量没有按工艺要求及时移出反应体系外时，使容器内温度和压力急剧上升所引起的爆炸事故。这类爆炸可认为是物理性爆炸，但是当物料的温度超过其自燃点时，则会在容器破裂或爆炸后，发生燃烧反应，瞬间变成化学性爆炸。

反应失控类爆炸发生的基本条件是：生产中存在放热的化学反应；反应释放出的热量不能及时移出反应系统之外；系统内的低沸点液体在高温作用下蒸气压力急剧上升或反应生成大量的气体；安全泄压装置不能有效泄压。

预防反应失控类爆炸的主要措施是破坏反应热蓄积的条件，可以通过全面了解分析放热化学反应的性质，掌握反应失控的可能原因及控制措施；严格遵守工艺设计和操作规程，控制生产过程中的温度和压力并进行工艺参数的检测来防止反应失控。一旦发生反应失控的情况，还要采取合理的措施控制失控的程度并有效发挥泄压与放散装置的作用。

（五）传热类蒸气爆炸

传热类蒸气爆炸是指低温液体与高温物体接触时，高温物体的热量急剧地向低温液体传递，使低温液体瞬间由液相转变为气相而发生的爆炸。

这类爆炸主要有水接触高温物体（如铁液、炽热铁块、高温炉等）发生的水蒸气爆炸。常温的水全部变成水蒸气会使体积膨胀1700倍以上，这种急剧的膨胀会对人员或设备等造成伤害或破坏。两种沸点差距大的液化气体接触也有发生爆炸的可能。传热类蒸气爆炸属于物理性爆炸，一般不会造成火灾。但液态甲烷、丙烷等可燃气体发生的蒸气爆炸，与空气形成爆炸性混合气体，则有发生化学性爆炸及火灾的危险。

预防传热类蒸气爆炸的关键在于避免液态水和高温物体的直接接触，防止沸点差较大的两种液化气体混合。

（六）平衡破坏类蒸气爆炸

平衡破坏类蒸气爆炸是指具有较高压力的密闭容器中盛有高于常压蒸气压的液体，当容器气相部分的容器壳体因材质劣化、碰撞、火灾烘烤等原因出现裂纹，容器内蒸气压平衡状态遭到破坏后，变成不稳定的过热状态，液体立即沸腾，体积急剧膨胀，压力剧增，使容器裂纹扩大或破裂成碎片，容器内液体大量喷出，液体由液相瞬间变成气相所呈现的蒸气爆炸现象。

这种平衡破坏类蒸气爆炸属于物理性爆炸，但是若容器内的液体是可燃性液体，喷出的液体变成蒸气后，遇点火源便会产生火球。与空气形成爆炸性混合气体，延迟遇到火源会发生蒸气云爆炸或火灾。常温的液化石油气火车槽车、汽车槽车因受到外力撞击作用等原因会发生这类蒸气爆炸。在火场上受到烘烤加热的易燃、可燃液体储罐以及有较高压力的液体储罐或反应器等，若容器上因某种原因有裂纹存在，也会发生这种平衡破坏类蒸气爆炸。

因此，保持盛装过热液体容器的完整性和耐压强度，防止蒸气压平衡遭到破坏是防止平衡破坏类蒸气爆炸的根本性措施。

第二节 工业火灾爆炸的预防措施

一、工业防火防爆的基本原理

燃烧和化学性爆炸虽然在温度、速度等外在表现形式上存在很大的差别，但其发生的机理是具有相似性的，发生燃烧必须具备三个条件：可燃物、助燃物和点火源，一般称之为燃烧三要素。爆炸品（内含还原剂和氧化剂）或可燃物（可燃气体、蒸气、粉尘和雾滴）与空气混合物、起爆源同时存在、相互作用会形成爆炸。这三个要素只是引起燃烧与爆炸“质”的方面条件，即使相互结合、相互作用，燃烧与爆炸也不一定发生，因为还要有“量”的方面条件，如可燃物和助燃物具备一定数量和浓度，点火源具有一定的温度和足够的能量。

在工业生产中采取措施避免或消除上述条件之一，就可以防止火灾或爆炸事故的发生，这就是防火防爆的基本原理。在此基础上，工业防火防爆基本原理可以继续演化为以下四个基本措施：

（1）预防性措施　这是最理想、最重要的措施。其基本点就是消除导致火灾爆炸事故的可燃物、助燃物与点火源相互接触、结合和作用的机会，从根本上杜绝燃烧与爆炸出现的可能性。

（2）限制性措施　这是指一旦发生火灾爆炸事故后，限制其后果蔓延、扩大的措施，如设置防火分区、防烟分区、防爆泄压结构，安装阻火防爆泄压设备等。

（3）灭火措施　万一不慎起火，要尽快组织人员利用灭火设施和设备进行及时扑救。特别是如果能在着火初期将火扑灭，就能避免火灾和爆炸的蔓延扩大。从广义上讲这也是防火措施的一部分。

（4）疏散性措施　通过预先采取的必要措施，在发生较大火灾时，能迅速将人员和重要物资撤离到安全区域，如建筑物的安全出口、疏散通道等，以减少损失。

二、工业防火防爆技术措施

（一）防止易燃易爆危险体系的形成

1. 针对物质危险特性采取措施

在生产过程中，通过不断改进生产工艺，以无危险或危险性小的物质代替有危险或危险性大的物质，提高生产本质安全化水平是保证安全的根本性措施。

同时，对于现有生产中的危险物质，要根据其自身的危险性特点采取针对性的防护措施。

2. 增强工艺设施设备的密闭性

为防止可燃气体、蒸气、粉尘、雾滴与空气混合形成爆炸性混合物，应增强工艺设施设备的密闭性。尤其是对于具有压力的设备更应关注其密闭性，防止可燃物质外逸形成爆炸性混合物；负压操作可防止系统中的有毒和可燃气体向容器外逸散，但也要防止在负压下操作时，外界空气通过各种孔隙进入负压系统形成爆炸性混合物，特别是设备中的可燃物质处于高温状态下工作的情况。

所以，为了保证设备的密闭性，在保证检修方便的前提下，应尽量少用法兰连接，输送危险性气体、液体的管道要用无缝管。盛装腐蚀性介质的容器底部尽可能不装开关和阀门。根据工艺温度、压力和介质的要求，正确选择密封形式。还应经常性地对容易发生泄漏的部位进行检修。严格控制压力，防止超压，并应按照压力容器的管理规定，定期进行强度耐压试验。易燃易爆物质生产装置投产前应严格进行气密性试验。

3. 加强通风除尘

对于存在可燃气体、蒸气和粉尘的环境，应设置良好的通风除尘装置，使空气中可燃气体、蒸气或粉尘达不到爆炸浓度范围。通风方式分为自然通风和机械通风两种形式。

如生产环节中使用或存在大量可燃气体、液体或粉尘的生产，应尽可能采用敞开或半敞开式的建筑。如果采取室内布置，要保证良好的通风条件，可燃气体（蒸气）比空气轻时，排风口应设在室内建筑的上部；可燃气体（蒸气）比空气重时，则排风口应设在下部。

具有火灾爆炸危险的厂房或库房，未经净化处理达标的通风气体不可循环使用，其排风送风装置应独立设置。当自然通风不能满足要求时，应采取机械通风（送风或排风）。在爆炸危险环境附近的独立仪表控制室、在线分析室、变配电室等，可通过送风（洁净空气）形成正压通风室，防止可燃物质侵入。

4. 采用惰性介质保护

当生产过程中可燃性物质与空气中的氧气不得不接触时，用惰性介质保护是防止形成爆炸混合物的重要措施。生产中常用的惰性介质有氮气、二氧化碳和水蒸气等。

在使用惰性介质时，应根据不同的物料系统采取不同的供气系统和惰性介质，因为惰性介质与某些物质可以发生化学反应，如水蒸气可以和许多酸性气体生成酸而放热，二氧化碳可以和许多碱性气体物质生成盐而堵塞管道和设备。由于许多生产装置在生产中将惰性介质系统与危险物料系统连接在一起，因此要特别注意防止危险物料窜入惰性介质系统造成事故，并应注意防止使人窒息。

5. 监测易燃易爆物质的含量与浓度

实时监测厂房或库房内易燃易爆物质的含量与浓度，也是保证安全生产的重要手段。在可燃气体、液体大量存在的场所，可设置可燃气体浓度探测器，以随时监测所在一定范围内气态危险物质的浓度。可燃气体浓度探测器的报警值一般为物质爆炸下限浓度的 25%，一旦出现危险，会发出报警信号提示相关人员或自行联锁安全装置采取措施。可燃气体浓度探测器安装位置的高低取决于被监测物质与空气的相对密度，比如密度小于空气的天然气等，探测器应安装在设备或房间的上部或顶棚附近；密度大于空气的液化石油气，探测器一般安装在距地面 50cm 的位置。

（二）点火源的控制

工业企业中存在着众多引发火灾的点火源：一方面是工业生产中存在大量的高温、高压生产工艺和多种形式的明火火源，另一方面是工业生产过程中出现的电焊火花、熔渣、冲击摩擦火花和静电火花等点火源。一旦防范措施不到位或人为失误，就可能引起事故。

能够引起工业火灾爆炸事故的点火源可以分为化学点火源（包括明火和自燃点火源）、电气点火源（包括电火花和静电火花点火源）、高温点火源（包括高温表面和热辐射点火源）和机械点火源（包括冲击摩擦和绝热压缩点火源）四类八种。

1. 化学点火源的控制

（1）明火点火源的控制　工业生产中明火的表现形式有很多，主要有生产过程中的加热用火、维修用火及其他火源，包括各种燃料加热炉、燃烧反应炉、火炬、焊割、燃火照明或加热灯（如气灯、喷灯）、燃油燃气机动车辆等产生的明火。非生产性明火包括取暖炉、烟头、火柴、打火机等。

生产过程中的明火是生产工艺和维修作业所必需的，要通过建立健全明火使用、管理和责任制度加以严格控制，做到不与可燃物、爆炸性混合物相接触。对于非生产性明火，要尽可能杜绝其在危险场所出现。

（2）自燃点火源的控制　自燃点火源有自反应发热自燃和受热自燃两种形式。可燃物在一定条件下，自动发生放热反应，当反应热的蓄积使可燃物的温度达到其自燃点时，可燃物发生自燃，属于自反应发热自燃。可燃物接受外界热量或自身夹带有外界提供的热量，诱发反应或蓄热，升温至自燃点属于可燃物受热自燃，如可燃物在生石灰遇水发生放热反应的作用下发生的自燃就是受热自燃。

自燃点火源的控制措施应依据可燃物发生自燃的机理。对于自身发热自燃的物质，关键是破坏反应发生和热量蓄积的条件；对于受热引起自燃的物质，关键是采取与热源可靠隔离的措施。

2. 电气点火源

（1）电火花点火源的控制　电火花是一种电能转变成热能的常见引火源。常见的电火花有：电气开关开启或关闭时发出的火花、短路火花、漏电火花、接触不良火花、继电器触点开闭时发出的火花、电动机换向器或集电环等器件上触点开闭时发出的火花、过负荷或短路时熔丝熔断产生的火花、电焊时的电弧、雷击电弧等。

对电火花的主要控制措施包括采用防爆电器、消除电弧、经常性检修电气线路等。

（2）静电火花点火源的控制　静电是一种常见的带电现象。在一定条件下两种不同的物质相互接触、摩擦，产生静电并积聚起来，并以火花形式释放能量时，就可能成为点火源。工业生产中，存在气体、液体的流动、喷溅、喷射的工艺过程，储存、加工和使用高电阻材料的生产都可能发生由静电引起的火灾爆炸。

控制静电火花的措施主要包括：采用导电体接地消除静电；通过洒水或喷水雾等方式，来增加空气湿度防止电介质物料带静电；在绝缘体（如塑料、橡胶）中加入抗静电剂，使其增加吸湿性或离子性而变成导电体；利用静电中和器产生与带电体静电荷极性相反的离子来消除静电；控制气体、液体、粉尘物料在管道中的流速；作业人员不准穿化纤衣服及不易导除静电的普通鞋。

3. 高温点火源

（1）高温表面点火源的控制　高温物体一般是指在一定环境中向可燃物传递热量并能导致着火的具有较高温度的物体。高温物体放热按其本身是否燃烧可分为无焰燃烧放热（如木炭火星）和载热体放热（如电焊金属熔渣）两类。

常见高温表面物体有：白炽灯泡及碘钨灯泡表面、铁液、加热的金属零件、蒸汽锅炉表面、高温反应器及容器表面、高温干燥装置表面、烟囱火星、发动机排气管排出的火星、焊割作业的金属熔渣等。另外还有撞击或摩擦产生的微小体积的高温物体，如砂轮磨铁器产生的火星、铁制工具撞击坚硬物体产生的火星、带铁钉鞋摩擦坚硬地面产生的火星等。

对高温物体的常见控制对策是保持高温表面点火源与可燃物质之间的安全距离、冷却降温以及绝热。具体做法包括：避免烟囱接近可燃物；规定汽车进入火灾爆炸危险场所时，排气管上应安装火星熄灭器；气焊气割作业时，防止飞散出的熔渣点燃可燃物等。

(2) 热辐射点火源　热辐射点火源所包括的光线照射和聚焦点燃主要是指太阳热辐射对可燃物的照射（暴晒）点火和凸透镜、凹面镜等类似物体使太阳热辐射线聚焦点火。

在实际生产中，应防止易燃易爆物品露天堆放，避免日光暴晒；对某些易燃易爆容器采取洒水降温和加设防晒棚措施，以防容器受热膨胀破裂，导致火灾爆炸；防范类似凸透镜和凹面镜的物体聚焦形成点火源；碘钨灯、高压汞灯类照明灯具下，不应堆放易燃物品。

4. 机械点火源

(1) 冲击摩擦点火源的控制　撞击和摩擦属于物体间的机械作用。一般来说，在撞击和摩擦过程中，机械能会转变成热能。当两个表面粗糙的坚硬物体互相猛烈撞击或摩擦时，往往会产生火花或火星，这种火花实质上是撞击和摩擦物体产生的高温发光的固体微粒。

铁器互相撞击能够点燃棉花、乙炔气体等，因此在易燃易爆场所，不能使用铁制工具，而应使用铜制或木制工具；不准穿带钉鞋，地面应为不发火花地面；爆炸性物质、氧化剂及有机过氧化物等受振动、撞击和摩擦可能引起火灾爆炸事故，应在搬运过程中予以关注；车床切削下来的废铁屑（温度很高）能够点燃周围可燃物，因此车床切削应有冷却措施；对机械传动轴与轴套，应定期加润滑油，以防摩擦发热引燃轴套附近散落的可燃粉尘等。

(2) 绝热压缩点火源的控制　绝热压缩点燃是指气体在急剧快速压缩时，气体温度会骤然升高，当温度超过可燃物自燃点时发生燃烧的现象。

存在较大压差的气体管道中，快速开启靠近高压侧一端的阀门时，低压侧的空气会受到近似绝热的压缩。如果高压侧的压力足够高，会使低压侧的空气温度急剧升高形成点火源。又如大量粘胶纤维胶液注入反应容器时，胶液由高处向下投料会使包含在内的空气气泡受到绝热压缩而升高温度，因而使容器底部残留的二硫化碳蒸气发生爆炸或燃烧。在生产和使用液态爆炸性物质和熔融态炸药以及某些氧化剂与可燃物的混合物时，物料中若混有气泡，也会因撞击或高处坠落而出现绝热压缩点火现象。

三、工业防火防爆安全装置

为了防止火灾爆炸事故的蔓延扩大，工业企业广泛采用防火防爆安全装置与设施，这些装置和设施对于保证生产的运行安全起到重要的作用。根据功能的不同，工业防火防爆安全装置可以分为阻火装置和防爆泄压装置。

（一）阻火装置

阻火装置的作用是防止外部火焰窜入有火灾爆炸危险的设备、管道、容器，或阻止火焰在设备与管道间蔓延扩展。阻火装置主要包括阻火器、安全液封、水封井、单向阀和火星熄灭器等。

1. 阻火器

(1) 阻火器的阻火原理　阻火器阻止火焰传播依靠的是其内部的阻火层。阻火层由具有许多能够通过气体的细小孔道或空隙的固体材质组成，火焰气流进入阻火层时被分割成许多细小的火焰流，由于散热作用和器壁效应而被熄灭。

阻火器广泛应用于工业生产中，例如输送可燃气体的管道、储存石油及其产品的油罐呼吸阀、有爆炸危险的放空管口、油气回收系统、燃气加热炉的送气系统等。

（2）阻火器的分类　常见的阻火器有金属网阻火器、波纹金属片阻火器和充填型阻火器等多种形式。

金属网阻火器是用若干具有一定孔径的金属网把中间分隔成许多小孔隙。一般采用四层金属网即可阻止火焰蔓延，通常采用6～12层，金属网阻火器及其结构如图10-1所示。

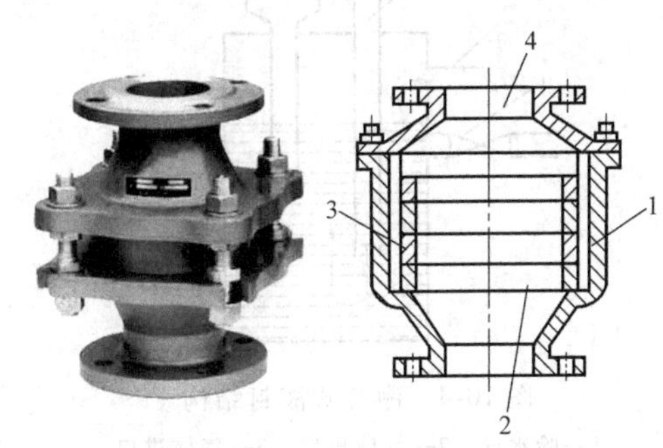

图10-1　金属网阻火器及其结构

1—壳体　2—金属网　3—垫圈　4—出口

波纹金属片阻火器壳体由铝合金铸造而成，阻火层由0.1～0.2mm厚的不锈钢带压制成波纹型。两个波纹带之间加一层同厚度的平带缠绕成圆形阻火层，阻火层上形成许多三角形孔隙，孔隙尺寸在0.45～1.5mm范围内，其尺寸大小由火焰速度的大小决定。波纹金属片阻火器的结构如图10-2所示。

充填型阻火器用砂粒、卵石、玻璃球等作为填料，这些阻火介质使阻火器内的空间被分隔成许多非直线性小孔隙，当可燃气体发生燃烧时，这些非直线性微孔能有效地阻止火焰的蔓延。阻火介质的直径一般为3～4mm，充填型阻火器的结构如图10-3所示。

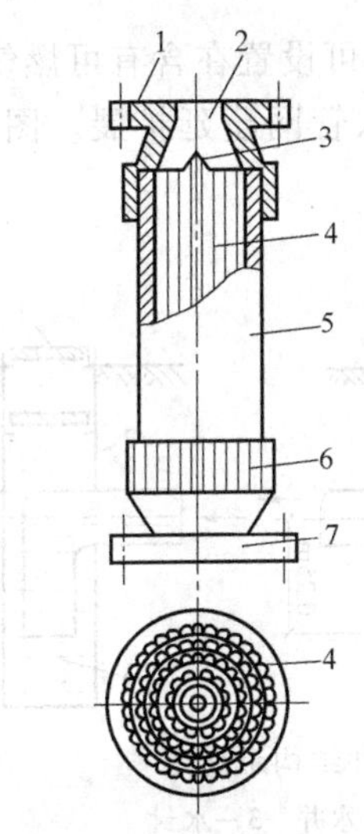

图10-2　波纹金属片阻火器的结构

1—上盖　2—出口　3—轴芯　4—波纹金属片

5—外壳　6—下盖　7—进口

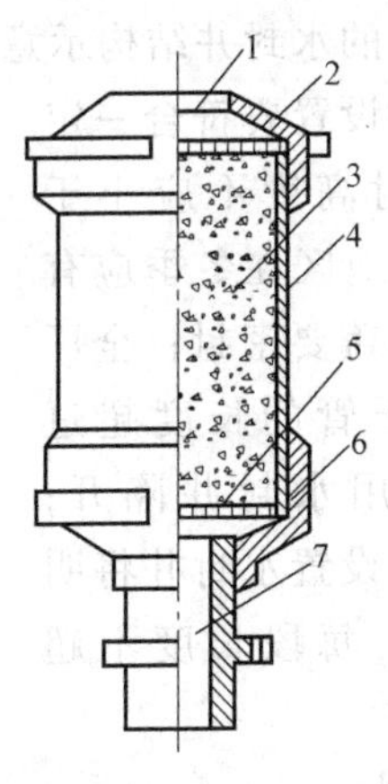

图10-3　充填型阻火器的结构

1—出口　2—上盖　3—沙粒　4—壳体

5—网格　6—下盖　7—进口

2. 安全液封

安全液封的阻火原理是由于液体封在进出口之间，在液封两侧的任何一侧着火，火焰都将在液封处熄灭，从而阻止了火焰蔓延。

安全液封一般装在压力低于 0.02MPa 的气体管线与生产设备之间，常用的安全液封有敞开式和封闭式两种，结构分别如图 10-4、图 10-5 所示。

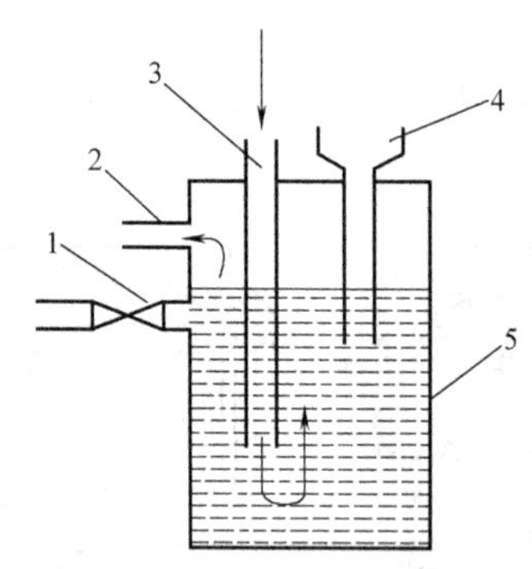

图 10-4　敞开式液封结构

1—验水栓　2—气体出口　3—气体进口　4—安全管　5—外壳

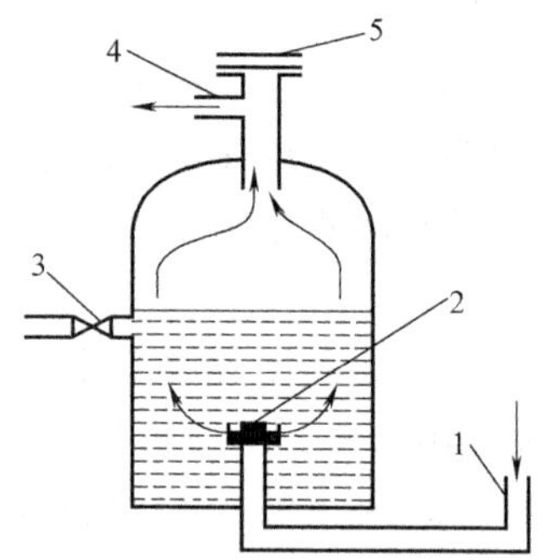

图 10-5　封闭式液封结构

1—气体进口　2—止回阀　3—验水栓　4—气体出口　5—防爆膜

寒冷地区要采取防止液体冻结的措施，可通入蒸汽，也可利用水和甘油、矿物油或乙二醇等的混合物，或用食盐、$CaCl_2$ 的水溶液等不燃物质做防冻液。安全液封内的液位应保持一定的高度，液位的高度由管道内气体的压力所决定，液位过高将增大气体流动阻力，甚至造成系统增压；液位过低将产生气体短路而起不到液封作用。封闭式安全液封应经常检查止回阀的气密性。

3. 水封井

水封井的阻火原理与安全液封相似，是安全液封的一种，可设置在含有可燃气体、易燃液体蒸气或油污的污水管网系统上，以防止燃烧或爆炸沿污水管网蔓延扩展。图 10-6 所示为通常情况下的水封井结构示意图。

水封井的设置要符合一定的要求。水封高度不应小于 250mm，寒冷地区在冬季应有防冻措施；井盖要密封；全厂性支干管、干管的长度超过 300m 时，要用水封井隔开；明沟排水时应设置水封井将明沟隔为数段，每段长度不超过 20m。

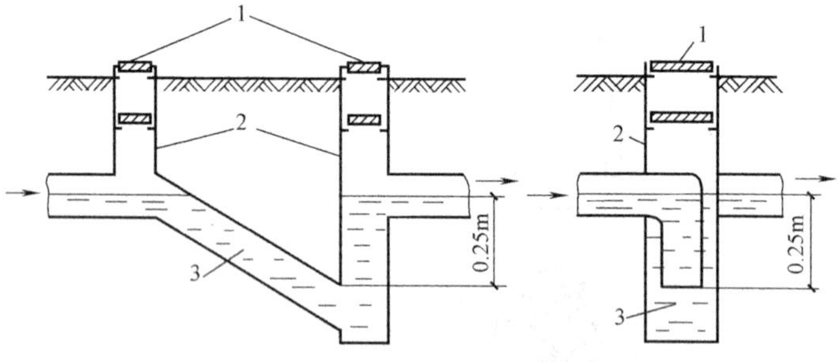

图 10-6　水封井结构示意图

1—填沙顶盖　2—水井　3—水封

4. 单向阀

单向阀又称止回阀，其作用是仅允许可燃气体或液体向一个方向流动，遇有倒流时，即自行关闭，避免燃气或燃油系统中发生流体倒流、高压窜入低压产生爆裂、火焰倒袭和蔓延等事故。

单向阀常用于防止高压物料窜入低压系统，也可用做防止回火的安全装置，比如系统中流体的进口与出口间、燃气或燃油管道及设备相连接的辅助管线上、高低压系统间、压缩机与油泵的出口管线上、液化石油气钢瓶上的调压阀等。生产中用的单向阀有升降式、摇板式、球式等。图 10-7 是三种单向阀的结构示意图。

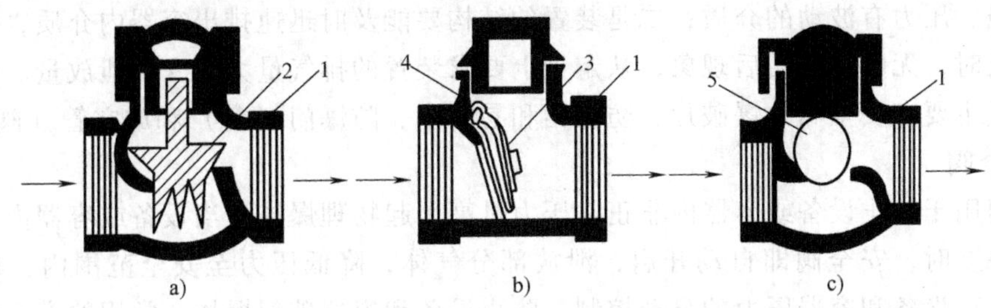

图 10-7 三种单向阀结构示意图

a）升降式单向阀 b）摇板式单向阀 c）球式单向阀

1—壳体 2—升降阀 3—摇板 4—摇板支点 5—球阀

5. 火星熄灭器

火星熄灭器又称防火帽，其原理是因容积或行程改变，使火星的流速下降或行程延长而自行冷却熄灭，从而使火星颗粒沉降而消除火险。通常安装于能产生火星设备的排空部位，如汽车、拖拉机等机动车辆发动机的排气口处，能产生飞火的烟囱口等。

熄灭火星的基本方法包括：将带有火星的烟气从小容积引入大容积，使其流速减慢，压力降低，火星沉降下来；设置障碍，改变烟气流动方向，增大火星流动路程，使火星熄灭，如图 10-8 所示；设置格栅或叶轮，挡住或分散大火星，加速火星熄灭，如图 10-9 所示；用水喷淋或水蒸气熄灭火星。

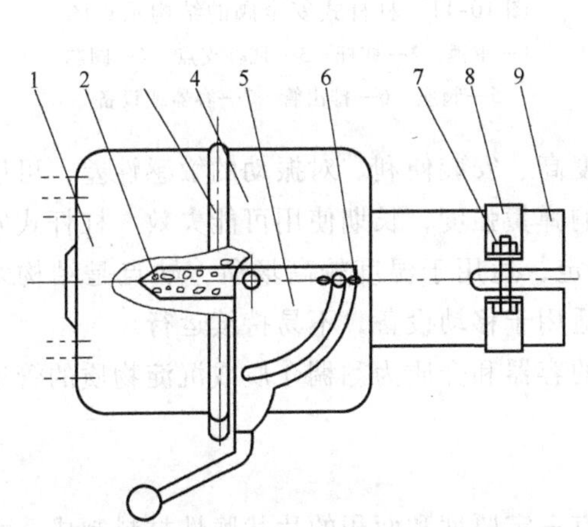

图 10-8 带有防火阀的火星熄灭器

1—后壳 2—防火阀 3—连接箍 4—前壳 5—操作柄 6—压紧螺母 7—螺母 8—卡子 9—连接管

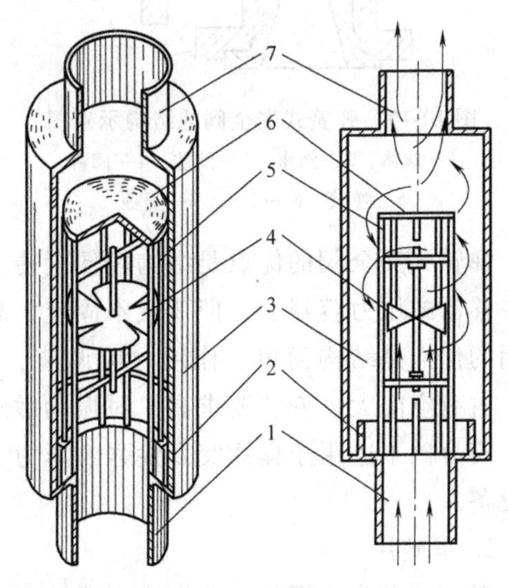

图 10-9 安装在烟囱上的火星熄灭装置示意图

1—烟气进口 2—有门的除灰渣口 3—外壳 4—叶轮 5—固定叶轮和挡烟板的格栅 6—挡烟板 7—烟气出口

（二）防爆泄压装置

防止超压的最后一种方法是安装防爆泄压系统，以便在过大的压力出现前释放掉液体或气体。选用的防爆泄压装置必须满足两个基本条件：一是所选装置能满足设备的工艺操作条件（如压力、温度等），且具有良好的密封性，装置所用的材料能适应包括黏性大、毒性大、腐蚀强、压力有波动的介质；二是装置的结构要能及时迅速排出容器内介质，泄压反应快、动作及时，无明显的滞后现象，从定量上要求装置的排气量大于安全泄放量。常见的防爆泄压装置主要有安全阀、爆破片、防爆帽和易熔塞、防爆门（窗）和放空管（阀）等。

1. 安全阀

安全阀用于防止设备或容器内非正常压力过高引起物理爆炸。当设备或容器内压力升高超过一定限度时，安全阀即自动开启，泄放部分气体，降低压力至安全范围内，再自动关闭，从而实现设备和容器压力的自动控制，防止设备和容器破裂爆炸。常用的安全阀有弹簧式、杠杆式，图 10-10、图 10-11 所示分别为弹簧式和杠杆式安全阀的结构示意图。

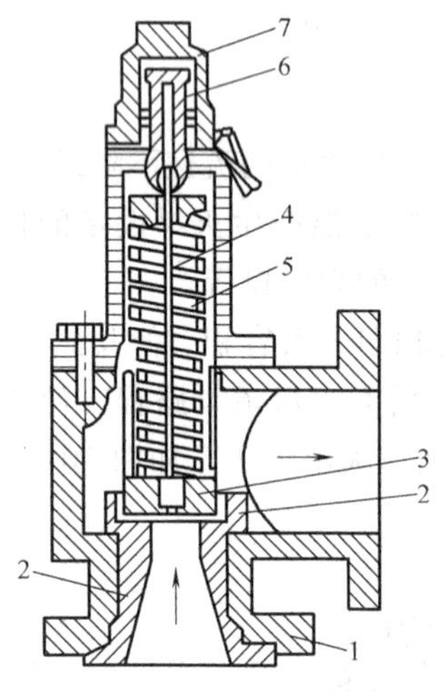

图 10-10　弹簧式安全阀的结构示意图

1—阀体　2—阀座　3—阀芯　4—阀杆

5—弹簧　6—螺母　7—阀盖

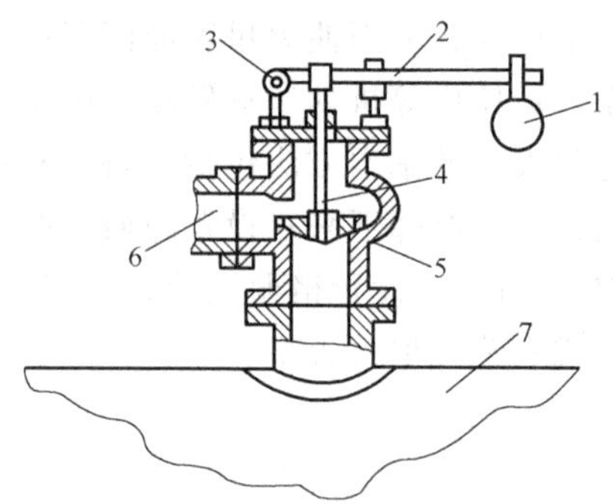

图 10-11　杠杆式安全阀的结构示意图

1—重锤　2—杠杆　3—杠杆支点　4—阀芯

5—阀座　6—排出管　7—容器或设备

弹簧式安全阀的优点是结构轻便紧凑、灵敏度高、安装便利、对振动的敏感性差，可以用在移动式压力容器上，但荷载不固定，高温影响弹簧强度，长期使用可能失效。杠杆式安全阀的优点是结构简单、作用力可调节、荷载固定，适用于温度较高场所，缺点是结构笨重、占有空间大、安装要求高、对振动敏感，不适用于移动设备，不易持续运行。

安全阀不适用于爆炸突发性强、压力上升快的容器和介质为黏稠介质或沉淀物质的管道和设备。

2. 爆破片

爆破片又称防爆片、防爆膜、泄压膜，由具有一定厚度和面积的片状脆性材料制成，大多通过法兰安装在受压设备、容器或管道的适当部位。

爆破片是一种断裂型的超压泄放装置，当容器内发生超压，并达到爆破片的设定压力时，爆破片自行破裂，使容器内的气体经破裂口向外排出，从而避免容器本体发生爆炸，图

10-12 所示为爆破片的实物图和结构示意图。爆破片的安全可靠性取决于防爆片的材料、厚度和泄压面积，必须经准确计算，不能随意选用。铁片破裂时能产生火花，存在燃爆性气体时不宜采用。防爆片应安装在破裂时碎片不易伤人的位置。

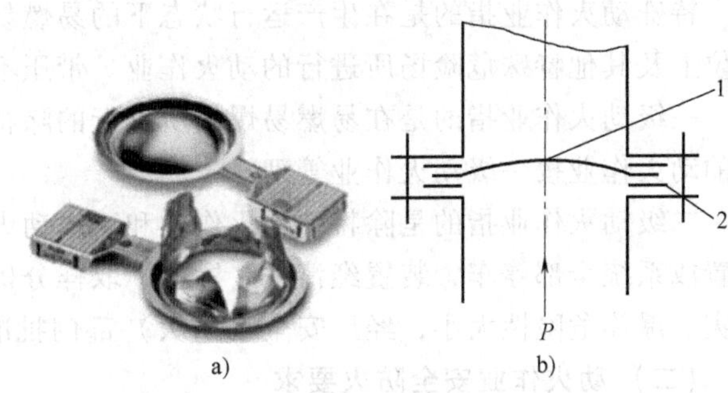

图 10-12 爆破片的实物图和结构示意图

a）实物图 b）结构示意图

1—爆破片 2—夹持器

与弹簧式安全阀相比，爆破片能在更大尺寸的条件下使用，商用的最大尺寸达到直径为几米。爆破片的成本要比当量尺寸的弹簧式安全阀低。爆破片适用的场所有：存在爆燃危险或异常反应使压力骤然增加的场合，这种情况下弹簧安全阀由于惯性而不适应；不允许介质有任何泄漏的场合；内部物料易因沉淀、结晶、聚合等形成黏附物，妨碍安全阀正常动作的场合。

3. 防爆帽和易熔塞

防爆帽和易熔塞的安全泄放量都比较小。防爆帽主要安装在各类压缩气体钢瓶上。易熔合金塞主要安装在由于温度升高而可能发生爆炸的小型压力容器上，通常为一次性使用元件。根据《气瓶安全监察规程》的规定，盛装有毒、剧毒气体的气瓶上，禁止装配易熔合金塞、爆破片及其他泄压装置。

4. 防爆门（窗）

防爆门（窗）通常设置在燃油、燃气或燃烧煤粉的燃烧室外壁上，以防燃烧室发生爆燃或爆炸时设备遭到破坏，图 10-13 所示为防爆门结构示意图。为防止燃烧气体喷出伤人，应设置在人不常在的位置，高度不低于 2m。

5. 放空管（阀）

放空管（阀）又称排气管，在正常或紧急情况下，可将受压设备内的气体及时排放掉，从而达到安全泄放的目的。一般可燃气体、液体的生产设备、输送管道设置有排气管，其安装位置、出口高度和连接去向等，应符合有关防火防爆安全规定的要求，如安全阀、防爆片等大量泄放可燃气体的排气管，应接至火炬系统或其他安全放空设施。

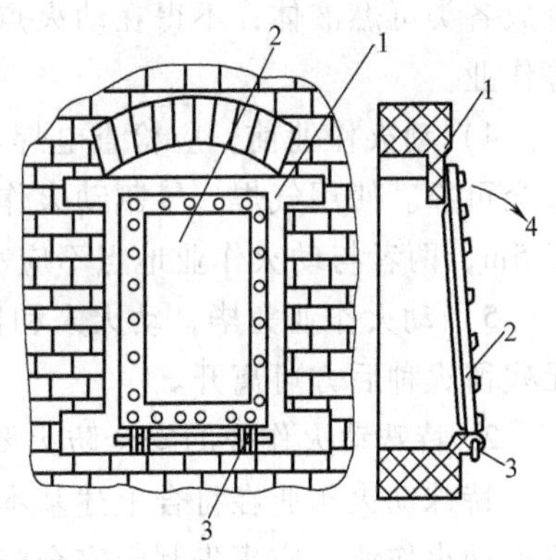

图 10-13 防爆门结构示意图

1—燃烧室外壁 2—防爆门 3—转轴

4—防爆门动作方向

四、动火作业的安全管理

动火作业指的是能直接或间接产生明火的工艺设置以外的非常规作业，如使用电焊、气焊（割）、喷灯、电钻、砂轮等进行可能产生火焰、火花和炽热表面的非常规作业。动火作业一旦管理不善，很容易引发易燃易爆场所的火灾爆炸事故。

（一）动火作业的分级

动火作业分为特殊动火作业、一级动火作业和二级动火作业。

特殊动火作业指的是在生产运行状态下的易燃易爆生产装置、输送管道、储罐、容器等部位上及其他特殊危险场所进行的动火作业。带压不置换动火作业按特殊动火作业管理。

一级动火作业指的是在易燃易爆场所进行的除特殊动火作业以外的动火作业。厂区管廊上的动火作业按一级动火作业管理。

二级动火作业指的是除特殊动火作业和一级动火作业以外的禁火区的动火作业。凡生产装置或系统全部停车，装置经清洗、置换、取样分析合格并采取安全隔离措施后，可根据其火灾、爆炸危险性大小，经厂安全（防火）部门批准，动火作业可按二级动火作业管理。

（二）动火作业安全防火要求

1. 动火作业安全防火的基本要求

1）动火作业应办理《动火安全作业证》，进入受限空间、高处等进行动火作业时，还需执行《化学品生产单位受限空间作业安全规范》（AQ 3028—2008）和《化学品生产单位高处作业安全规范的规定》（AQ 3025—2008）的规定。

2）动火作业应有专人监火，动火作业前应清除动火现场及周围的易燃物品，或采取其他有效的安全防火措施，配备足够适用的消防器材。凡在盛有或盛过危险化学品的容器、设备、管道等生产、储存装置及处于《建筑防火设计规范》（GB 50016—2006）规定的甲、乙类区域的生产设备上动火作业，应将其与生产系统彻底隔离，并进行清洗、置换，取样分析合格后方可动火作业；因条件限制无法进行清洗、置换而确需动火作业时按特殊动火作业相关规定执行。

3）凡处于《建筑防火设计规范》（GB 50016—2006）规定的甲、乙类区域的动火作业，地面如有可燃物、空洞、地沟、水封等，应检查分析，距用火点15m以内的，应采取清理或封盖等措施；对于用火点周围有可能泄漏易燃、可燃物料的设备，应采取有效的空间隔离措施。在铁路沿线（25m以内）进行动火作业时，遇装有危险化学品的火车通过或停留时，应立即停止作业。动火期间距动火点30m内不得排放各类可燃气体；距动火点15m内不得排放各类可燃液体；不得在动火点10m范围内及用火点下方同时进行可燃溶剂清洗或喷漆等作业。

4）动火作业前，应检查电焊、气焊、手持电动工具等动火工器具本质安全程度，保证安全可靠。使用气焊、气割动火作业时，乙炔瓶应直立放置；氧气瓶与乙炔气瓶间距不应小于5m，两者与动火作业地点不应小于10m，并不得在烈日下暴晒。

5）动火作业完毕，动火人和监火人以及参与动火作业的人员应清理现场，监火人确认无残留火种后方可离开。

2. 特殊动火作业的安全防火要求

特殊动火作业在符合上述基本要求外，还应注意在生产不稳定的情况下不得进行带压不置换动火作业，应事先制定安全施工方案，落实安全防火措施，必要时可请专职消防队到现场监护。动火作业前，生产车间（分厂）应通知工厂生产调度部门及有关单位，使之在异常情况下能及时采取相应的应急措施。动火作业过程中，应使系统保持正压，严禁负压动火作业。动火作业现场的通排风应良好，以使泄漏的气体能顺畅排走。

3. 动火分析及合格标准

1）动火作业前应进行安全分析，动火分析的取样点要有代表性。在较大的设备内动火作业，应采取上、中、下取样；在较长的物料管线上动火，应在彻底隔绝区域内分段取样；

在设备外部动火作业，应进行环境分析，且分析范围不小于动火点10m。

2）取样与动火间隔不得超过30min，如超过此间隔或动火作业中断时间超过30min，应重新取样分析。特殊动火作业期间还应随时进行监测。当被测气体或蒸气的爆炸下限大于等于4%时，其被测浓度应不大于0.5%（体积分数）；当被测气体或蒸气的爆炸下限小于4%时，其被测浓度应不大于0.2%（体积分数）。

五、爆炸和火灾危险环境电气设备的选择

爆炸危险环境指的是含有爆炸性混合物的环境。爆炸性混合物是指在大气条件下，气体、蒸气、薄雾、粉尘或纤维状的易燃物质与空气混合，点燃后，燃烧将在整个范围内迅速传播的混合物，包括气体或蒸气爆炸性混合物和爆炸性粉尘混合物。

火灾危险环境是指生产、使用、储存或输送火灾危险物质的过程中，能引起火灾危险的区域。火灾危险物质包括闪点高于场所环境温度的可燃液体，在物料操作温度高于可燃液体闪点的情况下，虽然能泄漏但不至于形成爆炸性混合物；虽能燃烧，但不可能形成爆炸性混合物的悬浮状或堆积状的可燃粉尘或可燃纤维；固体状可燃物质等。

（一）电气设备防爆的措施和途径

1. 易燃易爆物质的燃爆条件

1）电气设备周围存在一定数量的易燃易爆物质。

2）易燃易爆物质与空气混合，其浓度在爆炸极限以内，并具有与电气设备的危险因素相接触的可能性。

3）电气设备产生的火花、电弧或高温热量足以点燃爆炸性混合物。

2. 电气设备防爆的基本措施

1）要把燃爆的三个条件同时出现的可能性减到最低程度。

2）通过生产工艺设计来消除或减少可燃气体、易燃液体的蒸气、可燃粉尘的产生和积聚。

3）限制易燃易爆物质在空气中含量，减少达到爆炸极限的概率。

4）消除或控制电气设备产生火花、电弧或高温的可能性，并使其与易燃易爆物隔离，并在低于引燃温度下运行。

5）定期清除沉积粉尘，给物料增湿，防止沉积和悬浮。

3. 电气设备防爆途径

（1）采用隔爆外壳　隔爆指的是当电气设备外壳内发生爆炸时，火焰经结合面喷出，而不使外面的爆炸性混合物发生爆炸。要求是外壳坚固，当设备内部爆炸时，产生的爆炸压力不致使外壳变形；当火焰从间隙逸出时，也能受到足够的冷却，不足以引燃壳外的爆炸性混合物，图10-14所示为隔爆原理示意图。此方法多用于电动机、电器等动力设备的防爆。

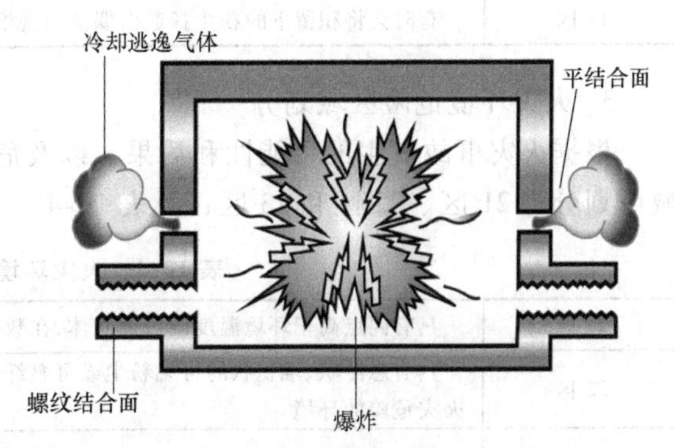

图10-14　隔爆原理示意图

（2）采用本质安全电路　在电气系统

中采取一定措施，使外露的电火花能量不足以引燃爆炸性混合物。此方法多用于信号通信、测量仪表、遥控和自动控制系统。

（3）采用超前切断电源　在可能出现故障之前，自行把电源切断，使热源不致与爆炸性混合物接触。

（4）隔离法　隔离正常或故障时产生的危险因素，不与爆炸性混合物直接接触。

（5）限制正常工作的温度　通过加大导线截面面积，降低使用容量、改善散热条件的方法把电气设备正常或故障时的运行温度控制在引燃温度以内。

（二）爆炸和火灾危险环境划分

爆炸和火灾危险环境的类别及区域划分主要依据《爆炸和火灾危险环境电力装置设计规范》（GB 50058—1992）、《爆炸性气体环境用电气设备　第 14 部分：危险场所分类》（GB 3836.14—2000）和《可燃性粉尘环境用电气设备　第 3 部分：存在或可能存在可燃性粉尘的场所分类》（GB 12476.3—2007）三部规范。

1. 爆炸性气体环境危险区域划分

爆炸性气体环境根据爆炸性气体混合物出现的频繁程度和持续时间划分为 0 区、1 区和 2 区，见表 10-2。

表 10-2　爆炸性气体环境危险区域划分

0 区	连续出现或长期出现爆炸性气体混合物的环境
1 区	在正常运行时，可能出现爆炸性气体混合物的环境
2 区	在正常运行时，不可能出现爆炸性气体混合物的环境，即使出现也仅是短时存在的爆炸性气体混合物的环境

当通风条件良好时，应降低爆炸危险环境区域等级，当通风不良时，提高爆炸危险环境区域等级，可采用局部机械通风降低爆炸危险区域等级。在障碍物、凹坑和死角处，应局部提高爆炸危险区域等级。

2. 爆炸性粉尘环境危险区域划分

按爆炸性粉尘混合物出现的频繁程度和持续时间可将爆炸性粉尘环境危险区域划分为 10 区和 11 区，见表 10-3。

表 10-3　爆炸性粉尘环境危险区域划分

10 区	连续出现或长期出现爆炸性粉尘的环境
11 区	有时会将积留下的粉尘扬起而偶然出现爆炸性粉尘混合物的环境

3. 火灾环境危险区域划分

根据火灾事故发生的可能性和后果，以及危险程度及物质状态的不同，火灾环境危险区域可划分为 21 区、22 区和 23 区，见表 10-4。

表 10-4　火灾环境危险区域划分

21 区	具有闪点高于环境温度的可燃液体，在数量和配置上能引起火灾危险的环境
22 区	具有悬浮状、堆积状的可燃粉尘或可燃纤维，虽不能形成爆炸性混合物，但在数量和配置上能引起火灾危险的环境
23 区	具有固体状可燃物质，在数量和配置上能引起火灾危险的环境

（三）爆炸性混合物的分类、分级和分组

爆炸性混合物的危险特性是由其爆炸极限、传爆能力、引燃温度和最小点燃电流所决定的。将爆炸性混合物进行分类、分级和分组有利于区分不同物质的危险性特征，能够有针对性地采取防爆措施，实现安全性与经济性的协调。

1. 爆炸性混合物的分类

根据爆炸性混合物的危险性并考虑实际生产过程的特点，一般将爆炸性混合物分为三类：Ⅰ类为矿井甲烷，Ⅱ类为工业气体，Ⅲ类为工业粉尘。

2. 爆炸性混合物的分级

在分类的基础上，根据爆炸性混合物的最大试验安全间隙、最小点燃电流以及物理特性对爆炸性混合物进行分级。

（1）最大安全试验间隙（MESG） 最大安全试验间隙是在标准试验条件下，壳内所有浓度的被试验气体或蒸气与空气的混合物点燃后，通过25mm长的接合面均不能点燃壳外爆炸性气体混合物的外壳空腔两部分之间的最大间隙δ。

最大试验安全间隙越小，爆炸性气体混合物的传爆能力越强，也就越危险。爆炸性气体混合物按照其最大试验安全间隙的大小分为ⅡA、ⅡB和ⅡC级，见表10-5。

表10-5 爆炸性气体混合物的分级

Ⅱ类	ⅡA	0.9mm≤MESG<1.14mm
	ⅡB	0.5mm<MESG<0.9mm
	ⅡC	MESG≤0.5mm

（2）最小点燃电流（MIC） 最小点燃电流指的是在温度为20～40℃，大气压强0.1MPa，电压为24V，电感为95mH的试验条件下，采用IEC标准火花发生器对空气电感组成的直流电路进行3000次火花发生试验，能够点燃最易点燃混合物的最小电流。最小点燃电流越小，爆炸性混合物越危险。

（3）爆炸性粉尘的分级 根据爆炸性粉尘混合物以导电性为代表的物理特性，爆炸性粉尘混合物可以分为ⅢA和ⅢB级，见表10-6。

表10-6 爆炸性粉尘混合物的分级

ⅢA	非导电
ⅢB	导电

3. 爆炸性混合物的分组

（1）引燃温度（T） 引燃温度又称自燃温度，即不需要用明火在空气或氧气中加热就能引起燃烧和爆炸的最低温度。

（2）爆炸性混合物的分组 引燃温度越低，爆炸性混合物的危险性就越大。根据引燃温度，爆炸性气体混合物可分为6组，见表10-7。

表10-7 爆炸性气体混合物的分组

T1	$T>450℃$	T4	$135℃<T\leq200℃$
T2	$300℃<T\leq450℃$	T5	$100℃<T\leq135℃$
T3	$200℃<T\leq300℃$	T6	$85℃<T\leq100℃$

爆炸性粉尘混合物可以分为3组，见表10-8。

表10-8　爆炸性粉尘混合物的分组

T11	$T>270℃$	T13	$150℃<T\leqslant200℃$
T12	$200℃<T\leqslant270℃$		

（四）防爆电气设备的选择

防爆电气设备是指存在有爆炸危险性气体、蒸气和粉尘的场所采用的一类电气设备。在经常存在各种爆炸危险性气体、蒸气和粉尘的场所，正确选用合适的防爆电气设备，是防止火灾爆炸发生、保证生产安全的重要措施。

防爆电气设备按类型分为隔爆型（标志为d）、增安型（标志为e）、本质安全型（标志为ia、ib）、正压型（标志为p）、充油型（标志为o）、充砂型（标志为q）、无火花型（标志为n）、特殊型（标志为s），主要品种有防爆开关、防爆控制按钮、防爆插销、防爆接线箱、防爆接线盒、防爆管件及密封材料、防爆电磁阀等。

1. 防爆电气设备的标志

防爆电气设备的永久性防爆标志E_X可设置在铭牌的右上方，并在铭牌上按顺序标明防爆型式、类别、级别和温度组别。比如防爆标志E_XdⅡBT3，其中E_X表示该设备属于防爆电气设备；d表示其防爆型式是隔爆型；ⅡB表示该设备适用于ⅡA和ⅡB类别和级别的爆炸性气体环境；T3表示该设备适用于T1～T3组别的爆炸性气体环境。

2. 爆炸与火灾危险环境电气设备的选择

（1）爆炸性气体环境电气设备的选择　防爆电气设备的级别和温度组别必须与区域内爆炸混合物的级别、组别相对应；存在多种级别混合物时，按危险程度高的级别和组别选用相适应的防爆类型；根据爆炸性气体环境危险区域的等级，选择相应的电气设备防爆型式；根据环境条件选择相应的电气设备防护型式。

（2）爆炸性粉尘环境电气设备的选择　爆炸性粉尘环境电气设备的选择参考爆炸性气体环境的选用原则；爆炸性粉尘环境危险区域应少装插座和局部照明灯具；电气设备的最高允许表面温度应符合相关规定。

（3）火灾危险环境电气设备的选择　火灾危险环境电气设备的选择应符合环境条件要求；正常运行时有火花和外壳表面温度较高的电气设备，应远离可燃物质；不宜使用电热器具，必须使用时，应安装在不燃材料底板上。

第三节　工业建筑防爆设计

一、工业建筑防爆基本技术措施

工业建筑的基本防爆技术分为主动性措施和被动性措施。

主动性措施主要是在建筑设计过程中采取措施，防止或减小产生爆炸的可能性。比如通过设计实现良好的通风条件，防止可燃气体、蒸气、粉尘、雾滴和空气混合形成爆炸性混合物。

被动性措施主要是在建筑设计过程中采取措施，使得在爆炸发生之后尽可能减少人员伤亡和财产损失，在建筑布置时减小爆炸产生的危害、采用抗爆性能良好的建筑结构体系、设置防爆墙和泄压面积等。

二、爆炸危险性工业建筑的布置

（一）总平面布置

1）有爆炸危险的厂房、库房周围应留有适当防火间距。

2）应布置在明火或散发火花地点及其他建筑物常年主导风向的上风向。

3）爆炸危险的厂房、库房的平面主轴线宜与常年主导风向垂直，或夹角不小于45°。

（二）平面及空间布置

（1）尽量单独建造或采用单层建筑　此种建筑形式便于利用屋顶通风、屋盖泄压，便于设置更多的安全出口以利于安全疏散和灭火，同时爆炸后影响范围小，便于修复，而且单层库房可有效利用地面回收危险性液体。

（2）不应布置在地下室或半地下室　地下室通风不良，易形成爆炸危险性混合物，同时不利于设置更多的安全出口，不便利用侧墙、侧窗泄压，不利防潮和防水，而且爆炸后影响上部房间，不便修复。

（3）尽量采用敞开式或半敞开式建筑　敞开式或半敞开式建筑的设计有利于通风，泄压效果好。

（4）应尽量加强通风　工业建筑应在侧墙上多开侧窗，在屋顶开设天窗；自然通风不满足时应采用机械通风；有天窗时，高大设备布置在厂房中央，矮小设备靠窗布置以避免挡风；易爆设备布置在常年主导风向的下侧。

（5）尽可能小型化　具有爆炸危险的工业建筑面积不宜过大，平面形状尽量简单；多层厂房跨度不应超过18m，便于设置足够的泄压面积；当面积较大时，用防火、防爆墙分隔，在发生爆炸时缩小受灾范围。

（6）不同性质的部位用防爆墙分隔　为了防止爆炸危险性不同的生产或储存互相影响，在爆炸危险性不同的工段之间用防火墙或防爆墙分隔。

（7）易爆工段或设备靠近泄压面积布置　易爆工段或设备靠近泄压面积布置有利于及时泄压。

三、爆炸危险性工业建筑的构造

（一）结构选型

爆炸危险性工业建筑的整体结构宜采用一、二级耐火等级建筑，并具有较高的抗爆能力和整体性。同时便于设置较大泄压面积，最好选用现浇钢筋混凝土框架结构或排架结构，排架结构及主要构件如图10-15所示。框架或排架结构形式便于墙面开设大面积的门窗洞口或采用轻质墙体作为泄压面积，能为厂房设计成敞开式或半敞开式的建筑形式提供有利条件。此外，框架和排架的结构整体性强，比砖墙承重结构的抗爆性能好。

也可以采用装配式钢筋混凝土框架结构，但应加强构件节点的连接强度；在装配式楼板上设现浇层提高其整体性。对于钢框架结构，尤其要做好防火保护。如果采用砖混结构，必须设置钢筋混凝土构造柱和圈梁，砖缝中配置钢筋来加强其强度。

（二）防爆墙

防爆墙是强度较高，能够抵抗爆炸冲击波压力，将爆炸的破坏作用限制在一定范围内的墙。防爆墙根据其构成材料不同分为砖砌防爆墙、钢筋混凝土防爆墙、钢板防爆墙以及墙体上的防爆窗。

（三）泄压构造

有爆炸危险的厂房设置足够的泄压面积后，可大大减轻爆炸时的破坏强度，避免因主体结构遭受破坏而造成重大人员伤亡和经济损失。因此，防爆厂房围护结构要求有相适应的泄压面积，承重结构以及重要部位应具备足够的抗爆性能。

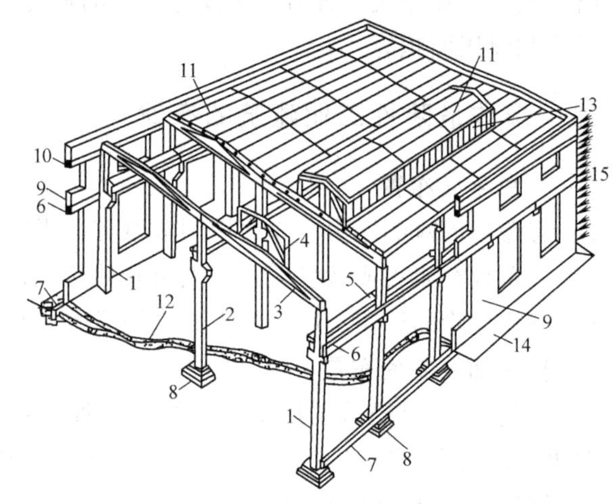

图 10-15 单层厂房装配式钢筋混凝土排架结构及主要构件
1—边列柱 2—中列柱 3—屋面大梁 4—天窗架 5—吊车梁 6—连系梁 7—基础梁 8—基础 9—外墙 10—圈梁 11—屋面板 12—地面 13—天窗扇 14—散水 15—风力

为快速泄压和避免产生二次危害，泄压设施的设计应考虑以下主要因素：

1）泄压设施可为轻质屋盖、轻质墙体和易于泄压的门窗，但宜优先采用轻质屋盖。泄压面积构配件的单位质量不应超过 60.0kg/m^2。

2）泄压面积的构配件在材料的选择上除了单位质量轻以外，最好具有在爆炸时易破碎成碎块的特点，以便于泄压和减少对人的危害。同时，泄压面设置最好靠近易发生爆炸的部位，保证迅速泄压。

3）泄压面积应避免面向人员集中场所和主要交通道路，防止用于泄压的门窗、轻质墙体、轻质屋盖被摧毁，所形成的碎片在高压气流作用下从泄压面冲出，造成人员大量伤亡和交通道路堵塞。

4）对于北方和西北寒冷地区，设计时要考虑采取适当措施防止积雪。

5）合理选择泄压面积的高低位置。散发比空气轻的可燃气体、蒸气的工业建筑，应在其上部设置泄压设置，并以采用轻质屋盖效果较好。同时，应采用平整度好的顶棚设计，为防止形成死角造成可燃气体或蒸气积聚。散发比空气轻的可燃气体、蒸气的工业建筑，应在其上部设置泄压面积，并防止在靠近地面或地沟、洼地等处积聚，并加强对地面、地沟的防爆设计。

6）为减少爆炸事故对其他生产部分的破坏、减少人员伤亡，单层厂房中有爆炸危险的生产要靠外墙设置。多层厂房中，为减轻爆炸对结构破坏的程度，保障上层建筑的安全，有爆炸危险的生产要设置在最上一层靠外墙的部位。

（四）泄压面积

有爆炸危险的甲、乙类厂房应设置泄压设施，其泄压面积宜按下式计算。

$$A = 10CV^{2/3}$$

式中 A——泄压面积（m^2）；

V——厂房的容积（m^3）；

C——厂房容积为1000m^3 时的泄压比（m^2/m^3）。

泄压比指的是爆炸危险性厂房全部泄压面积与厂房体积之比，表10-9为常见厂房的爆炸危险等级与泄压比值（m^2/m^3）。

表10-9　常见厂房的爆炸危险等级与泄压比值

厂房爆炸危险等级	C值/(m^2/m^3)
氨以及粮食、纸、皮革、铅、铬、铜等$K_{尘}$<10MPa·m·s^{-1}的粉尘	≥0.030
木屑、炭屑、煤粉、锑、锡等10MPa·m·s^{-1}≤$K_{尘}$≤30MPa·m·s^{-1}的粉尘	≥0.055
丙酮、汽油、甲醇、液化石油气、甲烷、喷漆间或干燥室以及苯酚树脂、铝、镁、锆等$K_{尘}$>30MPa·m·s^{-1}的粉尘	≥0.110
乙烯	≥0.16
乙炔	≥0.20
氢	≥0.25

当厂房的长径比大于3时，宜将该建筑物划分为长径比小于或等于3的多个计算段，各计算段中的公共截面面积不得作为泄压面积。长径比指的是建筑物平面几何外形尺寸中的最长尺寸与其横截面周长的积和该建筑物横截面面积的4.0倍之比。

（五）不发火地面

不发火地面是在生产和使用过程中，地面受到外界物体的撞击、摩擦而不发生火花的地面。

不发火地面适用于散发比空气密度大的可燃气体、可燃蒸气的甲类厂房以及有粉尘纤维爆炸危险的乙类厂房，采用绝缘材料作整体面层时，应采取防静电措施。

不发火地面根据其材质分为不发火金属地面、不发火有机材料地面和不发火无机材料地面。不发火非金属地面由铜、铝、铅等有色金属材料构成。不发火有机材料地面的材质有沥青、木材、塑料、橡胶等，但注意其大多数有绝缘性；还包括在钢混凝土楼板或混凝土垫层上铺筑不发火有机材料面层。不发火无机材料地面的材质一般采用不发火水泥石砂、细石混凝土、水磨石等地面。

自学指导

本章学习重点：工业火灾爆炸事故原因的类型；点火源的控制；工业防火防爆安全装置；爆炸和火灾危险环境电气设备的选择；工业建筑的防爆设计。

1. 工业火灾爆炸事故原因的类型包含的内容：三型六类。

2. 点火源的控制中关于点火源的分类。

3. 工业防火防爆安全装置的类型及主要工作原理。

4. 爆炸和火灾危险环境电气设备的选择：爆炸和火灾危险环境危险区域划分；爆炸性混合物的分类、分级和分组；爆炸与火灾危险环境电气设备选择的原则和方法。

5. 工业建筑的防爆设计：爆炸危险性工业建筑的布置要求；工业建筑泄压面积的计算。

本章学习难点：工业火灾爆炸事故原因的类型

容易混淆的类型是燃烧类火灾与爆炸和泄漏类火灾与爆炸，传热类蒸气爆炸和平衡破坏类蒸气爆炸。最难理解的是平衡破坏类蒸气爆炸的发生机理。

复习思考题

一、填空题

1. 工业防火防爆基本措施包括（　　　）措施、（　　　）措施、灭火措施和疏散性措施。

2. 火焰气流进入阻火器内部的阻火层时被分割成许多细小的火焰流，由于（　　　）和（　　　）而被熄灭。

二、单项选择题（在备选答案中有 1 项是正确的，请将其选出并填入题后括号内）

1. 金属钠的自燃属于（　　）类自燃。

A. 氧化放热自燃　　B. 分解放热自燃　　C. 发酵放热自燃　　D. 水解放热自燃

2. 下列不属于阻火装置的是（　　）。

A. 阻火器　　B. 安全阀　　C. 安全液封　　D. 火星熄灭器

3. 防爆标志为 E_X d Ⅱ B T4 的电气设备不能应用于（　　）组别的爆炸性气体环境。

A. T5　　B. T4　　C. T2　　D. T1

三、简答题

1. 工业火灾爆炸事故原因的类型有哪些？

2. 能够引起工业火灾爆炸事故的点火源有哪些类型？

参考文献

[1] 中华人民共和国公安部. GB 50045—1995 高层民用建筑设计防火规范（2005 年版）[S]. 北京：中国计划出版社，2005.

[2] 中华人民共和国公安部. GB 50016—2006 建筑设计防火规范 [S]. 北京：中国计划出版社，2006.

[3] 公安部沈阳消防科学研究所，北京市消防局，中国建筑西南设计研究院，等. GB 50116—1998 火灾自动报警系统设计规范 [S]. 北京：中国计划出版社，1999.

[4] 张树平. 建筑防火设计 [M]. 2 版. 北京：中国建筑工业出版社，2009.

[5] 屈立军. 建筑防火 [M]. 北京：中国人民公安大学出版社，2006.

[6] 于福海. 建筑防火设计原理 [M]. 北京：中国人民公安大学出版社，1997.

[7] 程远平. 消防工程学 [M]. 徐州：中国矿业大学出版社，2002.

[8] 陈莹. 工业火灾与爆炸事故的预防 [M]. 北京：化学工业出版社，2010.

[9] 陈南. 电气防火教程 [M]. 北京：中国人民公安大学出版社，2008.

[10] 陈南. 智能建筑火灾监控系统设计 [M]. 北京：清华大学出版社，施普林格出版社，2001.

[11] 傅智敏. 工业企业防火 [M]. 北京：中国人民公安大学出版社，2008.

[12] 黄郑华. 化工生产防火防爆安全技术 [M]. 北京：中国劳动社会保障出版社，2006.

[13] 崔政斌，石跃武. 防火防爆技术 [M]. 2 版. 北京：化学工业出版社，2010.

[14] 刘通. 中国石化安全管理全书 [M]. 北京：中国物资出版社，1999.

[15] 刘从爱. 电力工程基础 [M]. 济南：山东科学技术出版社，1997.

[16] 王学谦. 建筑防火 [M]. 北京：建筑工业出版社，2000.

[17] 杨在塘. 电气防火工程 [M]. 北京：建筑工业出版社，1997.

后　记

经全国高等教育自学考试指导委员会同意，由全国高等教育自学考试指导委员会电子电工与信息类专业委员会负责消防管理专业教材的审定工作。

本教材由中国人民武装警察部队学院杜文锋教授担任主编。具体编写分工如下：第一章、第二章与第三章由杜文锋编写，第四章与第六章由王倩编写，第五章与第七章由蔡芸编写，第八章与第九章由蒋慧灵编写，第十章由杨永斌编写。

全国高等教育自学考试指导委员会电子电工与信息类专业委员会组织了本教材的审稿工作。本教材由中国人民武装警察部队学院屈立军教授主审，西安建筑科技大学张树平教授参加审稿，并提出了修改意见，谨向他们表示诚挚的谢意。

全国高等教育自学考试指导委员会电子电工与信息类专业委员会最后审定通过了本教材。

全国高等教育自学考试指导委员会
电子电工与信息类专业委员会
2013 年 6 月